"旅游+"视野下江南古镇遗产旅游研究

张苗荧 /著

浙江大学出版社

图书在版编目（CIP）数据

"旅游＋"视野下江南古镇遗产旅游研究／张苗荧著.
—杭州：浙江大学出版社，2017.6（2021.7 重印）
ISBN 978-7-308-16995-0

Ⅰ.①旅⋯ Ⅱ.①张⋯ Ⅲ.①乡镇—旅游业发展—研
究—华东地区 Ⅳ.①F592.75

中国版本图书馆 CIP 数据核字（2017）第 113502 号

"旅游＋"视野下江南古镇遗产旅游研究

张苗荧 著

组稿编辑	包灵灵	
责任编辑	丁沛岚	
责任校对	陈 翩	
出版发行	浙江大学出版社	
	（杭州市天目山路 148 号　邮政编码 310007）	
	（网址：http://www.zjupress.com）	
排　　版	杭州青翊图文设计有限公司	
印　　刷	广东虎彩云印刷有限公司绍兴分公司	
开　　本	710mm×1000mm　1/16	
印　　张	16.5	
字　　数	296 千	
版 印 次	2017 年 6 月第 1 版　2021 年 7 月第 2 次印刷	
书　　号	ISBN 978-7-308-16995-0	
定　　价	42.00 元	

2015 年浙江省旅游科学研究重点项目"'旅游十'视野下江南古镇旅游融合发展研究"（2015ZD05）研究成果

2016 年杭州市哲学社会科学规划课题"江南古镇遗产旅游研究"（G16JC018）研究成果

前　言

对江南古镇的兴趣,缘于读了一本书——《江南古镇:梦里水乡》。

那本图文并茂的书对江南十大古镇有详细的介绍。书中的攻略及对每个古镇的特色描写,勾起了我行走江南古镇的欲望:在古镇徜徉,留恋那些似曾相识的时光,爱上古镇的民宿、古镇的酒吧,以及夜晚朦胧的灯光。于是,就萌生对古镇旅游做些研究的想法。

历史上,对江南市镇的研究由来已久。李伯重、全汉升、冯贤亮、邓亦兵、刘石吉、樊树志及日本的斯波义信等,对我国古代市镇及江南市镇研究都有非常高的学术造诣。时至今日,江南市镇的研究主要集中于建筑与旅游,阮仪三、宋瑞、李渼、李海平、卞显红、陆志刚等都有各具特色的研究。有次在一个古镇评审浙江省级旅游度假区时,遇到浙江工商大学的卞显红教授,聊起他写的一本关于江南古镇旅游研究专著,都觉得江南古镇旅游研究近年来没有以前那么热了。到底是古镇旅游发展问题已经得到了解决,还是无法解决以致大家都放弃研究了?

费孝通在界定小城镇概念时指出,如果把"城镇"这个名词用来指作农村中心的社区,从字义上看,它似乎应当属于城的一方,而实际却是乡的中心。他倡导的小城镇建设就是强调农村城镇化。正如有学者指出的,改革开放初期,超大城市和特大城市还未兴起,城市集聚功能和大都市病还远未显现,小城镇发展模式并非首选。现在,中国的城镇化率已近60%,一些市镇的粗放式发展及不可持续等问题已非常严重。江南古镇的一些成功模式与建设经验,对于特色小镇、商贸小镇、文化古镇的打造极具借鉴作用。将城市发展中体量小、有特色的区域相对分离出来,打造特色小镇,将新型城镇化与旅游发展相结合,是一条很值得倡导的城市化发展道路。

在收集江南古镇旅游研究文献过程中发现,从1986年到现在,在CNKI《中国学术期刊网络出版总库》中,对于江南古镇的主题研究,除去报纸上刊登的文献外有1481篇文献。对这些文献的处理是一项十分耗费精力的庞大工程。在研究期间，我运用了 BICOMB 软件与 SPSS 2.0 软件，对 1000 多篇文献进行了关键词共词分析，发现以往对江南古镇的研究集中于三个热点，即古镇旅游资源开发研究、古镇文化内涵研究及古镇的发展与保护研究。

江南古镇在文化遗产类型中主要属于历史文化名镇，也属于历史文化街区与历史文化名街。其实，对历史文化名镇的价值判断，不能局限于历史建筑群及其相关环境构成，还应该包括非物质文化遗产及一系列文化符号系统。江南古镇的文化意义在于，其历史部分描述了在时间与空间双重维度都远离我们的文化规则，涉及领域包括考古学、人类学、历史学、艺术史及语言史等学科。

在江南古镇文化遗产保护中，既有保存或修复，也有更新的举措。如周庄建立古镇文化旅游创意产业园形成旧民居街区创意文化体验区、画家村艺术街区、非物质文化遗产体验街区和文化创意产业展示设计中心区。南浔建立湖笔文化展示中心、丝绸文化展示中心、富商文化展示中心，以及建成具有古镇风貌的集购物、餐饮、娱乐、休闲于一体的晶街时尚休闲中心。人们对这些举措褒贬不一，现实中的保护措施常常与开发利用资源相矛盾。总的来说，在江南古镇发展过程中存在整体性保护缺失的问题，而且不是江南古镇的个别现象。在现实的保护过程中，重"物"而不重"人"，忽略了保护生活于其中的人，导致保护过程中屡屡出现与原住民的"利益冲突"。而江南古镇旅游资源的开发主要围绕古镇的商业化与"商业休克"展开。古镇发展的商业化，不仅使古镇失去原有的特色，而且冲击着当地的传统文化。也有学者从另一个角度出发认为症结并非"过度商业化"，而是"商业休克"，提出古镇的发展不仅要避免过度商业化，也要避免"商业休克"现象。

在这本书长达两年的写作过程中，我国的城镇化发展风起云涌。浙江、四川、海南、台湾等地纷纷开展特色小镇、风情小镇、魅力小镇、特色商贸小镇等试点工作。浙江于 2014 年启动省级特色小镇试点，之后陆续公布了第一批 37 个与第二批 42 个创建名单。海南还编制了《海南省特色旅游风情小镇标准》。江西从 2017 年起，开展培育创建特色商贸小镇工作，提出要以现代流通方式和技术为手段，大力促进商贸流通与当地特色产业、传统文化的融合发展，着力建设培育一批工贸型、农贸型、旅游型、电商型特色商贸小镇。

住房和城乡建设部、国家发展和改革委员会、财政部公布的《关于开展特色小镇培育工作的通知》（建村〔2016〕147 号）提出，各地要因地制宜，根据特色资源优势和发展潜力,科学确定培育对象;坚持以市场为主导,政府重在搭建平台、提供服务;以产业发展为重点,依据产业发展确定建设规模。到 2020年,我国将培育 1000 个左右各具特色、富有活力的休闲旅游、商贸物流、现代制造、教育科技、传统文化、美丽宜居等特色小镇。如果将县级市计算在内,那就是平均每个城市将孕育 1.5 个特色小镇。这些小镇将发展成什么模样?如果不好好研究江南古镇建设的经验与挫折,必然会走很多弯路。

纵观知名度较高的江南古镇与全球特色小镇,可以发现它们的共同特点:其一,城市都不大,但交通都非常发达,且位于大都市的郊区,或距离大都市圈很近;其二,小镇环境都非常优美,宜居宜业,凡是颇有知名度的小镇,都有著名景区景点,旅游成为支柱产业;其三,这些小镇最为核心的竞争优势是创新力、创造力和聚合力非常强,是当地、全国甚至全球的创业创新高地;其四,小镇虽小,但产业都是特而强、精而美,成为全球瞩目的特色产业密布的中心地带之一。其中,产业特色定位是这些古镇或特色小镇核心竞争力得以持续提升的关键。

如何孵化、培育和发展这些城镇的特色产业?笔者在书中提出,江南古镇的发展,应当坚持以旅游为支柱产业,将旅游发展定位于遗产旅游,以“旅游+”的视野,依照遗产旅游的发展规律规范江南古镇的旅游发展方向。而且,从江南古镇的发展现状可以看到,创意产业与遗产旅游的结合是一个客观趋势。与传统工业集聚区不同,创意产品的生产特点与交易方式决定创意企业通常无需传统企业那样规模较大的生产用地,这就使创意产业集聚区建在古镇成为可能。另外,文化是创意产业的主要内容,江南古镇历史文化底蕴深厚,因而具有形成创意产业集聚区的良好条件。古镇既可以成为创意生产的核心区域,也可以发展成为市场交易的中心。在创意产业集聚发展过程中,不同古镇有不同路径,如周庄的创意产业集聚是在艺术型产业集聚区基础上形成的,而乌镇创意产业集聚,则是利用现有古镇旧建筑创造了创意产业发展的新平台。虽然路径不同,但这些古镇的发展却殊途同归,都走上了“旅游+创意”的发展之路。这对于全国各地的特色小镇建设有着巨大的启发意义。

对江南古镇旅游的研究还发现,曾经一些简单粗暴的古镇改造严重破坏了文化遗产与自然环境,造成了旅游发展与遗产保护的矛盾。特色小镇的提升发展,今后要充分考虑到保护与发展的问题,无论是历史文化小镇向特色小镇发展,产业集聚区与开发区向特色小镇转化,都涉及这个问题。特别值得注意的是,对于浙江来说,企业集聚的制造业基地这一性质,使其与江南古镇的文化创意、遗产旅游、文化旅游项目有着迥然不同的内涵,如何借鉴与超越,是其当前面临的一大严峻课题。毫无疑问,特色小镇建设要避免变成变相的房地产开发,要坚持产业特色鲜明、人文气息浓厚、生态环境优美、兼具旅游与社区功能。

感谢丁沛岚编辑为本书的出版做了大量细致周到的工作,包灵灵编辑也给本书的出版提供了热忱的指导与帮助,一并致谢!

最后,希望本书针对江南古镇的遗产旅游的研究能够为中国新型城镇化发展带来点滴新思路,欢迎读者批评指正。

张苗荧

于杭州西溪蝶园

2017 年 3 月 12 日

"旅游+"视野下江南古镇遗产旅游研究

目　录

"旅游＋"视野下江南古镇遗产旅游研究

第一章　江南古镇的文化遗产旅游

第一节　江南古镇

一、诗意江南与地理江南

诗人喜欢运用"江南"这个词语，只要描写到南方的风物，往往以江南称之。江南在人们的印象中，总是与水乡联系在一起，白墙青瓦，烟雨朦胧。

白居易的诗《忆江南·江南好》写道：

> 江南好，风景旧曾谙。
> 日出江花红胜火，春来江水绿如蓝。
> 能不忆江南？

但是，江南到底在哪里？在诗意的江南里？这个问题也如江南的烟雨一样，人们并不认真去探究。这样一来，江南的确切地理位置，反倒模糊不清了。

但古今诗歌里的江南，应是水乡无疑。无论是浪花在旭日的映照下，如火焰般闪烁，还是一江春水绿得发蓝，江南与水有着不可分割的关系。

在《忆江南·江南好》的其二、其三中，白居易继而描述：

> 江南忆，最忆是杭州。
> 山寺月中寻桂子，郡亭枕上看潮头。
> 何日更重游？

> 江南忆，其次忆吴宫。
> 吴酒一杯春竹叶，吴娃双舞醉芙蓉。
> 早晚复相逢！

白居易曾先后出任杭州刺史与苏州刺史。《忆江南·江南好》的其二先提杭州。其三所谓的吴宫，据《吴郡甫里志》所载，是指春秋时期吴王夫差的别宫，位于苏州市角直镇北吴淞江畔。唐陆龟蒙有《问吴宫辞·并序》云:"甫里之乡曰吴宫，在长洲茂苑东南五十里，非夫差所幸之别馆耶。"其中提到的长洲茂苑又名长洲苑①，在今江苏苏州市吴江区西南。

唐代诗人卫万写的《吴宫怨》，有吴宫位置的描述:

> 君不见吴王宫阁临江起，不卷珠帘见江水。晓气晴来双阙间，潮声夜落千门里。句践城中非旧春，姑苏台上起黄尘。只今唯有西江月，曾照吴王宫里人。

诗的第一句就点明了吴宫临江而筑，宫中人隔着珠帘就能见到吴淞江的滔滔江水。

故此，可以推算出白居易诗中的吴宫意指苏州。"上有天堂，下有苏杭。"在白居易看来，杭州与苏州是江南的典型代表。

显然，杭州与苏州都在长江以南。江南的"江"，就是古时对中国第一大河——长江的简称。不少人认为，江南究其地理位置而言，应属长江以南地区。但长江以南幅员辽阔，江南的位置界定便有不确定性。

李伯重②在《多视角看江南经济史》中说，在较早的古代文献中，"江南"的含义常是与"中原""西域""塞北""岭南"等地理名词相对的，只是用来表现特定的方位，并不指有明确界限的地域。

一般认为江南的确切位置很难界定，这其实也是学术上存在问题的映射。但考察有文献记载的对"江南"的界定，可以发现，《史记·五帝本纪》有最早对于"江南"的记载:

> 舜年二十以孝闻，年三十尧举之，年五十摄行天子事，年五十八尧崩，年六十一代尧践帝位。践帝位三十九年，南巡狩，崩于苍梧之野。葬于江南九疑，是为零陵。

意思是:舜在二十岁的时候以孝道闻名，因此，尧在舜三十岁的时候重用了他。舜到了五十岁时开始代行天子之事。舜五十八岁时尧去世，六十一岁那年取代尧登上帝位。登基三十九年后，在南方巡狩时，在苍梧之野驾崩。

---

① 沈约在《法王寺碑》有"临朝夕之潏池，带长洲之茂苑"之句。
② 李伯重.多视角看江南经济史(1250—1850)[M].上海:上海三联书店，2003:1250-1850.

于是，葬在江南的九疑，即今天的九嶷山，也就是零陵。

《史记·五帝本纪》所提及的九嶷山，又名苍梧山，位于湖南省南部永州市宁远县境内，该山有九峰，故名之。《山海经》载："九峰相似，游者疑焉。"说的是九座山峰非常相似，游人常常难以分辨。《水经注·湘水》有语："蟠基苍梧之野，峰秀数郡之间，罗岩九举，各导一溪，岫壑负阻，异岭同势；游者疑焉，故曰九疑山。"其中，"九疑山"或作"九嶷山"。传说舜死后，二妃娥皇、女英千里迢迢前来寻觅，因为九峰相仿，无法寻觅，终未得见。从《史记》这一段历史记载来看，九嶷山属于江南，所以江南应该包括湖南省南部地区。

到秦汉时期，"江南"的含义进一步得到明确。《史记·秦本纪》中说："秦昭襄王三十年，蜀守若伐楚，取巫郡，及江南为黔中郡。"关于秦黔中郡郡域范围，争议颇多。谭其骧认为应当包括今湖北清江流域，湖南沅水、澧水流域，以及重庆黔江流域。赵炳清认为应当包括今江西峡江两岸地区，湖北清江流域，湖南沅水、澧水流域，湘江中下游地区、湘东北地区，以及重庆乌江流域。易富贤分析认为，黔中郡的东界应该是在包括从溆浦东侧到城步之间的全部雪峰山主体；南界应该是现在湖南的城步、通道，广西的龙胜、三江，贵州的从江、榕江西至重庆忠县东部；西北部边界应该在重庆忠县以东、彭水以西。[①]也就是说，黔中郡的范围非常大，从我们今天的地理位置来看，应该包括湖南西南部、广西东北部、贵州东南部及重庆部分地区。

西汉高祖时取"止戈为武，高平为陵"之意，改黔中郡为武陵郡。《后汉书·刘表传》载："时，江南宗贼大盛……唯江夏贼张虎、陈坐拥兵据襄阳城，表使越与庞季往譬之，乃降。江南悉平。"

《后汉书·刘表传》提及的襄阳城因地处襄水之阳而得名，位于湖北省西北部、汉江中游平原腹地。以此推论，此时，"江南"的区域进一步扩展到湖南省的西部地区及湖北省西北部地区。

可见，到汉代为止，以历史文献推断，江南的区域范围包括了湖南南部、西部、西南部，湖北西北部，广西东北部，贵州东南部，以及重庆部分地区。

据冯贤亮[②]的考证，较为明确的江南概念应当是从唐代开始的。唐朝贞观元年（627年），全国被分为十个道，包括：关内道、河南道、河东道、河北道、山南道、陇右道、淮南道、江南道、剑南道、岭南道。同时废郡为州，每道管辖数个州。

江南道处于长江以南，自湖南西部以东直至海滨。在开元二十一年（733年），朝廷将江南道细分为江南东道、江南西道和黔中道三部分。江南西道治

---

① 易富贤.黔中郡郡治在黔城不在沅陵[J].怀化社会科学,2010(1).
② 冯贤亮.明清江南地区的环境变动与社会控制[M].上海:上海人民出版社,2002.

所洪州,辖境包含今江西、湖南大部及湖北、安徽南部地区(除徽州)。江南东道治所苏州,辖境包含今江苏省苏南、上海、浙江全境、福建全境及安徽徽州。黔中道治所黔州(现为重庆市彭水苗族土家族自治县),辖境包含今四川大部和贵州大部。

唐代中期,又将江南东道细分为浙西、浙东、宣歙、福建四个观察使辖区。韩愈在文章中说:"赋出天下,而江南居十九。"①在唐代,浙东、浙西属于江南地理范畴无疑。实际上,浙西地区包括苏州(含明清时的松江、嘉兴二府)、湖州、常州全境及润州(现在的镇江)、杭州的一部分,我们现在提及的江南大多指这些地方。

从元代起,江南不再被用作行政区域名称。明代的南京在清朝初改称江南省。姜涛考证,顺治三年(1646年)二月,大学士洪承畴拟定出江南改京为省的具体方案,并得到清廷的首肯②。清代改京为省后,其地位的重要并不因之而稍减。康熙年间河道总督靳辅曾说:"江南为各省之首区,疆域开广,形势蟠踞,负山海而控楚豫,襟长江而带大河,其声名文物财赋物产皆甲天下。"南京改为江南省之后,又分拆为江苏、安徽两省。依照姜涛看法,这是一个始于顺治、终于乾隆的漫长动态过程。其正式的分拆时间是康熙六年(1667年)。③

到了明清时期,江南的位置界定有所缩小并进一步明确。学者通过对明清市镇的历史研究,所定义的江南位置虽然范围各不相同,但基本上指向唐代界定的浙西地区。

刘石吉在其《明清时代江南市镇研究》中指出,江南包括长江以南属于江苏省的江宁、镇江、常州、苏州、松江和太仓直隶州,以及浙江的杭州、嘉兴、湖州三府地区。其中并没有包括安徽地区。④

樊树志在《明清江南市镇探微》一书中,对江南市镇的分析仅涉苏、松、杭、嘉、湖五府,但统计市镇分布的附表,则广泛涉及应天、苏州、松江、常州、镇江、杭州、嘉兴、湖州、宁波、绍兴、金华、太平、宁国、池州、徽州诸地,涵盖了今天江、浙、沪、皖四省市。他将安徽纳入其中,其范围更广一些。⑤

吴松弟在《中国人口史(第三卷)辽宋金元时期》一书中对江南的界定更宽泛。他认为江南位于长江以南,约相当于今浙江、上海两省市和安徽、江苏两省的南部。这些地区在两宋均属两浙路及江东路(北宋除饶、信、江三州,

---

① 对此,明丘濬在《大学衍义补》中注释:"韩愈谓赋出天下,而江南居十九。以今观之,浙东西居江南十九,而苏、松、常、嘉、湖五郡又居两浙十九也。"
② 姜涛.清代江南省分治问题——立足于《清实录》的考察[J].清史研究,2009(2):15.
③ 姜涛.清代江南省分治问题——立足于《清实录》的考察[J].清史研究,2009(2):21.
④ 刘石吉.明清时代江南市镇研究[M].北京:中国社会科学出版社,1987:1.
⑤ 樊树志.明清江南市镇探微[M].上海:复旦大学出版社,1990.

南宋除饶、信州和南康军），元代属于江浙行省北部的杭州、湖州、安庆、徽州（除婺源州）、宁国、广德、太平、集庆、镇江、常州、平江、嘉兴、建德、绍兴、庆元、婺州、衢州、台州、温州、处州等及松江府和江阴州，都在其中。[①]

冯贤亮在全面研究古今中外对江南概念的界定基础上，指出江南地区是指长江下游南岸的太湖及其周边地区，包括明清时期的苏州、松江、常州、嘉兴、湖州五府与太仓直隶州的全部，以及镇江府的大部和杭州府的余杭、海宁二县。[②] 此定义与李伯重对江南的界定大体类似，李伯重认为江南应该涵括苏、松、常、镇、宁、杭、嘉、湖，相当于唐宋的浙西路地区。

近代江南地理位置，由于经济、社会、行政区划和人文地理的嬗变和发展，特别是上海开埠后，发生较大的变化。刘森林在《江南市镇：建筑艺术人文》一书中认为，清朝和民国时期江南经济的中心已从太湖东侧大运河沿线渐次转移和扩大至沿海平原一带。[③] 上海自1853年开埠后，凭借金融之都、商贸之市、水陆之汇、工业之城和人文之地的独特条件迅速崛起，使得原先的苏南、浙北和浙西等地渐成为其辐射区域和腹地。随着江南中心版图的变化，南部浙东宁绍地区逐渐获得了发展的契机，其努力融入江南核心的步伐也在不断地加快，开始跻身较为发达的区域。江南具体范围如下：西迄今江苏省常州市，北至无锡市，南至绍兴市，包括上海市域，江苏省常州市域、无锡市域、苏州市域，浙江省湖州市域、嘉兴市域、杭州市北部、东部和绍兴市北部区域。江南市镇包括在近代苏、松、常、杭、嘉、湖、绍七府之内，以苏、松、常、嘉、湖为主，杭、绍为副。

《中国国家地理》2007年第3期"江南专辑"，分别对各类学科的江南界定做了分析，指出：自然地理的江南并非指长江以南的地区，而是指江南丘陵区，即湘江、赣江中上游地区；气象学的江南，往往指的是梅雨覆盖的地区；方言习俗的江南，是指长江中下游以南六大方言区，其中江浙一带吴语区最有代表性。[④] 这期"江南专辑"最后对各种不同学科的江南界定加以重合，认为江南应属于太湖与西湖流域，也就是苏杭周边地区。这个界定与刘森林的界定大体相同。

综上所述，从历史上看，江南既是一个人文区域，也是一个自然地理区域、社会政治区域。笔者认为，如果把学者与专家对江南区域的界定再做整合分析，便可得出江南明确范围：它包括长江下游南岸的太湖与西湖流域，大

① 吴松弟.中国人口史：第三卷　辽宋金元时期[M].上海：复旦大学出版社，2000：464.
② 冯贤亮.明清江南地区的环境变动与社会控制[M].上海：上海人民出版社，2002.
③ 刘森林.江南市镇：建筑艺术人文[M].北京：清华大学出版社，2014.
④ 单之蔷."江南"是怎样炼成的[J].中国国家地理，2007(3)：12-15.

体相当于唐宋的浙西路地区,具体包括:上海市域;江苏省常州市域,无锡市域,苏州市域;浙江省湖州市域,嘉兴市域,杭州市北部、东部,绍兴市北部区域。

二、江南市镇与江南古镇

英语的市镇往往被译为 town 或 small city。但是在中文里,城镇、市镇的概念有所不同。镇最早为军事据点,如上所述,唐朝贞观元年(627年),将全国分为十个道,各道设大总管(大都督)统兵戍边。凡是边兵戍守的地区,大的叫军,小的叫守捉、城、镇。《新唐书·兵志》说:"兵之戍边者,大曰军,小曰守捉,曰城,曰镇,而总之者曰道。"

宋代军事色彩淡化,镇的含义发生变化。《明嘉靖汉阳府志校注》记载:

> 绍兴元年,盗曹成陷汉阳。二年,岳飞追成,败之。三年,以王王燮为荆南府岳、鄂、潭、鼎、澧、黄州、汉阳军制置使,次鄂州。四年五月,以岳飞兼黄、复州汉阳军、德安府制置使。七月,岳飞使王贵、张宪复邓唐州、信阳军,襄汉悉平。飞移师次德安,军声大振。是时府治在临嶂山,军属府。五年八月,改军为镇,使兼知县事,寻复汉川县。

曹成为开封雍丘(今河南杞县)人,因杀人投军,与张用等为结义兄弟。绍兴二年(1132年),宋廷命岳飞招安曹成。岳家军连败曹成军于贺州莫邪关、桂岭关,俘其勇将杨再兴。曹成遂奔连州(今广东连州市)。岳飞又命张宪追击。

此时,岳飞兼任黄州、复州、汉阳军、德安府制置使,当时的府治在临嶂山,具有军事性质。《汉阳县志》所记:"宋崇宁七年,德安府迁治于址,筑城守之,故又以临嶂为城头山。"《明嘉靖汉阳府志校注》所记载的"五年八月,改军为镇",就是把军改为镇,淡化军事性质,赋予镇以人口集聚区的含义。故《明嘉靖汉阳府志校注》引用宋代高承《事物纪原》做注解说:"民聚不成县而有税课者,则为镇或以官监之。"

镇后来被称为市镇,缘于镇与市的密切关系。全汉升从西欧市场史的角度出发,认为市的最初含义应是公认定期大市(fair)或公认定期常市(market)。[①] 樊树志在《江南市镇传统的变革》中写道,在城市中,有专门从事商业活动的"市",即所谓州县市。在州县以外的地方出现的"市",被称为"草

---

① 全汉升.中国庙市之史的考察[J].食货,1934(民国二十三年),1(2).

市"，集市就是在这种情况下逐渐形成的。集市进一步发展，则形成了市镇。①

他仔细考察了这个历史的进程，认为集市或市集是商品经济所带来的社会现象。它作为最基层的市场，广泛存在于各地。北方多称为"集"，南方多称为"市"，因此"集"与"市"是两种最常见的称呼。各地的集市既有同一性又有多样性，同样称为集市，却有不同类型。诸如，按照集期来区分，有不定期集市、定期集市、常日市之别；按照性质来区分，有特种集市（如庙会和集会）、专业集市之别。常市是定期集市发展的终结，一年四季每天都有集市贸易，已经不受集期的时间限制，所以是集市的最高形式。在具有经济实力的地区，常市的商业繁荣状况是一般定期集市无法比拟的。它已经超越农村集市的低级形态，向商品集散地发展，因而商贾云集是它们的普遍特色。

集市的功能不仅在于本地乡民的互通有无，还在于乡村的农副产品经过集市向更高一级的地域市场或超地域市场扩散，从而成为全国市场的重要一环。而市镇，凭借区域经济的高度成长，已经超越了一般集市的水平，进入一个新阶段，成为高于集市的地域市场或超地域市场。

邓亦兵在界定清代前期的市镇时，以两个要素为参照：一是交通发达，商业繁盛，人口相对集中；二是有派驻市镇的机构和官员。两个条件齐备者，属于较大的市镇；只有第一个条件者，往往是中小市镇。② 不过，在一些地区，中小市镇与集、场、墟还存在一些难以区分的地方，需要具体情况具体分析。交通条件之所以是市镇概念中的首要因素，关键就在于交通运道是市镇产生的原因。无论多大的市镇，也无论其经济如何发达，一旦失去交通条件，市镇经济就会很快衰落，朱仙镇就是非常明显的例子。明后期贾鲁河畅通的水路，把商人和商品带到镇上，朱仙镇从此发展起来。到清代雍正时，政府将开封府同知移驻，此后贾鲁河泥沙淤积，水运不畅，全镇的经济受到很大影响。到中期之后，贾鲁河完全淤塞，朱仙镇经济便衰落了，原来著名的市镇，此时则只相当于集市了。

市镇大多有四栅：东栅、南栅、西栅、北栅，市镇内有坊、巷、街市。市镇内人口众多，商铺罗列，商品丰富。除了商铺之外，市镇中还有为商贾服务的货栈、仓储、旅店、茶馆、酒肆、转运设施、税收机构及其他公共设施。集、场、墟都没有城墙或四栅，街市规模比较小，商品十分有限，设施比市镇简单。有的集场也有店铺，但数量明显比市镇少。市镇的分布密度大于集、场、墟的分布密度，一个州县中只有少数几个市镇，而集、场、墟可能有几十处。

---

① 樊树志.江南市镇传统的变革[M].上海：复旦大学出版社，2005.
② 邓亦兵.清代前期的市镇[J].中国社会经济史研究，1997(3)：34.

邓亦兵仔细甄别了市镇与省、府、州、县各级城市，以及集、市、墟、场、店的异同之处，认为：市镇是在集、场、墟的基础上发展起来的，因此，市镇与集、场、墟也有许多相同之处。特别是那些小市镇，或正在发展中的集、场、墟，二者基本上没有什么区别。然而，从市镇的城墙、四栅，外围方圆的面积，镇中坊、巷、街市的结构，市场规模，商业设施及商品种类等方面来看，尽管有多少、大小的不同，但已经可以清楚地看出：市镇脱离了集、场、墟的范畴，有一种趋于城市的倾向。[1]

我们今天讲的江南古镇，其实就是明清方志中的江南市镇概念。在明清方志中，"市镇"与"镇市"已成为江南地区一般商业聚落的通称。

刘石吉明确表示，他所研究的市镇，主要是指见诸明清方志所载的"市"与"镇"，有别于一般的通都大邑及其他各级行政中心城市。樊树志认为，明代的苏州府、松江府、杭州府、嘉兴府、湖州府不仅是财赋重地，也是农工商各业发达的经济中心。农家经营的商品化与市场化，需要有更高层次的市场与之相适应，这就给市镇的发展提供了巨大的空间。[2] 他研究的明代江南市镇的分布非常广，属于江南地区超越了一般集市水平的地域市场或超地域市场。他从正德《姑苏志》里所记载的苏州府的市镇展开研究，吴县有一市六镇，长洲县有五市三镇，昆山县有四市五镇，常熟县有九市五镇，吴江县有三市四镇，嘉定县有九市八镇，太仓州有十市四镇。这些古镇分布在江南区域，林林总总，规模浩大。

明清时期的江南市镇发展至今，仍然延续其市镇的商业传统与文化传统，尽管一些市镇历经变迁，已经与当年的市镇面貌相距甚远。随着城市化发展，仍有一些市镇保留着比较完整的历史建筑群与商业聚落，其民俗文化也传承下来，这就是今天的江南古镇。

李海平站在当代立场认为，所谓江南古镇就是江南地区历史悠久的镇。南浔、周庄、乌镇、同里、西塘、角直属市镇范畴，由于历史悠久，所以人们便称之为"江南古镇"了。[3]《江南水乡古镇保护与旅游开发》的作者卞显红等人则从保护的角度出发指出，所谓江南古镇就是指江南地区国家级或省级历史文化名镇。[4] 其界定的江南古镇亦即江南水乡古镇，指长三角地区以苏州、湖州、南京、上海、绍兴、泰州6座地级以上城市所属的周庄、同里、角直、千灯、沙溪、木渎、光福、锦溪、黎里、乌镇、南浔、西塘等国家级或省级历史文化名镇。

① 邓亦兵.清代前期的市镇[J].中国社会经济史研究,1997(3):26-27.
② 樊树志.江南市镇传统的变革[M].上海:复旦大学出版社,2005.
③ 李海平.江南市镇旅游文化研究[M].杭州:浙江大学出版社,2008.
④ 卞显红,等.江南水乡古镇保护与旅游开发[M].北京:中国物资出版社,2011.

把江南古镇界定为江南地区历史文化名镇,有助于达成学术研究与国家法律政策的规定及现实运作的尺度相统一。所谓历史文化名镇是由住房和城乡建设部与国家文物局共同组织评选的,保存文物特别丰富,且具有重大历史价值或纪念意义的,能较完整地反映一些历史时期传统风貌和地方民族特色的镇。

2003年10月8日中华人民共和国建设部与国家文物局公布了中国第一批"中国历史文化名镇(名村)",并制定了《中国历史文化名镇(名村)评选办法》。在历史价值与风貌特色方面,历史文化名镇(名村)应当具备下列条件之一:

①在一定历史时期内对推动全国或某一地区的社会经济发展起过重要作用,具有全国或地区范围的影响;②当地水陆交通中心,成为闻名退迩的客流、货流、物流集散地;③在一定历史时期内建设过重大工程,并对保障当地人民生命财产安全、保护和改善生态环境有过显著效益且延续至今;④在革命历史上发生过重大事件,或曾为革命政权机关驻地而闻名于世;⑤历史上发生过抗击外来侵略或经历过改变战局的重大战役,以及曾为著名战役军事指挥机关驻地;⑥能体现我国传统的选址和规划布局经典理论,或反映经典营造法式和精湛的建造技艺;⑦能集中反映某一地区的特色、风情及民族特色传统建造技术。

实际上,历史文化名城、名镇与名村三者概念不同,须做严格区分。程志勇对古镇与城市、乡村的划分颇具启发意义。他从古镇属性出发,认为古镇不同于城市,也不同于乡村,应该属于城市与乡村之间的一种人类聚居地和经济网络空间。①

就古镇和乡村来说,两者的共同点是:都根植于广大的农村地域、依托地方文化与特色资源,更加贴近自然、靠近田园,充满了在城市体会不到的乡土氛围,是人类追求本原回归的情结归宿;都具有很强的民间性,是老百姓生活形态或状态的传承之地,是文化和传统的一种返璞归真。古镇和乡村的不同点是:古镇是乡村或一些村落的中心,经济、交通枢纽和政治性较强,并容纳多样化的文化,规模比乡村大,但是乡土气息不及乡村浓。古镇是乡村发展和进化了的高级形态,是一种以非农业人口和非农业生产活动为主体的社

---

① 程志勇.古镇旅游动机及旅游开发研究[D].重庆:重庆师范大学,2010.

区。古镇与城市的共同点是：古镇与城市接壤，是城市的边缘。古镇与城市的不同点是：城市是人类文明的集聚地，人工化痕迹比古镇强，规模比较大。古镇具有五性，即古镇的民间性（民俗性）、传统性、地方性、历史传承性和乡土性。

值得注意的是，《全国历史文化名镇（名村）评选和评价办法》（讨论稿）①在价值特色认证条款中，把历史文化名镇（名村）的价值特色，划分为文化、经贸、交通枢纽、生态环保、革命历史、建筑遗产、民族特色八种类型。

（1）文化型。凡在一定历史时期内以文化教育著称，对推动当时全国或某一地区的社会发展起过重要作用。镇（村）内拥有诸如名人故居、书院、寺庙、祠堂、会馆、戏台等公共建筑或发生过重大历史事件的场所，具有全国或地区范围影响且有史料记载为社会公认者。

（2）经贸型。在一定历史时期内拥有较大规模生产商贸活动，商贾云集，市场繁荣，拥有过名牌精品美誉，经济效益显著，且对当时全国或地区范围的经济发展有积极促进作用者。

（3）交通枢纽型。在一定历史时期内系当地水陆交通中心，拥有驿站码头及其他交通设施，成为客流、货流、物流集散地而闻名遐迩，且以此带动区域性经济、社会、文化发展者。

（4）生态环保型。历史上曾有过重大生态环保建设（如水利工程、防灾和环境保护工程等），在保障当地人民生命财产安全、保护和改善生态环境有过显著效益且延续至今者。

（5）革命历史型。在革命历史上发生过重大政治事件，诸如召开过改变政权或政局性的重要会议，曾为革命政权机关驻地而闻名于世者。

（6）军事型。凡系历史上抗击外来侵略或经历过改变战局重大战役的军事要地，起义始发场所，以及曾为著名战役军事指挥机关驻地者。

（7）建筑遗产型。典型运用我国传统的选址和规划布局理论并已形成一定规模格局，或建筑包含经典历史营造法式和精湛建造技艺，以及拥有民族传统建筑小品或建筑环境装饰要素者。

---

① 中华人民共和国城乡与建设部. 全国历史文化名镇（名村）评选和评价办法（讨论稿）［EB/OL］. (2008-04-24)［2016-02-18］. http://www.mohurd.gov.cn/zxydt/200804/t20080424_162818.html.

（8）民族特色型。能集中反映某一地区民族特色和风情的传统建筑者。

这些规定,有助于我们了解历史文化名镇(名村)划分类型与具体评议条件。2005 年,建设部、国家文物局联合制定了《中国历史文化名镇(名村)评价指标体系》(试行),内分价值特色和保护措施两部分。评价总分值为 100 分,价值特色占 70 分,保护措施占 30 分。价值特色部分有 10 项评价指标,包括历史久远度,文物价值(稀缺性),历史事件名人影响度,历史建筑规模,历史传统建筑(群落)典型性,历史街巷规模,核心区风貌完整性、空间格局特色及功能,核心区历史真实性,核心区生活延续性,非物质文化遗产等。保护措施部分包括规划编制、保护修复措施、保障机制 3 项评价指标。

从行政政策与法令来看,对于历史文化名镇,是从建筑遗产、文物古迹和传统文化这几个方面来判断的,其评判的分值从价值特色与保护措施两个方面考量。价值特色尤其重要。这一点,在 2008 年 7 月 1 日起施行的《历史文化名城名镇名村保护条例》中进一步获得明确。

《历史文化名城名镇名村保护条例》规定,具备下列条件的城市、镇、村庄,可以申报历史文化名城、名镇、名村:第一,保存文物特别丰富;第二,历史建筑集中成片;第三,保留着传统格局和历史风貌;第四,历史上曾经作为政治、经济、文化、交通中心或军事要地,或者发生过重要历史事件,或者其传统产业、历史上建设的重大工程对本地区的发展产生过重要影响,或者能够集中反映本地区建筑的文化特色、民族特色。

江南地区的历史文化名镇具体应该包括哪些?首先我们看全国历史文化名镇的评选情况。截至 2014 年公布的第六批名单,目前我国共有国家级历史文化名镇 252 个,见表 1-1。

表 1-1　六个批次获得全国历史文化名镇称号的古镇

公布时间、批次 及数量	古镇名称
2003 年 10 月 8 日公布 第一批 共 10 个镇	①山西省灵石县静升镇;②江苏省昆山市周庄镇;③江苏省吴江市同里镇;④江苏省苏州市吴中区角直镇;⑤浙江省嘉善县西塘镇;⑥浙江省桐乡市乌镇;⑦福建省上杭县古田镇;⑧重庆市合川县涞滩镇;⑨重庆市石柱县西沱镇;⑩重庆市潼南县双江镇

公布时间、批次 及数量	古镇名称
2005 年 9 月 16 日公布 第二批 共 34 个镇	①河北省蔚县暖泉镇;②山西省临县碛口镇;③辽宁省新宾满族自治县永陵镇;④上海市金山区枫泾镇;⑤江苏省苏州市吴中区木渎镇;⑥江苏省太仓市沙溪镇;⑦江苏省姜堰市溱潼镇;⑧江苏省泰兴市黄桥镇;⑨浙江省湖州市南浔区南浔镇;⑩浙江省绍兴县安昌镇;⑪浙江省宁波市江北区慈城镇;⑫浙江省象山县石浦镇;⑬福建省邵武市和平镇;⑭江西省浮梁县瑶里镇;⑮河南省禹州市神垕镇;⑯河南省淅川县荆紫关镇;⑰湖北省监利县周老嘴镇;⑱湖北省红安县七里坪镇;⑲湖南省龙山县里耶镇;⑳广东省广州市番禺区沙湾镇;㉑广东省吴川市吴阳镇;㉒广西壮族自治区灵川县大圩镇;㉓重庆市渝北区龙兴镇;㉔重庆市江津市中山镇;㉕重庆市酉阳土家族苗族自治县;㉖四川省邛崃市平乐镇;㉗四川省大邑县安仁镇;㉘四川省阆中市老观镇;㉙四川省宜宾市翠屏区李庄镇;㉚贵州省贵阳市花溪区青岩镇;㉛贵州省习水县土城镇;㉜云南省禄丰县黑井镇;㉝甘肃省宕昌县哈达铺镇;㉞新疆维吾尔自治区鄯善县鲁克沁镇
2007 年 6 月 9 日公布 第三批 共 41 个镇	②河北省永年县广府镇;②山西省襄汾县汾城镇;③山西省平定县娘子关镇;④黑龙江省海林市横道河子镇;⑤上海市青浦区朱家角镇;⑥江苏省高淳县淳溪镇;⑦江苏省昆山市千灯镇;⑧江苏省东台市安丰镇;⑨浙江省绍兴市越城区东浦镇;⑩浙江省宁海县前童镇;⑪浙江省义乌市佛堂镇;⑫浙江省江山市廿八都镇;⑬安徽省肥西县三河镇;⑭安徽省六安市金安区毛坦厂镇;⑮江西省鹰潭市龙虎山风景区上清镇;⑯河南省社旗县赊店镇;⑰湖北省洪湖市瞿家湾镇;⑱湖北省监利县程集镇;⑲湖北省郧西县上津镇;⑳广东省开平市赤坎镇;㉑广东省珠海市唐家湾镇;㉒广东省陆丰市碣石镇;㉓广西壮族自治区昭平县黄姚镇;㉔广西壮族自治区阳朔县兴坪镇;㉕海南省三亚市崖城镇;㉖重庆市北碚区金刀峡镇;㉗重庆市江津市塘河镇;㉘重庆市綦江县东溪镇;㉙四川省双流县黄龙溪镇;㉚四川省自贡市沿滩区仙市镇;㉛四川省合江县尧坝镇;㉜四川省古蔺县太平镇;㉝贵州省黄平县旧州镇;㉞贵州省雷山县西江镇;㉟云南省剑川县沙溪镇;㊱云南省腾冲县和顺镇;㊲西藏自治区乃东县昌珠镇;㊳甘肃省榆中县青城镇;㊴甘肃省永登县连城镇;㊵甘肃省古浪县大靖镇;㊶新疆维吾尔自治区霍城县惠远镇

续表

公布时间、批次及数量	古镇名称
2009 年 9 月 19 日公布 第四批 共 58 个镇	①北京市密云县古北口镇；②天津市西青区杨柳青镇；③河北省邯郸市峰峰矿区大社镇；④河北省井陉县天长镇；⑤山西省泽州县大阳镇；⑥内蒙古自治区喀喇沁旗王爷府镇；⑦内蒙古自治区多伦县多伦淖尔镇；⑧辽宁省海城市牛庄镇；⑨吉林省四平市铁东区叶赫镇；⑩吉林省吉林市龙潭区乌拉街镇；⑪黑龙江省黑河市爱辉镇；⑫上海市南汇区新场镇；⑬上海市嘉定区嘉定镇；⑭江苏省昆山市锦溪镇；⑮江苏省江都市邵伯镇；⑯江苏省海门市余东镇；⑰江苏省常熟市沙家浜镇；⑱浙江省仙居县皤滩镇；⑲浙江省永嘉县岩头镇；⑳浙江省富阳市龙门镇；㉑浙江省德清县新市镇；㉒安徽省歙县许村镇；㉓安徽省休宁县万安镇；㉔安徽省宣城市宣州区水东镇；㉕福建省永泰县嵩口镇；㉖江西省横峰县葛源镇；㉗山东省桓台县新城镇；㉘河南省开封县朱仙镇；㉙河南省郑州市惠济区古荥镇；㉚河南省确山县竹沟镇；㉛湖北省咸宁市汀泗桥镇；㉜湖北省阳新县龙港镇；㉝湖北省宜都市枝城镇；㉞湖南省望城县靖港镇；㉟湖南省永顺县芙蓉镇；㊱广东省东莞市石龙镇；㊲广东省惠州市惠阳区秋长镇；㊳广东省普宁市洪阳镇；㊴海南省儋州市中和镇；㊵海南省文昌市铺前镇；㊶海南省定安县定城镇；㊷重庆市九龙坡区走马镇；㊸重庆市巴南区丰盛镇；㊹重庆市铜梁县安居镇；㊺重庆市永川市松溉镇；㊻四川省巴中市巴州区恩阳镇；㊼四川省成都市龙泉驿区洛带镇；㊽四川省大邑县新场镇；㊾四川省广元市元坝区昭化镇；㊿四川省合江县福宝镇；51四川省资中县罗泉镇；52贵州省安顺市西秀区旧州镇；53贵州省平坝县天龙镇；54云南省孟连县娜允镇；55西藏自治区日喀则市萨迦镇；56陕西省铜川市印台区陈炉镇；57甘肃省秦安县陇城镇；58甘肃省临潭县新城镇
2010 年 12 月 13 日公布 第五批 共 38 个镇	①河北省涉县固新镇；②河北省武安市冶陶镇；③山西省天镇县新平堡镇；④山西省阳城县润城镇；⑤上海市嘉定区南翔镇；⑥上海市浦东新区高桥镇；⑦上海市青浦区练塘镇；⑧上海市金山区张堰镇；⑨江苏省苏州市吴中区东山镇；⑩江苏省无锡市锡山区荡口镇；⑪江苏省兴化市沙沟镇；⑫江苏省江阴市长泾镇；⑬江苏省张家港市凤凰镇；⑭浙江省景宁畲族自治县鹤溪镇；⑮浙江省海宁市盐官镇；⑯福建省宁德市蕉城区霍童镇；⑰福建省平和县九峰镇；⑱福建省武夷山市五夫镇；⑲福建省顺昌县元坑镇；⑳江西省吉安市青原区富田镇；㉑河南省郏县冢头镇；㉒湖北省潜江市熊口镇；㉓湖南省绥宁县寨市镇；㉔湖南省泸溪县浦市镇；㉕广东省中山市黄圃镇；㉖广东省大埔县百侯镇；㉗重庆市荣昌县路孔镇；㉘重庆市江津区白沙镇；㉙重庆市巫溪县宁厂镇；㉚四川省屏山县龙华镇；㉛四川省富顺县赵化镇；㉜四川省犍为县清溪镇；㉝云南省宾川县州城镇；㉞云南省洱源县凤羽镇；㉟云南省蒙自县新安所镇；㊱陕西省宁强县青木川镇；㊲陕西省柞水县凤凰镇；㊳甘肃省榆中县金崖镇

公布时间、批次及数量	古镇名称
2014年2月19日 第六批 共71个镇	①河北省武安市伯延镇;②河北省蔚县代王城镇;③山西省泽州县周村镇;④内蒙古自治区丰镇市隆盛庄镇;⑤内蒙古自治区库伦旗库伦镇;⑥辽宁省东港市孤山镇;⑦辽宁省绥中县前所镇;⑧上海市青浦区金泽镇;⑨上海市浦东新区川沙新镇;⑩江苏省苏州市吴江区黎里镇;⑪江苏省苏州市吴江区震泽镇;⑫江苏省东台市富安镇;⑬江苏省扬州市江都区大桥镇;⑭江苏省常州市新北区孟河镇;⑮江苏省宜兴市周铁镇;⑯江苏省如东县栟茶镇;⑰江苏省常熟市古里镇;⑱浙江省嵊州市崇仁镇;⑲浙江省永康市芝英街道;⑳浙江省松阳县西屏镇;㉑浙江省岱山县东沙镇;㉒安徽省泾县桃花潭镇;㉓安徽省黄山市徽州区西溪南镇;㉔安徽省铜陵市郊区大通镇;㉕福建省永定县湖坑镇;㉖福建省武平县中山镇;㉗福建省安溪县湖头镇;㉘福建省古田县杉洋镇;㉙福建省屏南县双溪镇;㉚福建省宁化县石壁镇;㉛江西省萍乡市安源区安源镇;㉜江西省铅山县河口镇;㉝江西省广昌县驿前镇;㉞江西省金溪县浒湾镇;㉟江西省吉安县永和镇;㊱江西省铅山县石塘镇;㊲山东省微山县南阳镇;㊳河南省遂平县嵖岈山镇;㊴河南省滑县道口镇;㊵河南省光山县白雀园镇;㊶湖北省钟祥市石牌镇;㊷湖北省随县安居镇;㊸湖北省麻城市歧亭镇;㊹湖南省洞口县高沙镇;㊺湖南省花垣县边城镇;㊻广东省珠海市斗门区斗门镇;㊼广东省佛山市南海区西樵镇;㊽广东省梅县松口镇;㊾广东省大埔县茶阳镇;㊿广东省大埔县三河镇; 51广西壮族自治区兴安县界首镇;52广西壮族自治区恭城瑶族自治县恭城镇;53广西壮族自治区贺州市八步区贺街镇;54广西壮族自治区鹿寨县中渡镇;55重庆市开县温泉镇;56重庆市黔江区濯水镇;57四川省自贡市贡井区艾叶镇;58四川省自贡市大安区牛佛镇;59四川省平昌县白衣镇;60四川省古蔺县二郎镇;61四川省金堂县五凤镇;62四川省宜宾县横江镇;63四川省隆昌县云顶镇;64贵州省赤水市大同镇;65贵州省松桃苗族自治县寨英镇;66陕西省神木县高家堡镇;67陕西省旬阳县蜀河镇;68陕西省石泉县熨斗镇;69陕西省澄城县尧头镇;70青海省循化撒拉族自治县街子镇;71新疆维吾尔自治区富蕴县可可托海镇

资料来源:中华人民共和国住房和城乡建设部网站

　　按照本书对江南地区的定义,筛选出属于以下地区的国家历史文化名镇:上海市域;江苏省常州市域,无锡市域,苏州市域;浙江省湖州市域,嘉兴市域,杭州市北部、东部,绍兴市北部区域。可以确定的是,有32个古镇已经通过法律程序获得国家历史文化名镇的称号(见表1-2)。

表 1-2 国家历史文化名镇(江南地区)统计①

批 次	国家历史文化名镇 (江南地区)名录	国家历史文化 名镇数量/个	国家历史文化名镇 (江南地区)数量/个	占比/%
第一批	周庄、同里、甪直、西塘、乌镇	10	5	50.0
第二批	沙溪、木渎、枫泾、南浔、安昌	34	5	14.7
第三批	千灯、朱家角、东浦	41	3	7.3
第四批	锦溪、沙家浜、新场、嘉定、新市	58	5	8.6
第五批	荡口、东山、凤凰、长泾、练塘、 高桥、南翔、张堰、盐官	38	9	23.7
第六批	金泽、黎里、川沙新、 震泽、孟河	71	5	7.0
小 计		252	32	12.7

值得指出的是,经过评选的名镇并非江南古镇的全部。如 2014 年评选出的第六批名镇中,江南地区的金泽镇、黎里镇、川沙新镇、震泽镇、孟河镇五个古镇被认定为名镇,在它们被评为名镇之前,不可否认也属江南古镇的范畴。何况有些市镇已经获得省级历史文化名镇的称号,只是尚未取得国家历史文化名镇称号。因此,绝不能反过来说,没有历史文化名镇称号的一律不属于古镇范畴。

那么究竟如何界定江南古镇呢?其判断的标准是什么呢?

诚如刘森林在《江南市镇:建筑艺术人文》一书中所言,在历史变迁和经济社会发展的历程中,江南市镇的建筑风貌和空间形态也处于持续的变化之中。② 有些市镇在发展过程中遭到破坏,有些通过修复获得评选名镇的条件。他根据目前建筑风貌和空间形态的实际状态和情形,将之归纳和划分为三大类型或界别:一种为完整型,一种为基本完整型,一种为局部完整型。总体上看,局部完整型较多,完整型最少,基本完整型在空间形态和风貌上次于完整型,但整体优于局部完整型。他经过数年的考察和调查,将不同程度上保有历史文化风貌和较为完整的历史建筑和街区的空间格局的 49 座市镇(街区)列入古镇范畴。如无锡的惠山,建筑风貌和空间形态属于局部完整型,目前已经取得省级历史文化名镇称号。笔者认为,像这样的市镇,如果不列入古镇范畴,那么研究古镇的意义就大打折扣了。

参照《中国历史文化名镇(名村)评选办法》《历史文化名城名镇名村保护

---

① 此表系作者根据刘森林的《江南市镇:建筑艺术人文》一书相关内容整理,见刘森林.江南市镇:建筑艺术人文[M].北京:清华大学出版社,2014.

② 刘森林.江南市镇:建筑艺术人文[M].北京:清华大学出版社,2014.

条例》,笔者认为,所谓江南古镇就是指江南地区建筑风貌和空间形态基本完整,历史建筑集中成片,保留着传统格局和历史风貌,具有文化特色、民族特色,历史上曾经作为政治、经济、文化、交通中心或者军事要地,或者发生过重要历史事件,或者其传统产业、历史上建设的重大工程对本地区的发展产生过重要影响的市镇。

第二节 "旅游＋"视野下江南古镇的遗产旅游

一、江南古镇的文化价值

早在 1871 年,英国文化学家泰勒在《原始文化》一书中就给文化下了经典的定义,即文化是包括知识、信仰、艺术、道德、法律、习俗和任何人作为一名社会成员而获得的能力和习惯在内的复杂整体。文化是人们以往共同生活经验的积累,是人们比较和选择的结果。某种文化的形成和确立,意味着某种价值观和行为规范的被认可和被遵从,也意味着某种秩序的形成,并且具有传续功能。

萨尔瓦多·穆尼奥斯·比尼亚斯也把文化定义为某个社会群体信仰、价值观和知识的总和。[①] 他认为,文化包括任何一个社会群体日常生活的表达。文化并不意味着价值评判,也没有好坏、高低、贵贱之分,所有能够规范社会群体行为的信仰与知识的事物都可以被视为文化。《世界文化多样性宣言》(下简称《宣言》)对文化的定义更为宽泛,把文化看作精神文化与物质文化的总和。《宣言》根据世界文化政策会议(1982)、世界文化和发展委员会报告(1995)及政府间文化政策促进发展会议(1998)的结论下了一个定义:"应把文化视为某个社会或某个社会群体特有的精神与物质,智力与情感方面的不同特点之总和。除了文学和艺术,文化还包括生活方式、共处的方式、价值观体系、传统和信仰。"

《宣言》还提出了"文化多样性"的当代理念。《宣言》的第一条就把文化的多样性看作人类的共同遗产。"文化在不同的时代和不同的地方具有各种不同的表现形式。这种多样性的具体表现是构成人类各群体和各社会的特

---

① [西]萨尔瓦多·穆尼奥斯·比尼亚斯.当代保护理论[M].张鹏,译.上海:同济大学出版社,2012:34.

性所具有的独特性和多样化。文化多样性是交流、革新和创作的源泉,对人类来讲就像生物多样性对维持生物平衡那样必不可少。从这个意义上讲,文化多样性是人类的共同遗产,应当从当代人和子孙后代的利益考虑予以承认和肯定。"

一种观点认为,随着时代的发展,传统城镇没有存在的价值,因社会背景、经济结构、生活观念已经与以前不同,传统的东西已经失去赖以存活的土壤而衰败,甚至阻碍了现代人的生活。这种观念无疑是片面的。正如《宣言》所言,在不同的时代,文化有不同的表达方式。江南古镇自古便是水网密布,商贾云集,文人雅士众多,是鱼米之乡、桑茶丝绸之乡、手工业之乡。从唐宋以来,无论在经济和文化上都处在全国前列,在明清时期甚至形成了一种独特市民文化与艺术,到了近代,仍然焕发出文化的活力。实际上,江南古镇并非一个博物馆里的"木乃伊",它原汁原味地保留了水乡古镇的独特风貌,是活着的江南水乡"清明上河图"。从文化多样性角度讲,它是人类的共同遗产,"应当从当代人和子孙后代的利益考虑予以承认和肯定"。①

江南古镇构成一种中国唐宋明清时代商业文化、生活方式、价值观念、传统与信仰的独特表达,具有内在的美学价值与古董特征,以及稀缺性的价值。城市化、现代化的快速推进和侵蚀,加剧了古镇的这些价值特征的流失。

以西塘的烟雨长廊为例,现代的街道基本上不可能看到这种临水的廊棚建筑,游客初见之下不免惊叹,这就是它的古董特征。西塘当初之所以建廊棚,缘于当地气候四季分明,雨水充沛,有了廊棚遮挡,在街道行走的人们也就有了庇护。但是在现代眼光中,建造这种廊棚,屋檐向外延伸数米,无疑增加了建筑成本,并不经济。

1968年,加勒特·哈丁(Garret Hardin)提出了"公地悲剧"这一概念。在资源分配时,一旦个人利益与公共利益有所冲突,很可能陷入一个社会陷阱。在共享公有物的社会中,所有人都追求各自的最大利益,这就是悲剧所在。在信奉公有物自由的社会当中,每个人均追求自己的最大利益,公有物自由给所有人带来了毁灭。公共治理活动的目标在于解决公共问题。② 1998年,赫勒教授在其基础上提出"反公地悲剧"概念,认为当公共资源上产权过多,权利人相互制衡时,就会有资源虚置、效率低下的情况产生。"反公地悲剧"

---

① 阮仪三,李浈,林林.江南古镇:历史建筑与历史环境的保护[M].上海:上海人民美术出版社,2010:10.
② 1968年,加勒特·哈丁在期刊《科学》发表,延伸了这个概念,称其为"公地悲剧"(the tragedy of the commons)。见 Hardin G. The tragedy of the commons[J]. Science,1968,162(13):243-253.

概念一经提出，便引发了学界的广泛关注。① 公共治理既要应对公有资源使用过程中的"公地悲剧"，也要处理好"反公地悲剧"的公共资源使用困局。在当今社会产权制度日渐健全的背景下，后者显得更加重要。解决公共问题的公共治理活动需要付出资源的成本。②

但是，西塘的商人似乎并没有为公地悲剧所制约，廊棚成为西塘临水建筑的共同属性就是一大例证。这说明西塘商人有付出相应资源成本的意愿和共识，以及在参与各方达成共识的前提下，有实质性的参与行为，并形成有效的集体行动参与、协调和整合资源。

依照"公地悲剧"的推演，各产权主体的集体行动过程并不一定总是顺利的，其间往往要经历矛盾甚至是冲突和利益的博弈。如何整合各方有效开展集体行动是公共治理中的一个常见难题。③西塘对这个问题的解决，意味着西塘的商人对于利益不仅是取之有道、取之有度，而且还追求仁义的人生信条。这是一种很有特色的文化，是儒商利人利己思想的集中体现。

二、江南古镇的文化遗产价值

自从 1964 年《威尼斯宪章》把人类的价值确立为遗产认知的基础，奠定了文化遗产现代保护运动的基础和原则，此后对文化遗产保护的理论和实践探讨中，有关遗产价值的问题一直是核心内容，价值多元性的概念也随着认识的深化而逐渐被纳入遗产保护的理论体系。这一方面，体现在对遗产概念的认识不断扩展，陆续提出了诸如文化景观、文化线路、乡土建筑遗产、工业遗产、20 世纪遗产、海洋遗产、农业遗产等不同的遗产类型上；另一方面，有关遗产地社区在保护遗产方面所起的重要作用也得到认可，因此在保护上也将地区传统考虑在内。此外，针对过去只重视物质遗产保护的认识和行为偏颇，非物质文化遗产的概念、研究与保护也被整合进遗产内涵之中，使得遗产保护越来越成为整体的社会文化工程。④

我国的文化遗产保护自 20 世纪 80 年代起步，其保护的认识、技能和水平取得了很大的进步。目前，我国的城市文化遗产除各级文物保护单位及分散分布的历史建筑之外，出现了四种与历史建筑群体有关的遗产类型：历史文化名城、历史文化名镇、历史文化街区、历史文化名街。⑤ 这四种城市文化遗

① 张烁. 从"反公地悲剧"到《困局经济学》——赫勒"反公地悲剧"理论研究的脉络[J]. 北大法律评论，2013(1)：159-172.

②③ 李珍刚，叶良海. 公共治理中的资源整合与共享问题——基于困局经济学的视角分析[J]. 财经论丛，2016(3)：96.

④ 丛桂芹. 价值建构与阐释：基于传播理念的文化遗产保护[D]. 北京：清华大学，2013.

⑤ 陈同滨. 基于价值的文化遗产保护[N]. 中国文化报，2011-10-12.

产类型的表现形式有所区别：历史文化名城表现为城市辖区内综合类型的历史文化遗存集合体；历史文化名镇表现为小城镇中由历史建筑群及其相关环境构成的具有一定界域的实体；历史文化街区表现为位于现代城市之中、由历史建筑群及其相关环境构成的、具有一定域界的片区实体；历史文化名街表现为以街道为主干分布历史建筑的带状实体。

江南古镇的文化遗产类型主要属于历史文化名镇，当然也包括历史文化街区与历史文化名街。其实，我们对历史文化名镇的价值判断，不光是由历史建筑群及其相关环境构成的具有一定界域的实体所彰显的价值，还应该包括非物质文化遗产价值及一系列的文化符号系统。作为遗产，被保护对象的事物一定会在其具体表象之外，通过成为皮尔斯意义上的象征物、指示符号或图像符号而获得某种抽象化的意义。① 古镇是一种多要素继承的文化表征，代表整个市镇形象的象征性符号系统，包括有形的建筑艺术、民间美术、生产工具和生活用品，无形的风土人情、生活习俗及老地名、老掌故、老故事等。②

而且，江南古镇的遗产价值，更多在于其文化意义。一个对象可以有很多意义，但并不是所有的意义都有助于其成为一个保护对象。在对象的意义网络中，能否成为保护对象，取决于是否具有以下四种意义，即高文化的意义、群体识别性的意义、思想性的意义及情感的意义。③ 江南古镇的高文化意义在于，其历史的部分描述了在时间与空间双重维度都远离现代人的文化规则，从而包括考古学、人类学、历史学、艺术史及语言史等学科所研究的内容。江南水乡民居及其聚落形态最直接地反映出各个时期人类的衣食住行等生活状况与经济体制、生产力及生产关系等社会状况，无疑是社会历史的活化石。④ 例如，江南古镇的院宅以木结构厅堂式住宅为多，住宅布局里天井、穿堂、院落、水池都是必备要素，这与江南潮湿的气候有关，也与水文化有关，其厅堂的主次、前后的序位、主客的区分、主仆的隔离、男女的差别，都是某个时代伦理思想及意识形态的反映。对历史学、建筑学和经济学的研究来说，都具有巨大的高文化意义。

正如张松所述，一个城市能否形成旅游卖点，与它的文化特征有重大的

---

① ［西］萨尔瓦多·穆尼奥斯·比尼亚斯. 当代保护理论［M］. 张鹏，译. 上海：同济大学出版社，2012：41.

② 《江苏古镇保护与旅游发展研究》课题组. 江苏古镇保护与旅游发展研究［M］. 南京：东南大学出版社，2014：11.

③ ［西］萨尔瓦多·穆尼奥斯·比尼亚斯. 当代保护理论［M］. 张鹏，译. 上海：同济大学出版社，2012：45.

④ 阮仪三，李浈，林林. 江南古镇：历史建筑与历史环境的保护［M］. 上海：上海人民美术出版社，2010：10.

关系,而文物古迹正是构成其特征的重要部分。文物古迹遍布历史线索,人们通过这些线索去探究过去,寻找与未来的连接点:

> 举凡湖山、建筑以至文物古迹,在许多国家都是游客必到之处。古迹的邻里环境、建筑基地、砖石材料、屋顶门窗,等等,都是保护的重点,也是参观的对象。古迹的全貌和细节,特别是碑文、匾额、对联、香炉、神像,都具有研究的价值,也深受游人的欢迎。准确地说,古迹反映当地的城市风格,更留下追踪人物、事件和年代的线索。依据古迹的分布,我们也可从中推论个别时期的社会关系。另外,古迹的建筑形式也显现不同时代的设计思潮,并且从凭吊的过程中,引发内心的反省和深思,或缅怀幽幽古意,或激励壮志,或追悔错误,或陶冶性情,或凝铸族魂。①

随着时间流逝,历史文化遗产的新奇性日益增大,对游客的吸引力日益增大,这是由时间间距造成的。时间并不能消除我们对历史真实的把握,相反,它可以淡化功利,让我们穿越时间去触摸过去的真实。随着历史的演变与地域发展的变迁,遗产地的历史文化特质日显突出,往往对异域的居民更有吸引力,因此它的异地性观光与暂时性居住的特征也非常突出。②

阮仪三将江南古镇的这种遗产价值归纳为古色古香。“古色”是指古镇的外部观感应当具有历史和地域特色,“古香”则是反映人们从中获得的精神体验,水乡城镇的保护应当在精心维系水乡城镇空间环境的同时,使物质环境中蕴含的文化底蕴绽现出它在现代社会生活中的生命力,形成物质环境留存、社会网络维系、无形文化传承三位一体的江南水乡文化空间整体性保护,在“古色”与“古香”的统一中体现城镇发展的历史真实性。③ 在倡导全域旅游的今天,古镇文化不仅是前来观光体验的游客所追求的一种情境,也是当地原住民所依恋的一种精神与情感的记忆与传承,故具有寄托乡愁、留住乡愁的属性。

---

① 张松.历史城市保护学导论:文化遗产和历史环境保护的一种整体性方法[M].上海:上海科学技术出版社,2001:285.
② 严国泰.历史城镇旅游规划理论与实务[M].北京:中国旅游出版社,2005:101.
③ 阮仪三,袁菲.江南水乡古镇的保护与合理发展[J].城市规划学刊,2008(5):59.

三、"旅游＋"视野下江南古镇的遗产旅游

遗产旅游目前已经成为世界旅游业最热门的项目之一。德国将 2014 年定为德国遗产旅游年,开始在遗产旅游业上大做文章。英国遗产旅游每年创造的收益高达 260 亿英镑,俨然成为该国经济发展的驱动器与支柱产业。2015 年 7 月 5 日,第 39 届联合国教科文组织世界遗产委员会会议发布的全球遗产统计数据表明,世界遗产总数达到 1031 处,其中包括 802 处文化遗产、197 处自然遗产及 32 处自然与文化双遗产。我国世界遗产数达到 48 处,仅次于意大利,位列全球第二。这些遗产包括世界文化遗产 30 处、世界文化景观 4 处、世界自然遗产 10 处、世界文化与自然双遗产 4 处。2015 年 10 月,中国世界遗产旅游推广联盟成立,意味着我们拉开了大规模推广遗产旅游的序幕。

什么是遗产? 萨尔瓦多·穆尼奥斯·比尼亚斯批判了 1986 年版的《柯林斯词典》对于"遗产"的定义。[①] 该词典是这样定义的:"由过去传承至今,或根据传统而传承的事物",并且能起到"过往证言"的作用。比尼亚斯认为,这个定义太宽泛。任何事物都是"由过去传承至今",也都能起到"过往证言"的作用,没有任何事物是来自未来的。"根据传统而传承"的事物也同样难以成立。许多保护对象如国家档案馆里的信件并非依据传统而保存。虽然这种行为越来越普遍,但也不会被转化为传统。他认为,正是由于遗产含义的难以捉摸,文化遗产是用来收窄遗产的涵盖范围的。这里的文化具有双重含义:第一,狭义的文化指"有修养者的知识与品位",可称之为高文化或文化限定;第二,从广义角度讲,文化是某个社会群体、价值观和知识的总和。

遗产旅游与文化体验密切相关,从而属于文化旅游活动;反过来说,文化旅游也会涉及物质文化遗产与非物质文化遗产这些旅游资源,从而属于遗产旅游。Dallen J. Timothy 认为,文化旅游有时用来表示人们参观或者参与活态文化。[②] 遗产旅游包含建筑遗产、活态的生活方式、古代的手工艺及现代艺术与文化等内容。文化旅游与遗产旅游是独立但有关联的两个词,或者说有交叉的部分(见图 1-1)。即使二者之间真的存在一些差别,也会非常微小。在他所写的《文化遗产与旅游》一书中,遗产旅游与文化旅游是通用的概念。故此,我们可以把遗产旅游称为文化遗产旅游。

---

① [西]萨尔瓦多·穆尼奥斯·比尼亚斯. 当代保护理论[M]. 张鹏,译. 上海:同济大学出版社,2012:32-33.

② [美] Dallen J. Timothy. 文化遗产与旅游[M]. 孙业红,等译. 北京:中国旅游出版社,2014.

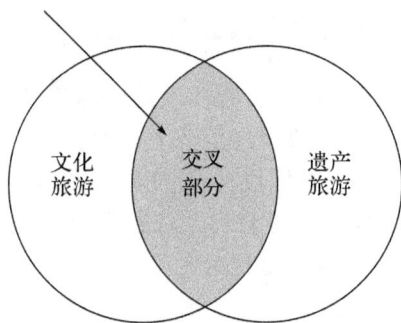

图 1-1　文化旅游与遗产旅游的共识

　　遗产旅游就其内涵来说,是旅游者一种高层次的旅游活动方式,是旅游活动的高级阶段。遗产旅游的动机来自增强个人文化素养、学习新知识、陪伴亲朋好友、满足自己的好奇心或者只是打发时间。简言之,遗产旅游包括一系列旅游动机、旅游资源和旅游体验,因人而异,也因参观的地方而异。

　　如果从需求角度进一步深入分析,旅游者出于多种动机,被遗产旅游资源所吸引,到遗产地去欣赏遗产景观,体验遗产文化氛围,从而获得一种文化上的体验。[1] "遗产旅游者"可能对文化遗产兴趣不高,或者相反,有很高的兴趣。例如,严肃的文化旅游者是那些由于爱好而参观遗产地或文化事件的旅游者,他们希望学到一些新知识或者提高个人技能,同时对遗产充满热情。对于严肃的遗产旅游者而言,参观不仅是一次闲散的教堂停留或一次偶然的艺术博物馆造访,相反,这些机会都是其在充满渴望中主动追求的。而随意的遗产旅游者是指那些在度假中有其他的目的,并不一定计划去参观遗产地或者博物馆,但一旦发现有类似的地方就会决定去的人。他们可能对遗产吸引物有好奇心,但不会主动去寻求遗产地和文化体验。有些情况下,他们需要经过同行者、去参观的亲戚或朋友劝说才会去参观历史环境或文化环境。在这两个极端状况之间还有几种对文化和遗产有不同热爱程度的旅游者,但值得注意的是,人们确实会出于各种不同的原因并通过不同的形式参观遗产地或参与文化活动。不管他们参观文化吸引物的个人兴趣如何,这种参观都属于大遗产旅游范畴。[2]

　　准确界定遗产旅游,需要从供给和需求两个角度来考虑。从供给方面来说,遗产旅游涉及物质文化遗产资源,也涉及非物质文化遗产资源。这些资源构成对旅游者的旅游吸引物。对遗产旅游产品供给者来说,它是一种更深

---

① 刘庆余,弭宁,张立明.遗产旅游的概念与内涵初探[J].国土与自然资源研究,2008(1):75.

② [美] Dallen J. Timothy. 文化遗产与旅游[M].孙业红,等译.北京:中国旅游出版社,2014:4.

层次的旅游开发经营管理理念,是一种遗产资源的可持续利用模式。对地方而言,它是保持遗产资源的真实性和完整性,以保护遗产地的原生态文化和生态系统的平衡,提高居民生活质量,发展地区经济,让社区居民和旅游者在遗产旅游的互动过程中得到教育,从而成为旅游业可持续发展的一种实现方式。① 从需求方面来说,遗产旅游就是指旅游者观赏或者体验建筑遗产、活态文化或现代艺术的旅游类型。②

如果我们以"旅游+"的视野看待江南古镇的文化遗产资源,就可能获得与以往发展观光为主的旅游完全不同的一种新的旅游发展战略定位。所谓"旅游+"是指充分发挥旅游业的拉动力、融合力及催化、集成作用,为相关产业和领域发展提供旅游平台,插上"旅游"翅膀,形成新业态,提升其发展水平和综合价值。"旅游+"的这种拉动力、融合力、聚合力与经济转型升级息息相关。经济转型作为经济结构和经济制度的变迁,实质上是一种经济运行状态向另一种状态的动态转化,包括经济增长方式的转变、支柱产业的替换、经济结构的提升等。经济转型升级赋予它新的变化方向和价值取向。"旅游+"定义的这一表述,其实远远超越旅游业本身,是国家层面的战略表达。它不仅是驱动经济转型的动力,更是驱动经济升级的动力。③

在观光旅游中,观光客到旅游目的地通常是买票进入景区,虽然也会光顾餐饮与购物等旅游消费场所,但是多属于一日游或半日游,对于古镇来说,旅游活动比较单一,经济贡献度比较低。④ 文化旅游则不同,它通过旅游实现感知、了解、体察人类文化具体内容的目的,属于旅游者为了满足探奇求知的需要,超越既有环境约束的一种期望性的社会心理因素。旅游领域同其他消费领域一样,是展示人们生活方式的大舞台,人们在此演出并讲述自己的故事。自20世纪80年代以来,旅游者逐步放弃传统观光旅游,选择个性化、多样化、复合型的旅游产品。这是旅游需求驱动使然,其实质是人们生活方式的转化造成旅游需求的变化。⑤ 发展"旅游+文化遗产"的旅游,促进推动游客注重物化文化与活态文化的体验,可以实现旅游方式的转型升级。

如果要给江南古镇的文化遗产旅游下一个定义,我们可以依照遗产旅游的概念界定,把它定义为旅游者观赏或者体验江南古镇的建筑遗产、活态文化或现代艺术。无疑,从供给方面看,江南古镇的遗产旅游资源既包括物质文化遗产,也包括非物质文化遗产。从需求方面看,旅游者可能是严肃的文

① 刘庆余,弭宁,张立明.遗产旅游的概念与内涵初探[J].国土与自然资源研究,2008(1):75.
② [美]Dallen J. Timothy. 文化遗产与旅游[M].孙业红,等译.北京:中国旅游出版社,2014:4.
③⑤ 张苗荧."旅游+"打造中国旅游升级版[N].中国旅游报,2015-09-14.
④ 卞显红,等.江南水乡古镇保护与旅游开发[M].北京:中国物资出版社,2011:59.

化旅游者,他们纯粹为了了解与体验文化遗产或活态文化而来;旅游者也有可能是随意的一般旅游者,经过同行者、去古镇参观的亲戚或朋友劝说,去参观古镇的古老建筑或者文化环境;还有介于二者之间的不同动机的旅游者,被江南古镇的遗产吸引物所吸引,加入遗产旅游者的行列。

第三节 "旅游＋"视野下江南古镇发展文化遗产旅游的必要性与可能性

一、"旅游＋"视野下江南古镇发展文化遗产旅游的可能性

(一)江南古镇有着文化与旅游互动的巨大舞台

旅游业"十三五"规划提出,要把强化科技支撑与提升文化内涵作为产业创新的支撑与转型升级的内在动力。"旅游＋"将旅游与科技、旅游与文化交融相加,改变旅游增长方式,推动文化旅游,满足人民群众的消费需求,提升国家软实力,形成多赢、可持续发展的局面。从文化创意与旅游发展驱动机制来看,2009 年出台的《关于促进文化与旅游结合发展的指导意见》把文化与旅游的关系表述为:"文化是旅游的灵魂,旅游是文化的重要载体。"文化与旅游是相互驱动、相互提升的关系:文化创意的高增值力,能增加旅游产品的个性和文化艺术性,提升旅游产品的附加值;旅游的食、住、行、游、购、娱各方要素通过文化创意进行设计,丰富了文化的内涵,形成了新的产业业态,创造出新的价值。[①]

文化与旅游的互动,在江南古镇具有巨大的舞台。江南水乡古镇保存了农耕时代的聚落遗产,具有独特的空间布局、建筑风格和文化传统,延续了唐宋明清时代中国的商业文化、生活方式、价值观念、传统与信仰,从而具有上述"高文化"的含义,具有突出的普遍价值。

江南古镇物质文化遗产与非物质文化遗产资源十分丰富:物质文化遗产有水乡建筑、历史街区、桥梁、博物馆、文学与电影所在地等;非物质文化遗产有戏曲、民俗活动、饮食文化、特殊工艺、绘画等。近年来,江南古镇在挖掘非物质文化遗产方面成效显著。西塘早在 2008 年就全面开展非物质遗产普查,收集到各类线索 2043 条,完成有价值的项目调查研究文本 200 份。其中民间

---

① 张苗荧.“旅游＋”打造中国旅游升级版[N].中国旅游报,2015-09-14.

文学 49 项,民间音乐 5 项,民间舞蹈 8 项,戏曲 1 项,曲艺 2 项,民间美术 11 项,民间手工技艺 21 项,生产商贸习俗 7 项,消费习俗 26 项,人生礼仪 20 项,岁时节令 9 项,民间信仰 13 项,民间知识 15 项,游艺、传统体育与竞技 7 项,传统医药 4 项,其他 2 项。乌镇在 2010 年也进行了类似的统计,先后有 31 个项目被列入非物质文化遗产保护名录,其中蚕花习俗被列为国家级非物质遗产项目,水阁、高竿船、蓝印花布等 7 个项目被列为省级非物质遗产项目,香市、踏白船、花鼓戏、皮影戏等 8 个项目被列为地市级非物质遗产项目,另有 15 个项目为县市级非物质遗产项目。乌镇还专门开辟出 30 余个有关非物质文化遗产方面的展馆、工场和作坊等,从事非物质文化遗产延续和展示的工匠、艺人及参与人员有 1200 多人。南浔古镇自 2008 年启动非物质文化遗产普查以来,该地在 2011 年已发现非物质遗产项目 1869 个,进入国家级非物质文化遗产名录的有 3 项(湖笔制作技艺、双林绫绢织造技艺、辑里湖丝制作技艺),进入省级非物质文化遗产名录的有 8 项(湖笔制作技艺、双林绫绢织造技艺、辑里湖丝制作技艺、练市船拳、含山轧蚕花、蒙恬会、羿射九日地名传说、传统养蚕技艺),进入湖州市级非物质文化遗产名录的有羿射九日地名传说等 27 项。①

　　与非物质文化遗产挖掘相关的,是古镇文创产业的发展。如南浔利用"辑里湖丝"这一金字招牌,深入挖掘丝商文化。周庄开始建设古镇文化旅游创意产业园区,形成旧民居街区创意文化体验区、画家村艺术街区、非物质文化遗产体验区和文化创意产业展示设计中心这些特色街区。同里开展旅游产业国际化战略发展研究,跳出狭隘的观光游圈子,借退思园这一世界文化遗产的效应,发展民俗风情表演、古镇历史文化陈列项目,推动休闲度假旅游经济。

　　随着经济的迅速发展,人民的文化素质日益提高,古镇文化"遗产+旅游"正在成为国内旅游的热点。文化遗产是文化遗产旅游得以发展的基础。古镇文化遗产不仅具有巨大的历史文化价值,作为遗产旅游的重要资源,同时具有巨大的文化遗产旅游价值。江南古镇在保护文化遗产的同时,也能利用它创造相应的经济价值,满足遗产保护和社会发展的双重需要。

　　(二)江南古镇旅游资源的区域整合为遗产廊道旅游创造条件

　　旅游资源具有鲜明的区域性。对旅游来说,资源禀赋在很大程度上决定了特定地理区位上开发旅游的条件,和产业的发展一样,旅游资源也不是完全按照行政区划划分的,这就产生了天然的旅游资源集群,同时也必然带来

---

　　①　钟晓生.非物质遗产档案与非物质遗产保护[J].浙江档案,2013(5):56.

和行政区划不一定一致的旅游产业集群,这就是区域旅游合作产生的根本原因。①

在当今经济全球化和区域经济一体化的宏观背景下,区域旅游合作已经成为不可阻挡的历史潮流。以"旅游+"的视野来看,就是要利用旅游业融合带动作用,不仅使文化遗产与旅游结合,而且突破地区障碍,促进区域合作,推动区域经济发展。如某些区域特色资源优势十分明显,涉及地域范围较广,且具有较高的国内外知名度,就可以以这一区域内的优势资源为核心对周边地区旅游资源进行整合,从而形成具有鲜明特色的旅游区域,能够对旅游者形成较持久的吸引力,也是旅游业实现可持续发展,避免恶性竞争的必由之路。

1996年,江苏周庄、甪直、同里与浙江乌镇、南浔、西塘6个古镇被国家文物局列入中国世界文化遗产预备清单。2012年11月,国家文物局公布了更新后的中国世界文化遗产预备名单,江浙两省共有10个古镇被列入"江南水乡古镇"申遗名单,其中江苏占6席,包括甪直、周庄、同里、千灯、锦溪和沙溪;浙江占4席,包括乌镇、南浔、西塘和新市。2015年,江苏省黎里、震泽和凤凰3个古镇又增补列入这一名单。至此,参加申遗的江南水乡古镇项目共13个。2015年1月22日,国家文物局在江苏昆山组织召开"江南水乡古镇申遗工作座谈会",确定苏州市为牵头城市。

江南13个水乡古镇联合申遗工作具体内容由国家文物局指导确定,委托苏州市作为联合申遗牵头城市,联合申遗申报文本工作由南京大学文化与自然遗产研究所主持。国家文物局会同两省三市13古镇在2015年签署了《江南水乡古镇申报世界文化遗产协定》等,并讨论通过了《江南水乡古镇申报世界文化遗产工作方案》。申遗工作分三个阶段,2015—2016年为准备阶段;2017年为申报阶段,2017年3月底前向国家文物局提交申报文本;此后为迎检阶段,力争"十三五"期间完成申遗目标。

江南古镇文化遗产的联合申遗,既是一种文化发展战略,也是一种旅游发展战略。一旦申遗成功就为遗产廊道旅游提供可能。遗产廊道旅游开发是在线形带状地域中,对旅游要素整合发展的一种空间关系形式,是以某一线状地物为发展主轴,以轴上或其紧密吸引域内相互联系密切结合的各类旅游资源区为发展基础,以城镇或城镇群为不同等级的旅游中心地为发展极,把旅游产业各要素共同整合形成的带状区域旅游系统。遗产廊道旅游最重要的特点,是将同一地理区域内的多个文化旅游吸引物和旅游设施串联在一

---

① 郭菁.文化遗产地的区域旅游合作研究——以江南六大水乡联合申遗为例[J].旅游学研究,2007(00):72.

起。它不仅强调了一系列遗产保护的文化意义,而且强调了其生态价值和经济性,其目标是包括遗产保护、休闲旅游、教育、生态功能在内的多种战略。[①]

发展遗产廊道旅游不仅可以丰富旅游者对古镇的文化遗产体验,而且可以促进江南古镇之间的合作,获得更好的经济社会效益。在遗产廊道旅游中,苏州作为牵头城市,成为龙头型旅游经济增长极,带动其他古镇的遗产旅游产业结构调整,实现古镇旅游的区域联动发展。在这种旅游发展模式下,江南古镇文化遗产可以进行横向和纵向的整合,旅游要素相互吸引、凝聚、协同和融合,通过构建互补性的遗产旅游产品群,整合塑造江南古镇文化遗产廊道旅游形象。

二、"旅游+"视野下,江南古镇发展文化遗产旅游的必要性

(一)发展遗产旅游有助于古镇文化的传承与复兴

目前,全球旅游趋势已由传统观光游向休闲体验游过渡。保护好各地的历史文化遗产(包括有形的和无形的文化遗产),可以为振兴地方经济与地方文化发挥积极作用。[②] 文化是江南古镇旅游开发的灵魂,发展遗产旅游就是充分挖掘"旅游+文化遗产"的效应,既能保护文化遗产,又能让旅游者充分感知历史遗产文化的内涵。

江南古镇有很多文物古迹,文化遗产保护得比较完整的古镇,其建筑、市镇的架构及居民的生活方式,都能反映当地一直延续的市镇风格,留下追踪人物、事件和年代的线索,成为吸引旅游者强有力的刺激物。但从目前江南古镇旅游发展的情况看,一些古镇并没有凸显遗产旅游的巨大价值。如不少古镇在营销定位时,只在江南水乡上做文章,或者争夺谁是江南第一水乡,却忽略了遗产旅游的文化定位与魅力。

以非物质文化遗产为基础形成的遗产旅游产品,可以增加旅游地的价值体验和消费。非物质文化遗产的核心内涵是特殊内蕴及技艺等信息,不随物质损毁而消亡,因此可以通过依附一定的实体即新建的物质载体进行重新表达,从而得以再生和创造。通过遗产旅游开发能将非物质文化遗产通过一定方式加以发扬、展示和宣传,旅游收入也可成为非物质文化遗产保护的重要资金来源。

[①] 梁雪松.遗产廊道区域旅游合作开发战略研究——以丝绸之路中国段为例[D].西安:陕西师范大学,2007.

[②] 张松.历史城市保护学导论:文化遗产和历史环境保护的一种整体性方法[M].上海:上海科学技术出版社,2001:16.

(二)发展遗产旅游有助于促进遗产保护与旅游可持续发展

遗产旅游与遗产保护是一对矛盾。1972年联合国教科文组织大会通过的《保护世界文化和自然遗产公约》中,要求对文化和自然两种遗产都予以保护。1985年,我国政府批准了这项公约,显示出对这些遗产的高度重视。无论是强调保护自然遗产,还是强调保护文化遗产,实际上都是在强调保护世界遗产地的整体旅游环境,维护世界遗产地的旅游形象。我们强调旅游保护意识,并不是反对旅游开发,只是反对那些不遵循客观规律、急功近利的开发,反对那些不惜牺牲环境、牺牲珍贵旅游资源、牺牲世界遗产地整体形象的破坏性开发。①

但是如果认为遗产保护就是把文化遗产当作历史"木乃伊"展示那就大错特错了。实际上,我们必须反对两种不良倾向:一种是把历史文化遗产看作古董,强调原样保存,不做合理利用;另一种则是肆意践踏,破坏无度,甚至以假古董冒充。苏州的锦溪古镇、千灯古镇等在没有受到破坏之前,是具有很大保护价值的古镇,后来由于盲目追求发展旅游破坏了古镇的文脉,现在又重新进行保护,这就是没有处理好保护与发展旅游关系的教训。但强调把抢救、保护放在首位,并不是否定文化遗产的合理利用。从一定意义上说,保护文物的最终目的是利用。实践证明,合理、适度、有序的开发利用,不仅不会妨碍保护,反而有利于保护,是一种积极的保护。②

把江南古镇的旅游开发放在遗产保护与利用的领域对待,有助于运用遗产旅游的规律处理遗产旅游与遗产保护的关系,方能实现旅游的可持续发展。不顾遗产旅游的规律,置遗产保护于不顾,操之过急、急功近利甚至杀鸡取卵,都是对遗产旅游的破坏与糟蹋。遗产旅游的可持续发展,要考虑古镇环境容量的制约,过度的旅游开发不可避免会产生负效应,甚至出现"观光公害"问题。③ 开发建设的无序状态,会造成高品质的旅游资源的不合理开发或低水平开发,并带来旅游市场的混乱,严重影响到遗产事业的健康发展。同时,在遗产地伐木、采石、偷猎、开矿等行为也时常发生。④ 而文化遗产一旦遭受破坏,重新进行保护所花费的交易成本高昂,且很多历史遗迹可能遭受永久性破坏,难以复原。

---

① 陶伟.中国"世界遗产"的可持续旅游发展研究[M].北京:中国旅游出版社,2001:174.
② 谭白英.文物与旅游[M].武汉:武汉大学出版社,1996:25.
③ 张松.历史城市保护学导论:文化遗产和历史环境保护的一种整体性方法[M].上海:上海科学技术出版社,2001:287.
④ 谭白英.文物与旅游[M].武汉:武汉大学出版社,1996:169.

(三)发展遗产旅游有助于江南古镇旅游转型升级

宋瑞将古镇(村)的旅游开发历程分为三个阶段。第一阶段是探索发展阶段,其时间跨度为20世纪80年代到90年代。这一阶段的特点是:发展旅游的古镇(村)数量不多;各古镇(村)旅游接待的规模小,增长快速;管理上基本处于自发状态;外来资本介入较少;利益相关者之间的矛盾尚未显现。第二阶段为高速发展阶段,其时间跨度为20世纪90年代中后期到21世纪初。这一阶段的特点是:受示范效应的影响,开发旅游的古镇(村)越来越多,并且形成一些品牌性的古镇(村),如以周庄为代表的江南水乡古镇,以世界遗产西递、宏村为代表的徽州古村落,以乔家大院为代表的晋中古民居,等等。在管理体制上也呈现出不同的模式,随着旅游的发展,各种社会关系矛盾也开始显现。第三阶段为持续发展阶段,其时间跨度为进入21世纪以来至今。这一阶段的特点是:开发或拟开发旅游的古镇(村)数量增加;古镇(村)旅游接待人数持续增长;各种管理模式自身发生变化;可持续发展、物质遗产与非物质文化遗产的共同保护、利益相关者、社区受益等观念受到重视。①

江南古镇的旅游开发也具有类似的发展阶段。进入21世纪以来,各种管理模式自身发生着变化,政府主导模式格局被打破。一些古镇开始尝试旅游开发的市场化运作,发展了诸如企业主导、居民主导或居民参与、边界混合的中间组织模式。一大批江南古镇都在谋求旅游转型发展,这些古镇深挖文化内涵,创新文化旅游项目,走文化转型之路,如文化创意产业的构建、四季周庄、昆曲艺术等文化项目的创建与展示等,为历史文化名镇旅游发展转型提供了广阔的空间。②

具有代表性的江南古镇纷纷发展创意产业嫁接遗产旅游,使得江南古镇的遗产旅游出现崭新局面。在未来"旅游+"的思路下,开发深层的文化资源,并把文化资源、遗产资源转化为旅游项目,实现可持续发展,是古镇旅游发展应该思考的重要课题。

---

①　宋瑞.利益相关者视角下的古镇村旅游发展[M].北京:中国社会科学出版社,2013:43-45.
②　卞显红,等.江南水乡古镇保护与旅游开发[M].北京:中国物资出版社,2011:62.

第二章 古镇文化遗产的产权
及旅游开发模式

第一节 文化遗产的产权

一、产权与文化遗产产权

遗产旅游分析同其他经济分析一样,其首要任务是界定产权。产权是一种社会工具,其重要性就在于帮助一个人形成他与其他人进行交易时的合理预期。这些预期通过社会的法律、习俗和道德得到表达。①

产权的内容包括两个方面。一是特定主体对特定客体和其他主体的权能。产权中"产"即为客体,没有特定客体的存在,产权便没有意义;同样任何产权都是依赖于特定客体的产权,也只能依托某一特定客体才能存在。在现实生活中这样的客体有多种表现形式,如财产、资产、资本、商品等。所以,A.阿尔钦认为,产权是一个社会强制实施的选择一种经济品的使用的权利。② 产权还应该包括由物的存在及关于它们的使用所引起的人们之间相互认可的行为关系,包括人们对财产的占有权、使用权、出借权、转让权、用尽权、消费权和其他与财产相关的权利。③ 可以说产权是主体对客体一系列权利束的总称。

二是该主体通过对该特定客体和主体采取这种行为能够获得什么样的收益,所以产权又称权益。H.登姆塞茨把产权定义为界定人们如何受益及如

---

① [美]H.登姆塞茨.关于产权的理论[C]//[美]R.科斯,A.阿尔钦,D.诺斯,等.财产权利与制度变迁——产权学派与新制度学派译文集.刘守英、陈剑波,等译.上海:上海三联书店,上海人民出版社,1994:97.

② [美]A.阿尔钦.产权:一个经典注释//[美]R.科斯,A.阿尔钦,D.诺斯,等.财产权利与制度变迁——产权学派与新制度学派译文集.刘守英、陈剑波,等译.上海:上海三联书店,上海人民出版社,1994:166.

③ [英]戴维·M.沃克.牛津法律大辞典[M].李双元,等译.北京:法律出版社,2003:913.

何受损,因而谁必须向谁提供补偿以使他修正人们所采取的行动。① 于此可见,产权归根结底是一种物质利益关系。

明晰产权的目的是实现环境成本内部化。这是因为,如果环境资源作为一个公共产品,没有人会将其损失算到自己的成本上来。只有明晰了产权或产权的组成,个人或企业才会将其纳入产品成本中,从而在一定程度上实现环境成本内部化。这样,就可以计算真正意义上的社会总成本,并将之作为社会决策的依据,经济决策与环境决策便得到了统一。② 没有产权或产权模糊不清,容易导致效率问题。

产权的效率,指的是将某项财产产权用于交易、经营或者其他目的时所产生的经济、社会效果。如道格拉斯·C.诺斯所述,产权及相应的制度安排,有利于降低经济生活中的交易费用,减少未来不确定性,限制或约束人们可能会做出的机会主义行为并形成激励,使个人经济努力转化为私人报酬率接近社会报酬率的活动。③ 因此,如有恰当的制度安排,即使在投入不变的情况下,制度也可以改变生产要素质量与结构的组合,生成新的生产函数,促进技术进步。相反,不清晰的产权则不能分清各种权利之间的界限,很容易引起产权主体间的产权争议,并导致各种各样的成本与效率下降。

以产权制度分析文化遗产产权,其产权包括物质文化遗产产权与非物质文化遗产产权。物质文化遗产产权也就是自然遗产的产权,包括自然遗产的所有权、处分权、收益权、相邻权,等等。④

从现行的法律来看,自然遗产属于国家所有。在管理上,自然遗产由当地政府进行日常管理,故自然遗产的管理实际上是委托代理的构架,即中央政府委托或者授权当地政府代表其进行管理。在自然遗产的开发中,既有地方政府部门的介入,也有企业的进入。从现实来看,自然遗产开发已经逐渐走向主体多元化。在自然遗产的使用主体上看,包括旅游者、原住民、文化或科技工作者、开发单位、团体和个人等,所以自然遗产的使用权,不具有排他性。自然遗产的收益权主要是指对自然遗产的各项收入的得益与控制。自然遗产的相邻权,主要是在自然遗产地企业、单位、个人因处在自然遗产地内,或与自然遗产地相邻而具有的一定的相邻权利和义务。⑤

————————

　　① ［美］H.登姆塞茨.关于产权的理论[C]//［美］R.科斯,A.阿尔钦,D.诺斯,等.财产权利与制度变迁——产权学派与新制度学派译文集.刘守英,陈剑波,等译.上海:上海三联书店,上海人民出版社,1994:97.

　　② 郭沛源.从资源产权和价格制度角度审视环境问题环境保护[J].环境保护,2003(9):43.

　　③ ［美］道格拉斯·C.诺斯.经济史中的结构与变迁[M].上海:上海三联书店,1997:17-18.

　　④ 高宏存.经济全球化中的文化产权问题研究[J].福建论坛(人文社会科学版),2010(6):62.

　　⑤ 朱清,余韵.基于产权分析的自然遗产保护研究[J].中国人口·资源与环境,2007,17(6):92.

在自然遗产的产权关系中,由于参与者众多,因此关系错综复杂。这里的产权关系,既涉及中央政府和地方政府的关系,也涉及遗产管理部门和政府各相关部门之间的关系、地方政府和开发企业之间的关系、原住居民和当地政府及开发企业的关系、游客和遗产管理部门之间的关系等。中央政府和地方政府的关系体现了所有权和管理权的分离及分配,遗产管理部门和政府各相关部门之间的关系则体现了管理权限和处分权的界定,地方政府和开发企业之间的关系背后则是开发权、处分权的配置,原住居民和当地政府及开发企业的关系则主要表现为相邻权的分割,游客和遗产管理部门之间的关系中隐含着使用权和管理权的交织。① 因此,从遗产的产权关系看,该产权是由政府强制和市场强制所形成的两方面相互统一的权利。②

非物质文化遗产产权,我们通常称为文化产权。文化产权主要指文化资源的归属和所有权问题,这种权利的拥有者能够决定自己对文化资源的使用、改变、保护和放弃,并可以据此获得一定的经济收入。以往人们对产权的认识主要集中于有形的物质资料或产品身上,基本上没有关注到文化也有产权问题。随着文化产业的迅猛发展,文化不再被视为仅是观念或意识形态的东西,其作为社会经济发展的重要资源和动力的作用凸显。文化作为一种产业资源,以精神内涵为主要存在形式,最大的特点是可以多次开发和重复利用,并有很强的再生作用,这就决定了它具有其他资源所没有的强大生命力和巨大开发价值。③

按照布尔迪厄的看法,文化尽管具有一定的自主性,但文化领域依然从属于经济。文化资本、社会资本,以及象征资本这些非经济的资本事实上是"经济资本的转化与伪装形式"。经济结构决定性地塑造了文化的舞台,虽然布尔迪厄很少认为这种因果关系是直接的。④ 现在越来越多的文化内容被投入商业领域,以产业资源的形式进入了文化产品的生产过程,并为生产者带来了巨大的经济效益。越来越多的人们意识到开发和利用文化资源不仅能产生新的人文精神,而且能创造经济价值。在新经济条件下,文化资源进入产业链的趋势必然出现,这也使它和其他的资源类型一样拥有了产权问题。

文化产权问题已经引起了国际社会的广泛关注。《联合国可持续发展二十一世纪议程》提出:"推行或加强适当的政策和(或)法律文书,以保护土著

---

① 朱清,余韵.基于产权分析的自然遗产保护研究[J].中国人口·资源与环境,2007,17(6):92.
② 张杰,庞骏.旧城遗产保护"生"与"死"的规划设计反思——于产权制度下的遗产保护规划制度的思考[J].建筑学报,2008(12):14.
③ 高宏存.经济全球化中的文化产权问题研究[J].福建论坛(人文社会科学版),2010(6):114-117.
④ [美]戴维·斯沃茨.文化与权力:布尔迪厄的社会学[M].陶东风,译.上海:上海译文出版社,2006:92-93.

人民的知识和文化产权以及维护其习俗和行政制度和办法的权利。"另外,联合国教科文组织通过的《保护民间文学艺术表达,防止不正当利用及其他侵害行为的国内法示范法条》《保护传统的民间文化建议案》《保护非物质文化遗产公约》也都关注到了传统文化的产权问题。

与一般产权不同,文化产权还包括知识产权、保真权利(要求真实标记权利、维护正确使用权利)、回归权、继承与发展权、许可使用权、法律救济权。[①]在文化旅游的发展过程中,需要对非物质文化遗产进行产权界定,还需要对旅游产品知识产权进行界定与保护。文化旅游业发展中,需要建立新的产权制度并实施知识产权保护战略,它们具有激励功能与保障功能,并能诱发动力机制与保护机制,促进文化旅游产业创新。[②]

二、文化遗产产权的改革

目前,自然遗产在我国主要表现形式是风景名胜区、自然保护区、森林公园及城市建筑遗产,如历史城市、历史文化街区、建筑类文物保护单位、历史建筑等物质存在。其中以风景名胜区最具典型性,其设立的时间较早,管理比较规范,体系也较为完整。对风景名胜区产权制度安排的考察可以反映出我国自然遗产产权制度安排的指导思想与现实情况。[③] 所以,我们的研究从自然遗产的产权分析入手。

新中国成立后,我国确立了以山川、河流、古迹等为基础的风景资源国家所有的产权制度。1954年,新宪法明确规定:"矿藏、水流,由法律规定为国有的森林、荒地和其他资源,都属于全民所有。"1985年,为了进一步加强对风景名胜区的管理,国务院颁布了我国第一部有关风景名胜区的行政法规——《风景名胜区管理暂行条例》。该条例明确了风景名胜区的定义、功能、管理权及开发权等内容,并规定我国风景名胜区由国家、省、县市三级体系组成。1987年,为了贯彻执行国务院条例,作为国家风景名胜区主管部门的建设部制定颁布了《风景名胜区管理暂行条例实施办法》。

根据这两部行政法规与规章所确立的自然遗产产权制度,安排基本格局如下:首先,由政府相关部门主管遗产业务工作,具体到风景名胜区,其主管部门为各级建设部门;其次,遗产所在地人民政府或作为政府派出机关的管理机构全面负责遗产的保护、规划、建设与旅游开发;再次,在前述框架下,遗

---

① 杨胜勇.少数民族传统文化产权[J].民族论坛,2003(11):60-61.

② 王兆峰,杨卫书.基于产权理论的民族文化旅游产业创新研究[J].中央民族大学学报,2009(2):15-21.

③ 汤自军.我国自然文化遗产产权制度研究[J].求索,2011(10):88-89.

产资源保护与管理经费由国家财政提供。不难看出,这样的产权制度安排是一种典型的政府主导模式。①

进入 20 世纪 90 年代后,随着我国经济的快速发展,旅游业逐渐繁荣。政府主导模式开始无法满足新形势的需要,从而发生诱致性制度变迁。诱致性制度变迁在林毅夫看来,指的是现行制度安排的变更或替代,或者是新制度安排的创造,它由个人或一群人,在响应获利机会时自发倡导、组织和实行。②它产生于制度不均衡导致的获利机会的存在,在利益诱导下,人们自发倡导和组织实施对现行制度安排的变更或替代,从而创造新的制度安排。

诺思认为,政府或其所代表的国家属于次级行动团体,在存在获利机会时,由于它本身也是一个决策单位,往往进行一些制度安排来帮助初级行动团体获取收入,从而推动制度变迁。一些地方政府开始与市场主体展开合作,引入市场机制开发遗产资源。其背后的动因,如拉坦所述,主要是新的收入流。新的收入流的分割导致与技术变迁或制度绩效的增进相联系的效率收益增加,这是进行进一步制度变迁的一个主要激励。在个别古镇,甚至发生了将自然文化遗产整体转让的事件,自然文化遗产资源的所有权和转让权归政府所有,而开发权和收益权等其他权利归开发商所有。

南浔古镇就是因为出让整个古镇经营权而遭到众多的质疑。浙江省文物局和建设厅于 2004 年 8 月 18 日联合下发的 177 号文件强调:南浔历史文化保护区内有国有不可移动文物,又有珍贵的风景名胜资源,而且已是我国申报世界文化遗产预备名录中的江南水乡古镇之一。南浔区政府将历史文化资源出让给经济实体来经营,不符合现有的有关规定。177 号文件还引用了国务院办公厅此前转发的《关于加强我国世界文化遗产保护管理工作意见的通知》(国办发〔2004〕18 号)"不得将世界文化遗产租赁、承包、转让给个人、社会团体或企事业单位经营",以及《浙江省风景名胜区管理条例》中"风景名胜资源不得出让或变相出让"的规定。

经营权归属于开发商后,受短期内利益最大化驱动,造成自然文化遗产的过度开发和破坏。这种自发的遗产产权制度改革所产生的绩效毁誉参半:一方面,这种制度创新在吸引外来资金解决遗产保护经费方面起到了积极作用;另一方面,很多遗产开发项目在不同程度上出现了一些有违遗产保护的现象。在制度变迁过程中,出现"搭便车"、外部效应及寻租等现象,使得文化

①　汤自军.我国自然文化遗产产权制度研究[J].求索,2011(10):88-89.

②　林毅夫.关于制度变迁的经济学理论:诱致性变迁与强制性变迁[C]//R.科斯,A.阿尔钦,D.诺斯,等.财产权利与制度变迁——产权学派与新制度学派译文集.上海:上海三联书店,上海人民出版社,1994:384.

遗产制度变迁困难重重、难以为继。

2005年,国务院24号文件首次引入"文化遗产"保护概念。物质文化遗产是具有历史、艺术和科学价值的文物,包括古遗址、古墓葬、古建筑、石窟寺、石刻、壁画、近代现代重要史迹及代表性建筑等不可移动文物,历史上各时代的重要实物、艺术品、文献、手稿、图书资料等可移动文物,以及在建筑式样、分布均匀或与环境景色结合方面具有突出普遍价值的历史文化名城(街区、村镇)。非物质文化遗产是指各种以非物质形态存在的与群众生活密切相关、世代相承的传统文化表现形式,包括口头传统、传统表演艺术、民俗活动和礼仪与节庆、有关自然界和宇宙的民间传统知识和实践、传统手工艺技能等,以及与上述传统文化表现形式相关的文化空间。①

该文件提出了要加强历史文化名城(街区、村镇)保护,对已确定为历史文化名城(街区、村镇)的,要求地方人民政府认真制定保护规划,并严格执行。在城镇化过程中,要把保护优秀的乡土建筑等文化遗产作为城镇化发展战略的重要内容,历史文化名城(街区、村镇)的布局、环境、历史风貌等遭到严重破坏的,应当依法取消其称号,并追究有关人员的责任。国务院有关部门要对历史文化名城(街区、村镇)的保护状况和规划实施情况进行跟踪监测,及时解决有关问题。

该文件对于文化遗产产权问题虽然没有明确提及,但确定的基本方针是以保护、抢救为主,对于物质文化遗产保护,要求贯彻"保护为主、抢救第一、合理利用、加强管理"的方针;对于非物质文化遗产保护,要求贯彻"保护为主、抢救第一、合理利用、传承发展"的方针。

在这种情况下,2006年由建设部起草、国务院批准的《风景名胜区管理条例》正式颁行。该条例规定,风景名胜区内的土地、森林等自然资源和房屋等财产的所有权人、使用权人的合法权益受法律保护。申请设立风景名胜区的人民政府应当在报请审批前,与风景名胜区内的土地、森林等自然资源和房屋等财产的所有权人、使用权人充分协商。因设立风景名胜区对风景名胜区内的土地、森林等自然资源和房屋等财产的所有权人、使用权人造成损失的,应当依法给予补偿。该条例非常明确地提出,对于风景名胜区内的土地、森林等自然资源和房屋等财产的所有权人应予以法律保护。同时,提倡风景名胜区的合理利用与旅游开发:"风景名胜区管理机构应当根据风景名胜区的特点,保护民族民间传统文化,开展健康有益的游览观光和文化娱乐活动,普及历史文化和科学知识。"

---

① 国务院.国务院关于加强文化遗产保护的通知(国发〔2005〕42号文件)[Z].2005-12-22.

为此，该条例将自然文化遗产资源的开发权从经营权里分离了出来，由地方政府享有自然文化遗产资源的所有权、转让权、开发权和部分收益权，开发商可以获得一部分收益权和剩余产权。风景名胜区内的交通、服务等项目可以采用招标等公平竞争的方式确定经营者，风景名胜区管理机构应当与经营者签订合同，依法确定各自的权利义务。经营者应当缴纳风景名胜资源有偿使用费。

该条例对政府的主导地位进行了强化，规定风景名胜区所在地县级以上地方人民政府设置的风景名胜区管理机构，负责风景名胜区的保护、利用和统一管理工作。国务院建设主管部门负责全国风景名胜区的监督管理工作；省、自治区人民政府建设主管部门和直辖市人民政府风景名胜区主管部门，负责本行政区域内风景名胜区的监督管理工作。

2007 年修订的《中华人民共和国文物保护法》明确划分了国家、集体、个人所有的文物产权，指出："属于集体所有和私人所有的纪念建筑物、古建筑和祖传文物以及依法取得的其他文物，其所有权受法律保护。文物的所有者必须遵守国家有关文物保护的法律、法规的规定。"并提出："基本建设、旅游发展必须遵守文物保护工作的方针，其活动不得对文物造成损害。"

对于各级文保单位，要严格遵守国家有关文物保护规定，由国家负责维护。国有不可移动文物不得转让、抵押。建立博物馆、保管所或者辟为参观游览场所的国有文物保护单位，不得作为企业资产经营。居民可以继续使用历史文化遗产，其与所有权相关的抵押权、收益权、转让权等受到限制，如"非国有不可移动文物不得转让、抵押给外国人"，"非国有不可移动文物转让、抵押或者改变用途的，应当根据其级别报相应的文物行政部门备案"。

对于非国有不可移动文物是否可以买卖问题，江南古镇当地政府在处理上各不相同。在有一定历史价值，政府却又无力保护的矛盾下，苏州对控保建筑实行"谁使用，谁管理，谁维修"的原则，对一部分非文物保护单位的控保建筑允许转让，将文化遗产的产权转让给私人或者一些投资者，并从法律上加以保护。如 2002 年 10 月 25 日公布的《苏州古建筑保护条例》第十五条明确规定："鼓励国内外组织和个人购买或者租用古建筑。"

按《中华人民共和国文物保护法》的规定，文物保护单位在修缮、保养、迁移，以及使用时必须遵守不改变文物原状的原则，不得损毁、改正、添建或者拆除。国际古迹遗址理事会中国国家委员会 2000 年 10 月在承德通过的《中国文物古迹保护准则》规定，保护是指为保存文物古迹、实物遗存及其历史环境进行的全部活动。保护的目的是真实、全面地保存并延续其历史信息及全部价值。保护的任务是通过技术的和管理的措施，修缮自然力和人为造成的损伤,制止新的破坏。所有保护措施都必须遵守不改变文物原状的原则。该保护准则确定了关于文物古迹原状的主要几种状态有:实施保护工程以前的状态;历史上经过修缮、改建、重建后留存的有价值的状态,以及能够体现重要历史因素的残毁状态;局部坍塌、掩埋、变形、错置、支撑,但仍保留原构件和原有结构形制,经过修整后恢复的状态;文物古迹价值中所包含的原有环境状态。

与《中华人民共和国文物保护法》的规定一致,该保护准则也对文物改变用途与转让做了限制:不允许文物建筑和遗址、庭院、绿地等作为一般房产或商业场地出租;不允许将文物古迹作为资产进入纯商业领域,承担经济风险。可以看出,这些要求是很严格的,当然也就在一定程度上限制了对文物古迹的合理利用,出现一些矛盾。另外,随着文物古迹保护数量的增多和文物古迹新类型的出现,按《中华人民共和国文物保护法》关于不改变原状的统一要求会出现一些矛盾,因此有人呼吁保护方法的改革和创新。[①]

我国 2008 年出台的《历史文化名城名镇名村保护条例》提出了"历史建筑"的保护概念,它是指经城市、县人民政府确定公布的具有一定保护价值,能够反映历史风貌和地方特色,未公布为文物保护单位,也未登记为不可移动文物的建筑物、构筑物,这是对文物保护单位保护措施的重要补充。依照该保护条例,历史文化街区(村镇)的保护规划必须纳入当地的城镇建设发展规划,其中应当突出的是重点地段、重点建筑的保护措施,以及允许更新改造的范围的要求。这种差别给历史建筑的合理利用提供了更多的余地,便于将那些确实有保护价值又不完全适用"文物保护单位"保护方法的文物古迹保护起来。[②]

由此可以看出,围绕着 20 世纪 90 年代实践中产生的遗产开发引入市场机制的自发的产权制度改革,尽管一些江南古镇进行了市场化运作的改革试水,但整体来看,文化遗产实施的是政府主导模式。江南古镇进行的遗产产权市场化运作的改革,促进了文化遗产产权制度的进一步完善,政府主导的模式也进一步得到加强。[③]

文化遗产产权制度安排是旅游开发的前提。旅游开发是指人们为了发掘、改善和提高旅游资源的吸引力而进行的开拓和建设活动。这种建设活动必然涉及权责利关系,而所有权是安排与解决权责利关系的依据与前提。实际上,旅游开发是在现有产权制度"三权分离"的基础上,通过开发协议使得

① 王景慧.从文物保护单位到历史建筑——文物古迹保护方法的深化[J].城市规划,2011,35(1):46.
② 王景慧.从文物保护单位到历史建筑——文物古迹保护方法的深化[J].城市规划,2011,35(1):47.
③ 汤自军.我国自然文化遗产产权制度研究[J].求索,2011(10):88-89.

不同的权利在各相关部门之间得以协调配置,使得市场力量和政府力量在旅游资源的配置过程中产生协同作用,通过开发产生效益,最终让各个利益主体获得各自利益。另外,产权制度也在这种旅游开发中得到体现,走向完善。产权制度演进的合理趋势是从"三权分离"到"权利的协调配置",而这只有通过旅游开发过程中利益关系的协调才能实现。①

江南古镇的旅游开发,显然同其他地方的旅游开发一样,其具体开发模式取决于文化遗产产权总体制度安排。在政府主导的模式下,由于法律允许文化遗产合理利用,其基本建设、旅游发展在很大程度上引入了市场机制,从而形成了多种开发模式。

第二节　江南古镇文化遗产旅游的开发模式

一、政府主导型开发模式

江南古镇在其旅游开发初期,基本上都采用政府主导模式。同里古镇从20世纪80年代到21世纪初这段时期的旅游开发,正是这种模式的代表。

1981年,同里镇被列为国家级太湖风景区十三个景区之一。1982年,同里镇被江苏省批准为全省唯一的省级文物保护镇。1982年2月,同里镇开始修复退思园,从此拉开了江南古镇保护事业的序幕。自1986年始,同里镇政府先后投入了大量的资金、人力和物力,重点打造各项旅游设施。同时,镇政府先后制定多项旅游业发展规划和文物保护规划,按照市场的发展规律,重新整治和修缮了古镇街道,使得诸多旅游商业设施按照现有的街道布局,并按照市场变化和游客需求,建设了新的现代化的服务设施。②

1998年,同里古镇和退思园被列入世界文化遗产的预备清单。从这一年开始,以申遗为契机,同里镇在古镇保护与旅游开发方面的投入力度明显加大,从1998年开始的几年中,镇政府先后投入2亿~3亿元资金用于古镇区各方面的环境整治。

在这种发展模式中,地方政府运用掌握的城市规划审批权力对古镇旅游开发进行宏观管理,如运用行政审批、规划管理等手段,对古镇的旅游开发加

①　贺红权,刘伟.我国旅游资源产权制度的演进趋势及启示——基于一个文化古镇背景模型的分析[J].中国软科学,2007(12):70.
②　黄睿,曹芳东,黄震方.同里旅游商业化用地空间格局演变[J].人文地理,2014(6):72.

以调控,并负责基础设施、公共服务和监督管理。同时,地方政府也是旅游开发主体,其利益诉求是综合兼顾经济效益、环境效益、社会效益。

2001年,政府在景点的建设中引入了苏州凯达公司,采用政府与企业合作的形式,投资2700万元,建设了珍珠塔景点群。这是同里镇政府运用市场化手段进行古镇区景点建设的第一次尝试。在此之前,同里几乎所有的景点建设都是完全依靠政府的力量完成的。

宋瑞在《利益相关者视角下的古村镇旅游发展》一书中,把周庄列为政府主导型开发模式的代表。① 1986年,周庄成立周庄旅游服务公司。1989年,经过修复的重要景点沈厅对外开放,当年旅游者数量达5.5万人次。1994年年底,周庄镇旅游发展总公司组建,对古镇内所有景点实施统一管理、统一经营。1998年,周庄成立了周庄旅游发展公司。1998年年底,以周庄旅游发展总公司为核心组建苏州周庄古镇旅游集团公司,下设景点、旅行社、票务中心、定点饭店、停车场、食品厂、酒厂、工艺品商店、游船、房屋开发等分公司。

同里、周庄古镇这种政府主导模式,具有以下特点。第一,政府统包统揽。由政府负责发展决策,按市场需求和区域进行旅游总体规划;政府修建或改善旅游的基础设施;政府代表国家拥有所有权、经营权及开发权;政府还负责日常经营管理活动。第二,居民参与比较弱。居民参与的主要形式为在景区内开店做生意,或出租房屋获得租金。第三,这种模式也存在遗产旅游资源某种程度的"两权分离",实行所有权和经营权分离,如企业通过租赁的方式获得经营权,但并没有改变政府主导的性质。

这种模式的优点是:能够充分发挥政府的宏观指导作用,由政府相关部门对旅游发展进行规划,防止盲目开发。② 其缺点在于:政府集所有权、经营权及开发权于一身,容易导致旅游资源利用不足;当地政府在缺乏约束机制情况下,容易搞形象工程,反而造成文化遗产的破坏。

二、企业主导模式

进入21世纪以后,政府主导模式格局逐渐被打破。一些古镇开始尝试旅游开发的市场化运作。乌镇开始进行企业主导模式探索并成为这种模式的代表。

1999年,乌镇古镇保护与旅游开发工程正式启动。1999年3月,市政府发文成立"乌镇古镇保护与旅游开发管理委员会"并任命了主任、副主任。1999年开发东栅时,从资金筹集、人才招聘到市场营销,全部尝试市场化。首

---

① 宋瑞.利益相关者视角下的古村镇旅游发展[M].北京:中国社会科学出版社,2013.
② 《江苏古镇保护与旅游发展研究》课题组.江苏古镇保护与旅游发展研究[M].南京:东南大学出版社,2014:113.

期工程投入 1.2 亿元,桐乡市政府仅以股份形式投入 1300 万元,其成立的旅游公司,除主要领导外全部公开招聘。2001 年,乌镇东栅景区正式对外开放。[①] 乌镇景区古镇保护与开发并举取得了成功,被联合国誉为"乌镇模式",获得联合国颁发的"2003 年亚太地区遗产保护杰出成就奖"。

21 世纪初,当乌镇文化遗产保护与旅游开发取得阶段性成功之后,乌镇又适时调整了管理和运作模式,探索所有权、经营权与开发权的分离。乌镇旅游公司与管委会、镇党委、市旅游局不再实行主要领导兼职,而实行政企分离,政府只对古镇旅游开发进行宏观管理。

2007 年年初,乌镇旅游景区与国内著名旅游运营商"中青旅"实施战略合作。2007 年,乌镇二期西栅景区对外开放,面积近 3 平方公里。中青旅对乌镇进行全面投资改建,并将部分居民迁出建设后再返迁。整体来看,1999 年一期(东栅)投资不足 1 亿元,2006 年二期(西栅)投资则超过 23 亿元。

乌镇旅游公司在成功引进国际战略投资公司的基础上,于 2010 年完成了股份制改造,并以"乌镇旅游"的名义向国家证券委提交了上市申请。2010 年 7 月,桐乡市委、市政府出台《关于加快乌镇旅游开发建设,积极打造国际旅游区的实施意见》,撤销原"乌镇古镇保护与旅游开发管理委员会",建立"桐乡市乌镇国际旅游区建设管理委员会",使得乌镇文化遗产保护与旅游开发进入了新的发展阶段。

这一模式的主要特征有以下几个。第一,引进组织结构成熟的公司开发经营,公司通常获得古镇一段时期内的旅游经营权或者控股,介入范围主要包括古镇遗产修复更新、游憩项目策划、旅游地产开发等。第二,政府职能是提供政策支持,不进行直接投资,不是投资主体。企业凭借古镇遗产资源,策划旅游项目,致力于遗产旅游产品开发、推介、经营和管理,建立并管理旅游地形象,努力塑造旅游品牌,吸引更多旅游者前来消费。也有一些企业介入对古镇环境的改造整理及完善古镇的各方面配套。投资者自负盈亏,并上缴税收与相关费用。第三,政府的派出机构多采取管委会的形式,经营权由管委会委托给开发企业。

这种模式的优点是:政府仅执行权力职能,对古镇资产进行处置和管理,所有权、经营权、开发权分离,可以充分发挥开发公司的积极性,由于开发公司可以长期垄断经营古镇遗产资源,具有发展稳定性,可以降低摩擦成本。其缺点在于:这种模式下,开发公司长期垄断经营古镇遗产资源,导致严重排他性,可能对遗产保护不利;也可能导致公司对当地居民利益的忽视,不利于

---

① 孙楠.乌镇旅游发展史[N].银川日报,2016-04-27.

居民与社区参与。

三、居民主导型与居民参与型开发模式

居民主导型模式依赖古镇前期发展的经济发展基础,在完全自给自足基础上发展古镇旅游以满足产业调整、自身宣传等需要。[①] 目前江南古镇没有类似的实例。

这一模式的特征主要表现在以下几方面。第一,文化遗产产权归国家所有,居民集体管理,行使管理权,成立旅游公司,全面负责古镇保护与开发。第二,居民以土地入股,经营家庭旅馆、地方餐饮小吃、旅游纪念品等,年终按比例分红或以提供的服务获取收入等。第三,政府提供政策保障。

与居民主导型开发模式相关联的是居民参与型开发模式。与居民主导型模式相比,居民参与型的投资主体是外来投资者。古镇集体以旅游资源或现金入股,与外来投资者共同组建旅游开发企业。在江南古镇中,同里古镇在后期成立的同里保护发展有限公司比较接近这种模式。

同里整个古镇都属于省级文保单位,古镇内大部分历史建筑产权归政府所有。对于古镇里的私有建筑,政府通过保护规划的相关规定来控制居民的建设行为,或者通过街巷的立面整治项目对它们进行有限度的维修。古镇内大量的历史建筑(文物除外)可以由产权所有人灵活支配,或投入到市场中,或自己经营。

从2000年开始,同里旅游发展公司提出古民居客栈策划项目。依照规定,有接待条件的家庭或个人用房产作价或出资入股,旅游公司与古镇居民联手开发民宿,成立具有独立法人资格的民居客栈有限公司。公司实行统一对外招商、统筹安排住宿、统一服务标准和品牌。第一批12家作为试点于2000年10月份开始实施。这些民居客栈大部分是明清时的建筑,有深宅大院,也有临河傍桥的阁楼。为了鼓励居民投资,旅游公司提出对首批参与者免去第一年税收的优惠政策。虽然这项优惠政策最后没有落实,但是这个策划项目的成功很大地影响了居民参与旅游的动机,使得同里在后来几年中涌现出了一大批私人运作的民居客栈。[②]

2005年始,同里政府成立了同里旅游有限责任公司(同里总公司),由同里总公司再注册成立8家子公司,然后面向全社会招标,请有经验有资本的投资方来承包经营,独立运作。这8家子公司分别为市场营销经营公司、车船经

---

① 《江苏古镇保护与旅游发展研究》课题组.江苏古镇保护与旅游发展研究[M].南京:东南大学出版社,2014:115.

② 王卓娃.同里历史文化名镇保护实践研究[D].上海:同济大学,2006.

营公司、同里红旅游商品开发有限公司、"票导"服务公司、景区经营管理公司、旅行社、大型活动经营公司、民居客栈管理有限责任公司。这些公司实行经理负责制,"责权利"到位。为了规避承包之后的商业风险,一方面,8家子公司的法人代表仍是同里总公司,一旦发现问题,可以立刻终止协议;另一方面,同里的品牌对这些子公司也有约束作用。在这种模式下,同里总公司仍然实行政企合一,但其子公司是完全实行市场化运作。①

2007年4月同里镇成立同里古镇保护发展有限公司。它由政府、技术专家及专业公司共同组建。同里镇集体资产经营公司、上海同楷建筑规划设计咨询有限公司及苏州新沧浪房地产开发有限公司三个不同背景的股东组成了新公司的核心体系。同里镇集体资产经营公司是同里镇政府的全资公司,代表政府出面,进行直接投资。同济大学旗下的上海同楷建筑规划设计咨询有限公司是一家以历史文化遗产保护规划与设计为特长的专业化设计咨询公司,代表技术专家参与,保证了公司在历史文化遗产保护上专业技术的领先性。苏州新沧浪房地产开发有限公司则是一家古镇改造的专业化房地产企业,曾因"苏州37号街坊改造""双塔影园"及"莳湄草堂"等杰作而闻名业内②。同里古镇保护发展有限公司的成立代表古镇在文化遗产保护与开发上进入了公司化运作的新时期。所以,同里古镇后期的发展已经不再是政府主导型开发模式,而是转向了居民参与型开发模式。

不可否认的是,同里在处理居民参与开发方面付出了很大的努力。难点在于,同里镇集体资产经营公司是同里镇政府的全资公司,其代表的是政府直接投资,如何把居民集体利益凸显出来目前尚未得到有效解决。

在江南古镇旅游发展的后期,居民参与旅游开发成为一种普遍现象。王云才的研究表明,就居民参与旅游业的主要途径来看,西塘51.9%、乌镇44.18%和南浔43.7%的居民纷纷以各种形式参与到旅游业中,主要为经营商店、开设家庭旅馆、开发古镇特色产品、出租房屋给外地人经营旅游服务业等。③

西塘的民居客栈大多是由居民自发筹建的。西塘居民在民居客栈管理中处于绝对主导地位,政府的管理是相对空缺的。随着旅游接待绝对数量大幅增长,游客留宿古镇的需求促使大量房屋主人开始经营民宿客栈,民居客栈成为西塘旅游住宿业的主力。虽然西塘120多家民居客栈都是"非法无照

---

① 大地风景旅游咨询. 江南古镇发展模式探析[EB/OL]. (2011-04-13)[2015-07-13]. http://blog.cctv.com/14055195-1780488.html.

② 吴云赞. 同里古镇保护政府不再"包揽"[N]. 苏州日报,2007-04-13.

③ 王云才,李飞,陈田. 江南水乡古镇城市化倾向及其可持续发展对策——以乌镇、西塘、南浔三镇为例[J]. 长江流域资源与环境,2007,16(6):700.

经营"的,但是政府没有对他们采取管制措施,实际上默许了它们的存在。①

旅游景点的开发亦然。在西塘旅游开发初期,政府曾鼓励居民以私有产业或自筹资本投入修缮和开发旅游景点,以加快发展。2000 年,政府又提出,希望通过与私有景点业主协商,以每月支付一定费用的方式,将私有景点纳入政府主导的旅游景区体系中。因协商不成,其间又花费比较大的成本处理这类纠纷,最后,政府虽然没有放弃收购与限制,但也没有严格执法,多有默许之意。正是这些默许、不作为,使得这些古镇的居民能够充分参与旅游开发,获得开发利益。周庄也有类似情况,周庄古镇里住有 800 多户原住民,大概有五六十家都经营民宿。政府的解决方法不是一禁了之,而是通过实施标准、服务标准使它们能够更符合市场的要求。

乌镇情况与其他古镇不同。由于乌镇所有硬件投入都由中青旅方面承担,有极高的管控权。古镇内的客栈客房收益全部归乌镇旅游开发公司所有,客栈经营者获得的只是餐饮收益。乌镇居民只拥有客栈经营权的一小部分。二期西栅景区内大量建筑开辟为民居客栈,古镇的居民生活方式难得一睹。从商业业态看,商户由乌镇旅游开发公司统一招商。本镇居民与外来经营户都可以经营。商业区域的功能定位清晰且不能让业态之间有所冲突,业态的分布及数量的规定都很严格。对于一些薄利但非常具有典型意义的传统产业商户,乌镇旅游会每年收取 3000～5000 元象征性的低租金甚至给予贴补,以招全传统业态,这有利于乌镇商业业态的完整与良性发展。② 这种做法一方面可以有效避免商户之间的恶性竞争,实现分区清晰,酒吧区、小商店区、传统工艺区布局合理,数量限定,手工艺店、特色客栈、传统餐饮等一店一户,不至于相互杀价。但是另一方面也限制了竞争,投标并非价高者得,这就造成机会主义与搭便车行为,价格上涨,游客没有选择余地。

四、边界混合的中间组织模式

这一模式的优势是,政府、古镇集体、居民、专业运作公司都参与开发,可以多方利用资源,既有政府与专业公司"看得见的手"调节遗产旅游市场,也有外来投资者、居民"看不见的手"调节市场。周庄、南浔、西塘目前都在向这一模式努力。

这种发展模式的主要特征有如下几条。第一,开发主体多样性。政府、

① 李浈.江南水乡遗产保护管理运作模式的实践与思考[M]//北京大学旅游研究与规划中心.旅游规划与设计:古镇·小镇.北京:中国建筑工业出版社,2012:54-55.
② 乐琰.乌镇还能复制吗?[EB/OL].(2015-02-01)[2015-07-13].http://business.sohu.com/20150201/n408339738.shtml.

古镇集体、居民、专业运作公司都参与开发。第二,地方政府不仅提供政策指导,而且通过直接投资参与开发,在股份公司中,古镇集体占有一定股份,或居控股地位(超过50%),或不居控股地位(低于50%)。第三,以专业公司的形式运作,更加专业、透明和规范。第四,居民通过土地或其他要素入股获得分红,或者开民宿或商店,参与到旅游开发与保护中。目前这一模式代表了未来发展的一种方向,尚在积极探索之中。

南浔古镇于2000年成立了湖州南浔旅游发展有限公司,注册资本1600万元。注册时湖州市房地产开发总公司出资900万元,湖州市南浔房地产开发物业经营公司出资500万元,湖州市南浔城建发展总公司出资200万元。2001年4月,公司开始启动修复南浔古镇工程,至2004年2月底,共投入1亿多元资金。恢复了传统的木器、丝行、米行、轿行等老字号商店,通过收购、拆除、改建、修复等,使古镇基本反映了清末民初的南浔原貌。受体制、管理权限、资金等因素影响,南浔旅游发展有限公司背负了沉重的债务,至2004年2月底,公司账面负债7170万元,自有资产经国资委评估仅1800万元,已经严重资不抵债。① 为此,南浔区政府不失时机提出了建立"政策支持为导向,企业投入为主体,社会效益促发展"的多元化保护与开发投资机制的战略决策。2003年,上海博大投资公司和浙江湖州南浔区签订了共同开发南浔古镇旅游合作协议,总投资23亿元。2004年4月份,南浔区政府发文正式授权"浙江南浔古镇旅游发展有限公司"独家拥有30年古镇保护性开发权和旅游经营管理权。南浔区政府持有30%股份,上海博大投资公司则以70%控股。

从2001年开始,周庄的旅游开发模式从原来的政府主导发生转型。国家旅游局批准周庄古镇旅游区为江苏省4A级旅游景区后,苏州周庄古镇旅游集团公司转变为江苏水乡周庄旅游股份有限公司。2001年4月,上海两家民营企业联合周庄本地两家民营企业参与该公司股份制改造,共同持有25%的股份,而原本独资拥有该公司的周庄镇农村集体资产经营有限公司仍持有75%股份,为第一大股东。但另有资料显示,此后陆续有资金进入,如汇银投资就持有江苏周庄水乡旅游股份有限公司5.26%的股权。② 这样,注册资本为5700万元人民币的股份公司资本结构,由昆山市周庄镇农村集体资产经营有限公司、昆山市创业投资有限公司、上海汇银投资有限公司、上海云海实业股份有限公司、昆山南湖对外经济贸易公司组成,占股分别为75.44%、

① 陈智霞,陈云.南浔,保护是为了发展,发展是为了更好的保护[EB/OL].(2007-04-13)[2015-07-13]. http://www.people.com.cn/GB/jingji/1037/3078942.html.

② 李潮文.港中旅拟20亿升级周庄,被指过度商业化[EB/OL].(2011-08-01)[2015-07-13]. http://www.ksnews.cn/video/item_95588.html.

17.54%、5.26%、0.88%、0.88%。也就是说,政府在改制后的股份公司中占有公司75%以上的股份,具有控制权。其后旅游股份公司又先后成立了游客服务中心、昆山市四季周庄文化演出有限公司等分公司。

同里古镇发展的后期,政府运作、联合开发、私有企业运作、个人运作以及非政府组织运作得到广泛发展。政府运作的项目数量为87项,占项目总数的73.36%,投入资金6632.3万元,占6年项目总投资的53.40%;其次是联合开发项目,实施数量27项,占23.08%,资金投入4980万元,占40.10%;私有企业运作、个人运作及非政府组织运作的项目数量各有1项,处于辅助角色。①

第三节 江南古镇文化遗产旅游开发模式的评析

一、诱致型制度变迁与强制性制度变迁

文化遗产制度安排本身存在模糊性。对于自然遗产而言,其所有权一般情况下是明晰的,不得转让。但关于它们的其他权利却通常比较模糊,从而引发一系列问题。②

20世纪80年代以来的产权改革,实行包括所有权、管理权和经营权在内的"三权分离",具体体现在以下两个层次。第一个层次是委托代理关系,所有权与经营权分离。国家拥有所有权,委托地方政府行使权利,由政府的相关部门主管文化遗产业务工作。文化遗产所在地人民政府或作为政府派出机关的管理机构全面负责遗产的保护、规划、建设与旅游开发。第二个层次是权利进一步细分,将自然文化遗产资源的开发权从经营权里分离了出来,由地方政府代表国家享有自然文化遗产资源的所有权,并获得转让权、开发权和部分收益权,另外一部分收益权和剩余产权统称为经营权,归开发商所有。这样的产权关系及变迁比较复杂,其中存在很多漏洞。就委托代理关系来说,依照企业所有权理论,企业效率问题的根源,在于所有权与经营权分离下所有者与经营者目标上的背离,在于经营者努力程度的不可观察性与不可证实性而引发的代理成本。如果产权结构没有优化,为经营者设计的激励报

---

① 王卓娃.同里历史文化名镇保护实践研究[D].上海:同济大学,2006.
② 李敏.产权理论下的建筑遗产保护[C]//全球视野下的中国建筑遗产——第四届中国建筑史学国际研讨会论文集:营造(第四辑).上海,2007:476.

酬不够合理周详,所有权与控制权分离所带来的代理成本难以降低,就会造成组织效率低下。① 另外,新中国成立后,相关土地、房改政策的实施,使得文化遗产原有产权关系模糊,或者尽管产权明晰,但是文化遗产的使用权随着政府的出租或者其他经济行为而变得混乱复杂,导致文化遗产产权关系紊乱,造成处理上的难题。

江南古镇文化遗产旅游开发模式正是在这样的历史背景下展开的。由于市场的复杂性和信息的不完全,制度变迁不可能总是完全按照初始设计的方向演进。所以,在制度变迁中,强制性制度变迁与诱致型制度变迁同时存在。

我国的文化遗产制度变迁最早是由政府强制推行实施的,是一种自上而下的保护。在同里、周庄古镇的早期开发阶段,这一制度变迁比较典型。同里的政府主导型开发模式,开发主体是地方政府,其利益诉求是综合兼顾经济效益、环境效益、社会效益等各方面。政府运用掌握的城市规划审批权对古镇旅游开发进行宏观管理,如运用行政审批、规划管理等手段,对古镇的旅游开发加以调控,并负责基础设施、公共服务和监督管理。以政府为制度变迁的主体,制度变革的程序是自上而下的,具有激进性质。

另外,诱致型制度变迁在古镇文化遗产的制度变迁中也开始发挥作用。上述西塘的民居客栈发展就是一大表现。随着旅游接待绝对数量的大幅增长,民居客栈成为西塘旅游住宿业的主力。西塘居民在民居客栈管理中处于绝对主导地位,政府的管理是相对空缺的。虽然西塘120多家民居客栈都是"非法无照"经营的,但是政府没有对他们采取管制措施,实际上默许了它们的存在。② 西塘民居客栈的发展,是一个学习与认同的过程。通过学习和掌握制度规则,如果有助于降低变迁成本或提高预期收益,则会促进新制度的产生和被人们接受。当制度给人们带来巨大好处时,人们会对它产生强烈而普遍的适应预期或认同心理,从而使制度进一步处于支配地位。周庄也有类似情况。周庄古镇的800多户原住民拥有古建筑的产权,其中有五六十户原住民都在经营类似的民宿。在后期的发展中,政府逐渐肯定了其存在的合理性,通过实施标准、服务标准使它们更符合市场的要求。随着以特定制度为基础的契约的盛行,这项制度持久下去的不确定性大大降低。

① 周小亮.产权、竞争、协调配置与企业绩效——兼评产权论与超产权论[J].经济评论,2000(3):27-31.

② 李凇.江南水乡遗产保护管理运作模式的实践与思考[M]//北京大学旅游研究与规划中心.旅游规划与设计:古镇.小镇.北京:中国建筑工业出版社,1912:54-55.

二、替代性的制度安排——民众参与

1997 年 6 月,世界旅游组织、世界旅游理事会与地球理事会联合颁布了《关于旅游业的 21 世纪议程》,明确提出将居民作为旅游业发展的关怀对象之一,并把居民参与当作旅游发展过程中的一项重要内容。

《关于旅游业的 21 世纪议程》提出:"用可持续的方法管理资源时,重点主要在保存和保护资源的环境政策必须切实考虑到依靠这些资源谋生的人。否则,对贫穷以及对保存资源和环境取得长期成功的机会都会产生不利影响。同样,一项主要重点在增加商品生产而不顾及据以生产的资源的可持续能力的发展政策,其生产力迟早会下降,这也会产生不利影响。因此具体的消除贫穷的战略必须考虑到确保可持续发展的各种基本条件。同时解决贫穷、发展和环境问题的有效战略应当首先以资源、生产和人民为重点,应当包括人口问题、加强保健和教育、妇女的权利、青年、原住民和当地社区的作用,以及民主参与有关改善管理的程序等。"

《关于旅游业的 21 世纪议程》还提出:"加紧为一切人提供可持续的生计的机会","把重点放在利用将权利、责任和资源交给最适当的阶层的原则,使地方和社区群组有能力确保所制定的方案在地理和生态方面具有针对性","使各社区大量参与对当地自然资源的可持续管理和保护,以增强他们的生产能力"。《保护历史城镇与城区宪章》也提出:"居民的参与对保护计划的成功起着重大的作用,应加以鼓励。历史城镇和城区的保护首先涉及它们周围的居民。"

作为文化主体的民众自愿介入当地旅游发展过程中,不但有利于增强文化遗产旅游产品的原生态性质,民众也能够从参与旅游开发中获取经济效益。

以西塘为例,早期迁离或离开西塘社区的居民,大多是为了获取更舒适的生活环境,或谋求更多的发展机遇。其中一部分居民注意到西塘旅游的发展提供了更多的机遇,回到西塘发展。这就是民众参与的内在动力,它虽然不具有强制性,但具有约束力。正如费孝通所说:"彼此平等的居民之间需要一种同意权力。它不具有强制性,但有约束力,约束力首先不是来自外部压力,而是来自因为自愿参与和自主选择而形成的内在动力。"①

廊桥梦酒吧的青年女雇员的经历是其中一个典型例子。作为本地人,她从小在老城区长大,后来全家搬到西塘新镇区居住,自己曾多次离乡去外地

---

① 费孝通. 对上海社区建设的一点思考[N]. 文汇报,2002-06-23.

打工谋生。西塘旅游发展起来后，她又重返西塘，在本地人开的酒吧和民宿从事接待工作。宴球小吃店的老板也是如此，他家早年把西塘老城区的房子卖了，举家外迁。现在他和母亲又搬了回来，住在西塘新镇，但在老城区租了一间屋子经营小吃店。这些迁离后又返回的居民，有一部分重新回到原来住的古镇房屋内，从事旅游相关产业；一部分居则住在西塘新镇区，通过受雇于旅游相关企业等方式，回归西塘古镇。①

由此，这种自下而上的保护要求和政府主导的自上而下的保护约束相互接触和交流，经过多次反馈达成共识。

在西塘旅游开发初期，政府曾鼓励居民以提供私有产业或自筹资本的方式投入修缮和开发旅游景点，以加快发展。但在 2000 年政府又提出，希望通过与私有景点业主协商，以每月支付一定费用的方式，将私有景点纳入政府主导的旅游景区体系中。面对政府这一新的举措，私有景点业主反应强烈。政府（政府所有的）、旅游公司与部分景点业主之间出现矛盾冲突，业主拒绝政府提出的收购计划，并在很长一段时间内当事各方未能达成一致意见。

2005 年，景区内有 4 家由房主私人经营、单独向游客收取参观费用的景点，它们分别为桐村雅居、尊闻堂百寿厅、慎德堂和水阳楼。李盈在访谈中发现，4 家私有景点业主均对政府的收购举措表达了不同程度的不满。②景点业主对旅游公司所提提案的不满主要根源于，站在景点业主的立场来看，提案中经济收益分配方式明显失当。旅游公司所提出的要约价格远远低于业主独立经营可能获取的收益。而且协议规定的旅游公司向业主支付定额经营收入的条款，完全限制了业主在未来旅游收入进一步增长时获得分享份额的可能性。

但随着当地旅游的发展，工商部门即取消了"封门""罚款"的措施。就实际情况来看，旅游、工商等职能部门，在事实上默许了此类小型旅游参观点的存在。随着这种情况的持续，各方并没有形成想法与利益的一致。实际结果是，私有景点经营者不再通过旅游公司接待团队游客，旅游公司也不再将私有景点纳入统一的行程。随着游客留宿古镇的需求大幅增长，原景点业主开始经营民宿客栈，"参观费用"的收益不再是焦点，政府的限制令虽然没有放宽，最终以不作为的方式默许这些私家店铺与民宿的存在。

居民参与还有利于充分发挥旅游乘数效应。旅游业具有较强的关联性，发展旅游所带来的乘数效应较大，因而居民参与旅游开发就可以减少旅游漏

①②　李盈.西塘旅游发展中的矛盾冲突与缓和——以社区内相关群体为研究对象[D].上海：复旦大学,2010.

损量,提高旅游乘数效应。在部分古镇,外地人大量进入参与旅游开发,占据了一定的就业比例,使当地旅游收入出现漏损现象。居民参与旅游开发,可减少外地人进入的机会,就会相应减少旅游漏损量,从而提高旅游乘数效应。①

民众参与力量的增大与普及,使得诱致型制度变迁取代以往的强制性制度变迁,成为江南古镇文化遗产产权制度变迁的主流。它带来的巨大好处是,有利于民众认识并重新科学评价本土文化价值,自觉保护与传承本土文化,从而增强文化自信心和自豪感,减少旅游带来的负面影响;居民通过旅游开发改善生活条件、获得经济利益和提高生活水平,有利于古镇旅游的可持续发展。

三、边界混合的中间组织模式发展趋势

政府主导型开发模式下,容易导致存在多个拥有排他权利的所有者:国家拥有所有权,通过委托授权,由地方政府代为行使,由政府相关部门全面负责遗产的保护、规划、建设与旅游开发。地方政府集所有权、经营权、开发权于一身,容易忽视其他主体的利益,容易导致资源被利用不足,出现"反公地悲剧"。而且,某些政府部门,同样具有经济人的天性,他们也会追求自身利益最大化。由于某些政府部门被要求追求非金钱目标,并且处于垄断的环境中,内部又没有提高效率、降低损耗的激励机制,因此,他们通过增加政府投入,来实现其自身利益的最大化。这种做法非但没有被指责为浪费的危险,反而可以从中提高其在公众中的声誉和威望。②

居民主导型开发模式在现阶段还没有特别成熟的运作案例。文化遗产旅游开发当然需要居民参与,在现有的古镇旅游开发模式中,居民参与是不足的,需要加强,但是把所有权与经营权、开发权都交给居民也是不现实的。如果每个使用者都有独自使用资源而不受其他人干涉的权利,容易导致资源的过度使用,从而发生"公地悲剧"。在周庄、乌镇都出现过商业化过度发展导致限商出现,这就是"公地悲剧"的表现之一。现实中,政府管理主体的缺位,专业旅游经营管理企业的闲置,都可能导致组织运行效率的下降。

---

① 黄芳.传统民居旅游开发中居民参与问题思考[J].旅游学刊,2002(5):55.
② 张杰.论产权失灵下的城市建筑遗产保护困境——兼论建筑遗产保护的产权制度创新[J].建筑学报,2012(6):25.

威廉姆森从交易技术结构和体制组织效率间的关系层面出发，在企业和市场之间区分出了中间性组织。[1] 他在 1975 年出版的《市场与等级组织》一书中指出："在以完全市场和一体化企业为两端，中间性组织介于其间的交易体制组织系列上，分布是两极分化的。"在纯市场与纯科层两极之间存在着一种"杂交"制度形式，威廉姆森称它为交易的规制结构，并比较了纯市场、纯科层和杂交三种规制结构的区别。纯市场的权威控制程度很弱，合作适应性也很弱，而自主适应性及激励强度却很强；纯政府则恰恰相反，其权威控制程度及合作适应性很高，而自主适应性及激励强度很弱；杂交规制结构各项指标都处于中间状态。

边界混合的中间组织模式实际上是个多主体参与开发的混合规制，可以避免政府主导的单一主体与"反公地悲剧"，也可以避免居民自发开发的无序与"公地悲剧"。通常而言，在古镇开发的早期，由于内部化成本较低，开发以物质文化遗产为主，资源有限、稀缺，对当地政府依赖程度很高，且对外来的开发主体缺乏信任。以上条件使得开发很可能由科层"看得见的手"来完成。所以，古镇开发的早期，基本上都采取政府主导模式。

值得一提的是，随着遗产旅游的发展，人们逐渐认识到了非物质文化遗产的重要性，遗产旅游与文化产业相互推动，遗产旅游的边界在不断扩展。文化遗址、独特的自然景观资源，是稀缺、不可再生的。但是随着文化创意产业与遗产旅游的融合，创新型智能文化资源逐渐获得开发。创新型智能文化资源以人为直接载体，是文化人在获得知识和操作技能的基础上，突破前人模式的独创性思维和实践能力，体现为创造型的构思、创意、主题、灵感、方案、决策等，这是文化生产中的核心资源，它的确立可以把其他文化资源以新的方式组合起来，从而形成巨大的文化财富。它决定了文化产品的独特性，是最有价值和稀缺的文化资源，也是不可穷尽、无限延伸的文化资源。[2]

文化创意的发展，大大降低了对特定资源的依赖程度。在资源依赖程度降低的情况下，如果主体相互信任程度增加，政府面临较低的召集成本时，其协调越可能由中间性组织来完成。这恰恰符合江南古镇遗产旅游的发展进程。随着产权制度改革的进程加快，外部化成本逐渐降低，市场这只看不见的手开始活跃并发挥作用，形成介于政府与市场之间的第三种形式，最终导致新的开发模式规制诞生（见图 2-1）。

---

① Williamson O E. Markets and hierarchies[M]. New York: The Free Press, 1975.
② 刘吉发，岳红记，陈怀平. 文化产业学[M]. 北京：经济管理出版社，2005：85.

```
┌─────────────┐
│  遗产旅游开发  │
└─────────────┘
      │ 产权制度
      ▼
┌─────────────┐    产权制度变迁    ┌──────────────┐
│  新的利益群体  │◄─────────────────│  新的开发模式规制  │
└─────────────┘                  └──────────────┘
      │ 价值吸引                         ▲ 中间组织发展
      ▼                                │
┌──────────────────────┐ 遗产旅游发展 ┌──────────────┐
│ 不同利益群体争夺稀缺遗产资源 │────────────►│  遗产资源扩展   │
└──────────────────────┘            └──────────────┘
```

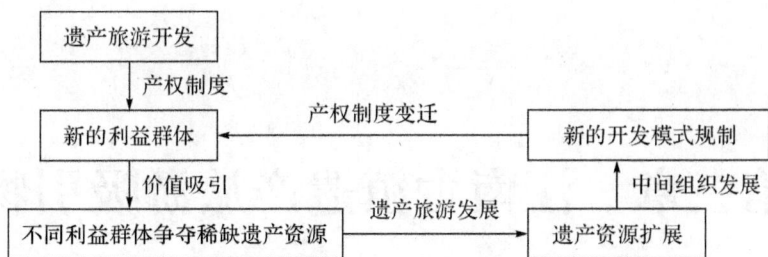

图 2-1　江南古镇文化遗产旅游开发模式变化动力结构

　　在这种发展模式下,市场原则和组织原则能够同时存在,"看不见的手"和"看得见的手"相互之间进行"握手",有利于获得更大效率。周庄、南浔等古镇由于更注重政府、旅游开发企业、当地居民的多主体开发并举,兼顾这些不同利益群体的诉求,获得了可持续发展。

第三章　江南古镇遗产旅游吸引物

第一节　遗产旅游吸引物

一、旅游吸引物概述

(一)旅游吸引物定义

在营销活动中吸引物经常被视为关键的因素。例如,在介绍印度时,就使用泰姬陵形象。[①] 旅游吸引物有广义与狭义之分。狭义的旅游吸引物是指旅游资源,包括自然旅游资源和人文旅游资源。自然旅游资源是指地貌、水体、气候、动植物等自然地理要素构成的、吸引人们前往进行旅游活动的天然景观,具有明显的天赋性质,是天然形成的。人文旅游资源内容广泛、类型多样,包括各种历史古迹、古今伟大建筑、民族风俗,等等,是人类活动的艺术结晶和文化成就。也有的将其分为三类,除上述两大类型外,还有复合型旅游资源。[②] 广义的旅游吸引物包括旅游服务、社会制度、居民生活方式等无形的旅游资源。

西方关于旅游吸引物的定义众多(见表 3-1)。如冈恩认为,旅游吸引物是指那些为旅游者的兴趣、活动和享受而开发出来的,有规划和管理的地方。没有吸引物,旅游将不存在。霍洛韦在界定吸引物的概念时,指出其概念十分广泛,包括许多不同的风景名胜和场所等,也许最简便的方法就是承认任何对人有吸引力,足以让他们前来造访的地方就可被认为是"访问者吸引物"。库柏、朱也指出,吸引物未必是一个地域上有明确边界的地方,海滨、海滩、气候、植被、野生动物、节庆活动都可以是旅游吸引物。旅游吸引物系统

---

① [英]艾伦·法伊奥,布赖恩·加罗德,安娜·利斯克.旅游吸引物管理新的方向[M].郭英之,译.大连:东北财经大学出版社,2005:7.
② 何光晖.中国旅游 50 年[M].北京:中国旅游出版社,1999.

表 3-1　旅游吸引物的定义

定义者	定　义
冈恩	吸引物是指那些为旅游者的兴趣、活动和享受开发出来的,有规划和管理的地方
米德尔顿	一个指定的、长久性的、由专人管理经营的,为出游者提供享受、消遣、娱乐、受教育机会的地方
刘	旅游吸引物本质是由所有足以将每个旅游者从家中吸引过来的要素构成的。这些要素通常包括可供观赏的风景、参与的活动、可追忆的经历,等等
库柏、朱	吸引物未必是一个地域上有明确边界的地方,海滨、海滩、气候、植被、野生动物、节庆活动都可以是旅游吸引物
霍洛韦	吸引物的概念十分广泛,包括许多不同的风景名胜和场所……也许最简便的方法就是承认任何对人有吸引力,足以让他们前来造访的地方就可被认为是"访问者吸引物"
麦肯奈尔	旅游者在游览时和景观以及标示信息之间的关系,并且为该景观提供信息
利珀	旅游吸引物系统包含三种成分,旅游者或人的要素,核心吸引物或中心要素,以及标识信息或提供信息的要素,当这三种要素合而为一,旅游吸引物便开始存在
史蒂文	新一代"目的地"吸引物的出现,向消费者提供综合服务和设施,提供娱乐、采购、饮食以及其他方面的休闲活动
理查德	吸引物并不总像字面表述的那么"吸引"旅游者,但确实为很多旅游活动提供了一个中心,并且是参与旅游业竞争的各个旅游目的地的重要因素
艾伦·法伊奥	旅游吸引物是旅游活动中的一个核心要素,它是自然界和人类社会中,对旅游者产生吸引力的各种事物和因素的总和。在营销活动中吸引物经常被视为关键因素

资料来源:徐菊凤,任心慧.旅游资源与旅游吸引物:含义、关系及适用性分析[J].旅游学刊,2014(7):121;[英]艾伦·法伊奥.旅游吸引物管理新的方向[M].大连:东北财经大学出版社,2005:6-7.

包含了三种成分,旅游者或人的要素,核心吸引物或中心要素,以及标识信息或提供信息的要素,当这三种要素合而为一,旅游吸引物便开始存在。艾伦·法伊奥总结旅游吸引物定义时认为,旅游吸引物是旅游活动中的一个核心要素,它是自然界和人类社会中,对游客产生吸引力的各种事物和因素的总和。

西方对旅游吸引物的定义,往往将旅游资源与旅游吸引物混用,认为旅游吸引物是一个系统,是人为建构的结果。与我国学术界定义不同的是,它不仅包括旅游地的旅游资源,而且还包括接待设施和优良的服务因素,甚至还包括舒适快捷的交通条件。也就是说,他们界定的旅游吸引物除了狭义概念外,还加上旅游服务。

艾伦·法伊奥制定了一个抽象的吸引物产品的框架,其核心是形象景色,外层是有形的产出,最外一层是支持的服务(见图 3-1),目的就是把旅游者体验的精华部分传达给潜在的市场。①

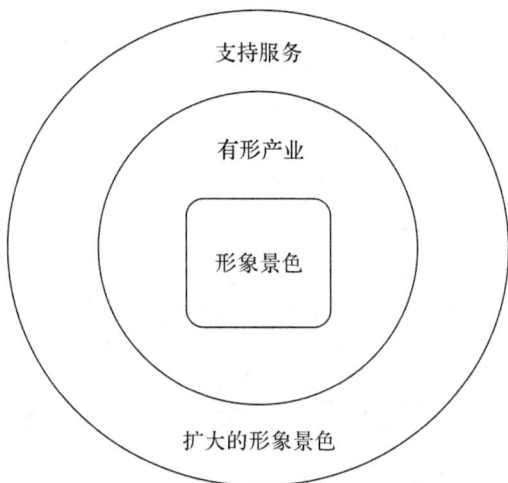

图 3-1　旅游吸引物产品框架

艾伦·法伊奥认为,形象景色的无形产出对于游客体验是很重要的。因此,核心外面是商品和服务,合起来增加价值或者支撑形象景色。这种恰当的形象景色描绘出了旅游者体验的全部四个领域,即娱乐、教育、审美和逃避现实。这四个方面在所有真正经营成功的旅游吸引物中都有体现,它们可能是在无商业气息的地区,如民间领域或者传统旅游目的地中的主题公园。经营者都非常清楚:设计中如果不能区分核心区和边缘区来完善形象景色,或者内容缺乏控制,例如,一场有很多主办方的展览会很难得到有效控制,或者典型景象不能有效进入市场等,都会导致运营不佳或者项目失败。此外,为了完善吸引物产品,核心形象景色还包括辅助设施,诸如零售业、餐饮业、盥洗室、急救室、特殊需要通道、内部交通和停车场及扩大的形象景色,确保旅游者的体验需求都能得到满足,如旅游者取向、娱乐次序、投诉处理、特色木偶、表演、演示,等等。②

旅游吸引物之所以能够吸引人,不是因为人们见到它之后才被吸引,而是在没有见到它之前就对其产生了渴望。可见,旅游吸引物的吸引力,不能仅仅从其客观属性来判定,还必须同时从其符号属性来分析。③ 社会学视角

①② 　[英]艾伦·法伊奥,布赖恩·加罗德,安娜·利斯克.旅游吸引物管理新的方向[M].郭英之,译.大连:东北财经大学出版社,2005:12.
③ 　马凌.社会学视角下的旅游吸引物及其建构[J].旅游学刊,2009(3):69-74.

下的旅游吸引物建构的过程实质上是旅游吸引物的符号化过程,这一过程随着社会主流价值与理想的变化呈现出不断变化的动态特征。[①] 陈岗从传播学角度对此做了阐述:旅游吸引物标志符号主要由旅游营销机构或传媒机构对旅游吸引物的信息进行抽取并编码形成,其解码主要借助于旅游者的凝视过程。[②] 旅游吸引物文化符号主要由规划机构和设计机构收集、整合旅游资源并依据一定的文化主题编码形成,其解码主要借助于旅游者对其文化文本的解读与体验过程。旅游吸引物群体符号主要由导游、旅游者抽取旅游吸引物中情感符号(富含情感意义的旅游吸引物标志符号或文化符号),并将之投射到旅游群体之上而形成,其解码则需借助旅游群体中的人际互动仪式。

因此,旅游吸引物之所以成为旅游者的共同关注焦点,是通过某种互动仪式实现的,旅游吸引物标志符号或文化符号被投射到旅游者群体之上,从而转化为一种区别于其他群体的群体符号,成为旅游者共同享有的情感状态。

(二)旅游吸引物与旅游资源关系

关于旅游吸引物、旅游资源、旅游产品之间盘根错节的关系,中西方定义明显不同,故此很容易混淆。有人认为,旅游资源与旅游吸引物在概念上并无根本区别。旅游吸引物是集吸引旅游者的所有要素的总和,包含了旅游资源以及旅游设施。因此,在大多数情况下旅游吸引物是旅游资源的代名词,通常情况下二者可以通用。[③]

也有人认为,旅游吸引物是原初的概念,是分析的出发点。通过对旅游吸引物进行细分,可以派生出旅游对象、旅游媒介物、旅游标识物三个子概念,构成一个概念体系。旅游资源从旅游对象中引申出来,是针对旅游经营者和旅游开发者而言的一个概念,必须满足资源所固有的内在属性的要求。[④]

对于旅游资源的概念,保继刚认为,旅游资源是指对旅游者具有吸引力的自然存在和历史文化遗产,以及直接用于旅游目的的人工创造物。[⑤] 但是依照这个概念,旅游资源与旅游吸引物似乎难以区别。王大悟、魏小安则认为,旅游资源可以有广义和狭义两种理解。[⑥] 广义的理解涉及旅游活动的商品、设施、服务,包括人力、物质和资金资源,以及吸引物资源;狭义的旅游资

① 陈淑文.旅游吸引物[J].当代旅游(学术版),2010(5):98-100.
② 陈岗.旅游吸引物符号的三种形态及其研究展望[J].旅游科学,2013,27(3):26-36.
③ 崔凤军.中国传统旅游目的地创新与发展[M].北京:中国旅游出版社,2002:10.
④ 陈才,王海利,贾鸿.对旅游吸引物、旅游资源和旅游产品关系的思考[J].桂林旅游高等专科学校学报,2007(1):1.
⑤ 保继刚,楚义芳.旅游地理学[M].2版.北京:高等教育出版社,1999:72-73.
⑥ 王大悟,魏小安.新编旅游经济学[M].上海:上海人民出版社,1998:157.

源指具有经济开发价值的旅游吸引物。此定义将旅游吸引物划分为具有经济开发价值与不具有经济开发价值两个类型,不具有经济开发价值的旅游吸引物不归入旅游资源范畴。

徐菊凤、任心慧在分析旅游资源定义时做了一个较全面的归纳。①旅游资源是一个由汉语界原创并被广泛使用的语词。②由于语词含义和结构自身的原因,"旅游资源"一词总体上在中国学术界被理解成这样三种含义:能吸引旅游者前往旅游的事物(旅游吸引物);能被旅游业开发利用的吸引物资源(被旅游业利用的吸引物资源);旅游业中各种能创造价值的资源(旅游业资源)。① 这当中,第一种含义已被学术界和语言界普遍接受,该词语已成为具有固定内涵和外延的特有词语;后两种含义尚未被广泛接受,在学理和逻辑上也存在较多漏洞。③汉语"旅游资源"的含义只接近于英文的 tourist attraction,而不同于字面上的英文对译词 tourism resources(旅游业资源),而且 tourism resources 一词很少在英文中出现。④大多数旅游资源都属于公共资源,中国学者对旅游资源市场化、商品化的理解模式存在误区。

国家旅游局和中国科学院地理研究所制定的《中国旅游资源普查规范(试行稿)》认为:"所谓旅游资源是指:自然界和人类社会,凡能对旅游者有吸引力、能激发旅游者的旅游动机,具备一定旅游功能和价值,可以为旅游业开发利用,并能产生经济效益、社会效益和环境效益的事物和因素。"《旅游资源分类、调查与评价》②也进行类似的定义。这是目前为止最具权威性的"旅游资源"定义:"自然界和人类社会凡能对旅游者产生吸引力,可以为旅游业开发利用,并可产生经济效益、社会效益和环境效益的各种事物和因素。"

该定义采用了综合上述三种含义的定义方法。其定义明确了两点:其一,旅游资源涵盖面是整个自然界和人类社会,既包括"物质"型,也包括"非物质"型旅游资源;其二,旅游资源应同时具有两大属性,包括能对旅游者产生吸引力的吸引性,以及可以为旅游业开发利用,并可产生经济效益、社会效益和环境效益的经济性。③

可见,旅游资源作为客观存在,是初始的概念,现实中并非所有资源都是旅游吸引物,只有通过开发,潜在的旅游资源才被改造成旅游吸引物。

(三)旅游吸引物作用

首先,旅游吸引物在旅游目的地发展和兴盛中扮演着至关重要的角色。

---

① 徐菊凤,任心慧. 旅游资源与旅游吸引物:含义、关系及适用性分析[J]. 旅游学刊,2014(7):119-120.
② 中华人民共和国国家质量监督检验检疫总局. 旅游资源分类、调查与评价:GB/T 18972—2003[S]. 2003.
③ 李燕琴. 旅游资源学[M]. 北京:清华大学出版社,2007:4.

旅游吸引物最基本的作用是吸引旅游者到一个地区。不同的江南古镇由于历史积淀不同，具有不同的吸引物种类及核心吸引物，如西塘与众不同的总长近千米的廊棚；周庄因《故乡的桥》闻名天下的古桥群；乌镇西栅老街保存完好的明清建筑群；南浔丝商群体及由此遗下的众多名胜古迹；木渎因当年吴王夫差建馆娃宫筑姑苏台，"积木塞渎"，成就镇上名木古树的"活化石"等等。江南古镇不仅以悠久的历史文化示人，其旅游开发的探索模式也各有特色，从品质打造到内涵提升，从原汁原味到产业转型，打造了一批中国城镇发展的鲜活样本。旅游吸引物也在更高层面上变化，给社会带来活力，并带来大量收入。① 正如 Boniface 和 Cooper 所述，吸引物是旅游的生存之本，旅游吸引物催生了游览，引发了远程旅行，并创造了整个旅游业。②

其次，旅游吸引物可以为当地商业发展带来机遇。如近年来江南古镇屡屡举办丰富多彩的节事活动。节事活动本身就是一种旅游吸引物，构成了古镇旅游吸引物的一部分。由于节事活动往往具有连续性和周期性，增加了古镇旅游目的地的整体吸引力和游客满意度，为古镇带来持续的客流。乌镇的会展经济发展已经产生了全球影响力，尤其是在乌镇召开的世界互联网大会，更是将乌镇推到历史的巨大舞台上。如在乌镇举行的第二届世界互联网大会，以"互联互通、共享共治，共建网络空间命运共同体"为主题，吸引了全世界的目光。乌镇之所以能够举办这样的国际会议，首先在于它本身已经走向智能化，具备这样的资源条件。如西栅景区新建 1373 个无线 AP 点，世界互联网大会期间，确保主会场、新闻中心等千兆到桌面，分会场、集中办公地等百兆到桌面。正如国家互联网信息办公室副主任任贤良所称："乌镇是最能够代表中国江南文化的缩影，能唤起人们对中国五千年文化最美好的回忆。"③然而，江南古镇中并非只有乌镇具备智能化条件，其他古镇也有文化底蕴极其深厚的，但只有乌镇抓住了这样的机遇。依照艾伦·法伊奥说法，旅游吸引物与其他旅游部门良好和双赢的关系不仅依赖于旅游吸引物本身，还依赖于目的地旅游产品的大力发展带来的贡献。④

---

① ［英］艾伦·法伊奥，布赖恩·加罗德，安娜·利斯克. 旅游吸引物管理新的方向［M］. 郭英之，译. 大连：东北财经大学出版社，2005：3.

② Boniface P，Cooper C. Worldwide destinations：the geography of travel and tourism［M］. London：Butterworth-Heinemann，2001：30.

③ 范洁."乌镇时间"共话网事，凝聚期待［N］. 新民晚报，2015-12-14.

④ 艾伦·法伊奥在论及旅游吸引物与当地商业发展机遇时，例举了爱丁堡遗产吸引物为进入山脉参加团队培训课程带来了财富。他因此认为，除了旅游吸引物本身的吸引力外，还应该大力发展目的地旅游产品。只有这样，旅游吸引物与其他旅游部门才能建立良好和双赢的关系。见［英］艾伦·法伊奥，布赖恩·加罗德，安娜·利斯克. 旅游吸引物管理新的方向［M］. 郭英之，译. 大连：东北财经大学出版社，2005：7.

最后，旅游吸引物涉及居民参与问题。广义的旅游吸引物包括旅游服务、社会制度、居民生活方式等无形的旅游资源。居民参与作用于这些资源的各个方面。

第一，居民参与可以构建更多旅游吸引物。如古镇居民把拥有产权或使用权的房屋作为旅游开发的主体，参与到旅游开发、决策、规划、利益分配等环节，这对于旅游地的开发是非常重要的私人景点或民宿的产生，不仅可以丰富旅游吸引物，而且可以建立本地区特色。游客住宿在古镇居民家中，深入了解古镇的文化和风俗习惯，近距离地和当地居民接触与互动，体验古镇淳朴的民风，探寻古镇的历史记忆，最终使游客获得深刻的印象和体验。第二，居民参与可以打造古镇的生活氛围，假如一个古镇只有建筑群与景点，其文化遗产旅游就难以成就真正的内涵。游客只能看到一个空洞的、了无生气的建筑群落和古街而已，没有了生活气息与生活氛围的古镇就是一个历史木乃伊。古镇旅游和休闲不仅失去了鲜活的氛围，也将失去原有的也是最宝贵的文化内涵和人文价值。第三，居民参与可以向游客传递信息与互动，这比一般的广告宣传具有更大的效应。考虑旅游吸引物在旅游目的地中的作用时，重要的不仅是游客的意见及如何吸引和满足游客，而且，本地居民需要的满足对于景区的成功，也发挥着更加重要的作用，特别是在乡村，重游景区、旅游就业、向游客推荐介绍，这些支持和参与也非常重要。另外，还要考虑社会内涵的问题，其目的是为了在本地居民中激起文化感知以及满足教育目的，当地的文化特性和生活方式常常只能通过当地居民的参与才能得到保存。[1]

二、遗产旅游吸引物概述

(一)遗产旅游吸引物分类

文化遗产旅游是指游览一系列文化或遗产旅游地，包括博物馆、水族馆、表演艺术中心、考古发掘点、剧场、历史遗迹、纪念碑、城堡、古代建筑遗迹、宗教中心甚至动物园。[2] 艾伦·法伊奥认为，遗产旅游吸引物包括自然吸引物、文化吸引物以及某些现代化特征。自然吸引物以气候、海滩岛屿、山脉森林、动植物为代表，文化吸引物包括建筑物遗产、历史景观、节庆、民俗、传统生活方式、手工艺术品。体育运动、卫生医疗、购物商场、主题公园、综合度假区和娱乐场所等这些现代化特征也非常重要。吸引物并不局限于海滨郊区和历

---

① [英]艾伦·法伊奥,布赖恩·加罗德,安娜·利斯克.旅游吸引物管理新的方向[M].郭英之,译.大连:东北财经大学出版社,2005:8.

② 严伟,等.文化遗产旅游吸引物的意境空间研究——为文化遗产旅游者创造适宜的旅游环境[J].金陵科技学院学报(社会科学版),2008(4):2.

史文化城区中,在专门的中心和大都市的外国城区同样存在。戴伦·蒂莫西对遗产吸引物做了最广义的分类阐述,包括自然吸引物与人造吸引物。他认为,广义上的遗产也包括自然遗产。而文化遗产包括有形与无形两种,可进一步的细分为如下 13 类(见表 3-2)。[①]

表 3-2　戴伦·蒂莫西对遗产旅游吸引物的划分

	军事吸引物 ·战场、博物馆、墓地、战争纪念物、军事设施
物质遗产吸引物	黑色吸引物 ·恐怖袭击发生地、名人去世地、墓地、大规模谋杀或摧残地、集中营、监狱
	历史聚落 ·历史城市、重建的水滨、村庄、乡村聚落
	考古遗址/历史建筑 ·古代遗迹、考古发掘地、城堡、教堂、历史住宅、博物馆
	工业吸引物 ·码头、铁路、矿山、采石场、工厂、啤酒厂
	宗教吸引物 ·教堂、天主大教堂、庙宇、教堂总部
非物质遗产吸引物	艺术 ·艺术传统、手工技艺、饮食文化与美食
	语言 ·独特的语言、音乐
	民俗 ·服装、农耕方式、信念、行为、习俗、故事
	音乐和表演艺术 ·舞蹈、音乐、歌剧
	宗教 ·宗教信仰、活动、仪式、性别角色
	运动 ·比赛、规则和方法
	节日与盛会 ·民俗节日、美食节日、宗教盛会

艾伦·法伊奥进而指出,吸引物产品体系中,核心是形象景色。所以遗产景点的分类便是吸引物分类中的核心部分。戴伦·蒂莫西和斯蒂芬·博伊德根据普伦蒂斯遗产景点分类,把遗产旅游吸引物分为 22 种(见表 3-3)。[②]

① [美]Dalle J. Timothy. 文化遗产与旅游[M]. 孙业红,等译. 北京:中国旅游出版社,2014:41.

② [英]戴伦·J. 蒂莫西,斯蒂芬·V. 博伊德. 遗产旅游[M]. 程尽能,译. 北京:旅游教育出版社,2007:21-22.

表 3-3　戴伦·蒂莫西和斯蒂芬·博伊德对遗产旅游吸引物划分

序号	景点类型	具体分类
1	自然景点	自然保护区、自然小径、水族馆、野生动植物公园、动物园、山洞、峡谷、悬崖、瀑布等
2	科技景点	科技博物馆、科技中心等
3	第一产业景点	农场、奶牛场、农业博物馆、葡萄园、养鱼场、矿井
4	手工业中心和作坊	水车、风车、雕塑、陶瓷、木雕、五金、玻璃工艺,丝绸、饰物制作等
5	制造中心	陶瓷与瓷器工厂、啤酒厂、果汁厂、酿酒厂、工业历史博物馆等
6	交通景点	交通博物馆、铁路、运河、船运码头、民用航空、汽车等
7	社会文化景点	史前遗址和历史遗址、历史博物馆、服装博物馆、家具博物馆、童年博物馆、玩具博物馆、古代遗址等
8	与历史人物相关景点	与著名作家、画家和政治家等相关的地点、地区和建筑等
9	表演艺术景点	剧院、表演艺术中心、马戏团等
10	娱乐花园	观赏植物花园、仿古花园、植物园、模型村等
11	主题公园	怀旧公园、历史探险公园、神话公园等
12	美术馆	艺术和雕塑等
13	节假日与庆典活动	古代集市、各类节假日、再现历史活动、乡村节日等
14	豪宅和故居	皇宫、古堡、乡间大宅、庄园宅第等
15	宗教景点	大教堂、普通教堂、修道院、清真寺、神祠、庙宇、神泉等
16	军事景点	战场遗址、军用机场、海军船坞、战俘营、军事博物馆等
17	种族大屠杀纪念碑	与种族灭绝或其他大屠杀相关的遗址等
18	城镇风景	历史市中心、建筑群、店铺、城市景观等
19	村庄	农村定居点、建筑、田园等
20	乡村和珍稀景观	国家公园、乡村风景等
21	海滨度假胜地与海景	海滨城镇、海洋景观区、沿海地带等
22	地区	被本地居民和游客视为独特的县,以及其他具有历史意义的地区等

(二)江南古镇遗产旅游吸引物

卞显红将江南古镇的遗产旅游吸引物归纳为"形、水、街、市、史"五个方面。[①] 在传统社会自然生长时期,古镇水系是内外交通通道,也是商品贸易空间与居民生活循环的载体。在现代社会里,水的以上功能特征有所减弱,但仍是水乡景观的重要元素和传承古镇文化的载体。水乡古镇的主街道、沿河街、巷弄、桥头、集市、广场等元素共同组成文化特色鲜明的历史街区,这些景观元素以各自独特的物质形态与结构展示古镇发展历程中的地域历史文化。它们构成了古镇特有的环境空间,让人产生强烈的心理知觉意向。充满活力的水乡街市是古镇的活力所在,是古镇有机体的肌体组织,组织的新陈代谢是街市发展演变的动力源泉。街市、水市及介于二者之间的廊街集市活动繁荣了古镇经济,说书、祭祀、社戏、庙会等地方活动丰富了传统的水乡市井生活。而传奇性的历史文化事迹丰富了古镇的非物质文化,构成了古镇宝贵的文化财富。古镇的遗产旅游吸引物种类多样,如节庆活动、民俗风情、音乐戏曲、历史名人、手工艺作品等,都囊括其中。

阮仪三从保护角度将古镇资源划分为物质文化遗产与非物质文化遗产两个部分。[②] 其中,物质文化遗产包括:静态的文化遗产、文物建筑;重要历史意义与价值的历史建筑;古迹集中或完整体现历史风貌与地方特色的街区、建筑群、小镇、村寨等历史地段。非物质文化遗产包括:与土地有密切关系的文化遗产,如建筑、广场、庭院、道路甚至树木等历史环境;为非物质文化传承与保护提供载体的部分,为传说故事、民俗活动、历史事件提供场地、工具、行为、仪式等文化空间。

参照 Dallen J. Timothy 与阮仪三对文化遗产的分类,江南古镇的文化遗产同样可以分为物质文化遗产与非物质文化遗产。物质文化遗产包括历史文物、历史建筑、人类文化遗址等内容,如水乡建筑,街道、茶馆、桥、码头等特色建筑。江南古镇不只单纯拥有"小桥流水人家"的自然风貌,其深厚的水乡文化、非物质文化遗产内涵也十分丰富。

非物质文化遗产旅游吸引物的划分有些复杂。由于非物质文化遗产旅游的内涵和外延上存在模糊性和开放性等原因,有关非物质文化旅游资源的概念的界定目前仍处于模糊状态,弄清这一概念对于我们的分析很有必要。

---

① 卞显红.江南水乡古镇保护与旅游开发[M].北京:中国物资出版社,2011:188.
② 阮仪三,等.江南古镇历史建筑与历史环境的保护[M].上海:上海人民美术出版社,2010:1-3.

非物质文化遗产是各族人民世代相承、与群众生活密切相关的各种传统文化的表现形式和文化空间。非物质文化遗产既是历史发展的见证，又是具有重要价值的珍贵文化资源。因此非物质文化旅游资源可以定义为，能够吸引旅游者使之前往某一特定地域感受与体验，同时又能借助一定手段实现其传播与扩散的各种非物质的事物和现象，这些事物和现象一般依附于特定的文化空间并客观地存在于一定社会形态中。①

根据国务院《国家级非物质文化遗产代表作申报评定暂行办法》的规定，非物质文化遗产可分为两类：①传统的文化表现形式，如民俗活动、表演艺术、传统知识和技能等；②文化空间，即定期举行传统文化活动或集中展现传统文化表现形式的场所，兼具空间性和时间性。

非物质文化遗产的范围包括：

(1)口头传统，包括作为文化载体的语言；

(2)传统表演艺术；

(3)民俗活动、礼仪、节庆；

(4)有关自然界和宇宙的民间传统知识和实践；

(5)传统手工艺技能；

(6)与上述表现形式相关的文化空间。

经国务院批准，由文化部确定并公布的国家级非物质文化遗产名录，将非物质遗产项目分为 10 个类别，分别是民间文学，传统音乐，传统舞蹈，传统戏剧，曲艺，传统美术，传统体育、游艺与杂技，传统技艺，传统医药和民俗。非物质文化内容的丰富性要求载体形式的多种多样。非物质文化遗产旅游资源与其载体之间并非一对一的对应关系，而是一种复杂的网状交叉结构。有时，同一非物质文化遗产旅游资源可以用不同的载体形式来表现，或一种非物质文化遗产旅游资源需用多种载体形式来表现；反之，同一载体也可表现不同的非物质文化遗产资源的内容。欧阳正宇将非物质文化遗产按其资源存在形态划分为四大类：物质实体类、活动艺术类、知识实践类和文化空间类。再结合具体非物质文化遗产旅游资源分出亚类和基本类型（见图 3-2）。②

本书中，笔者将江南古镇的遗产旅游吸引物分为物质文化遗产吸引物与非物质文化遗产吸引物，在此基础上，物质文化遗产吸引物主要分析桥、建筑、博物馆、电影与文化所在地等，非物质文化遗产吸引物主要分析传统的文

① 吴焱,王欢,惠军.乌鲁木齐民俗文化旅游开发现状及对策研究[J].新疆师范大学学报(自然科学版),2005(23):228-231.
② 欧阳正宇.非物质文化遗产旅游开发研究[D].兰州:兰州大学,2012.

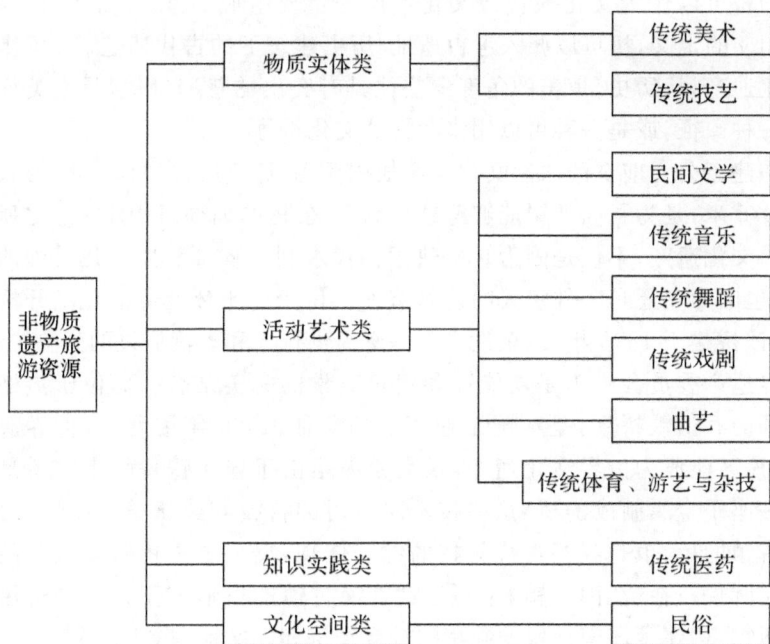

图 3-2　基于存在形态的非物质文化遗产旅游资源分类

化表现形式与兼具空间性和时间性的文化空间二类。传统的文化表现形式有吴江剪纸、吴江蛋画、中国蚕桑丝织技艺、湖笔制作技艺、蓝印花布技艺、木偶昆曲、嘉善田歌、青浦田歌及丝弦宣卷等。兼具空间性和时间性的文化空间包括含山轧蚕花、摇快船活动、盛泽小满戏及水乡社戏等。在下面章节中，笔者将分别展开讨论。

第二节　江南古镇物质文化遗产吸引物种类

一、桥

江南古镇向来以"小桥、流水、人家"吸引旅游者。其中，小桥流水为水乡遗产旅游最具特征的要素。依照《保护世界文化和自然遗产公约》规定，一些古镇的桥可以作为文化遗产或文化遗产的重要组成要素。① 依照 Dallen J. Timothy 的定义,桥可以归入考古遗址/历史建筑下的古代遗迹。② 桥作为一种文化遗产,从历史、审美的角度看往往具有突出的普遍价值,是人类征服自然的一种象征,或是一种可以用来考古的文化符号。

如建于公元前夕的法国文化遗产加德桥,共计三层,高约 50 米,最长的地方为 275 米,是为了高架渠能够跨越长约 50 公里的加德河所建。它之所以成为世界文化遗产,不仅是因为它反映了古代水利工程师和罗马建筑师的技术成果,也因为它还是一件宏大的艺术杰作。位于西班牙北部的比斯开桥也是如此,该桥建于 1893 年,是全世界第一座提供行人和车辆通过的高空拉索桥,被世界遗产委员会誉为是功能性和建筑美学的完美结合。而位于英格兰什罗普郡的乔治铁桥区,是英国工业革命的象征,1986 年被列入《世界遗产名录》。该区能成为世界文化遗产,很大原因是由于连接铁桥峡上的桥是世界上第一座用金属制成的桥,这些技术对当时的科技与建筑曾产生巨大影响。江南古镇的桥,也是我国古代科技的综合体现,反映了古代劳动人民的造桥技艺。阮仪三在《江南六镇》中写道:"江南古镇的桥形成于人们经济活动或生活所需,构建了江南地域的独特的社会经济和人文地理景观。"③

(一)古桥的命名与桥联往往蕴含人生哲理

乌镇通济桥桥洞的南北两侧各有一副桥联。南面的桥联是"寒树烟中尽乌戍六朝之地;夕阳帆处是吴兴几点远山";北侧的桥联是"通霅门开数万家西环浙水;题桥人至三千里北望燕京"。这两副对联寓意深远。据考证,"乌戍"是乌镇的古称。"六朝",相传南朝梁武帝的长子萧统曾经就读于乌镇,后人为纪念他,在其读书处建了一座题有"六朝遗胜"的石坊,所以联中称"六朝胜地",是喻示乌镇的历史悠久。"吴兴"是因乌镇西栅与吴兴县(今湖州市市郊)接壤故称。"霅"是溪名。乌镇在古代是江南五大镇之一,人口有数万之多,所以称"通霅门开数万之家"。"浙水"是指杭州至太湖水系,此水从乌镇西端绕镇而过,所以称"西环浙水"。"题桥"的来历,据《华阳国志·蜀志》记

---

① 1972 年 11 月,联合国教育、科学及文化组织大会在巴黎举行第十七届会议,通过了《保护世界文化和自然遗产公约》。我国第六届全国人民代表大会常务委员会第十三次会议批准了该《公约》。《公约》认定的属于"文化遗产"的有:从历史、艺术或科学角度看具有突出的普遍价值的建筑物、碑雕和碑画、具有考古性质成份或结构、铭文、窟洞以及联合体;从历史、艺术或科学角度看在建筑式样、分布均匀或与环境景色结合方面具有突出的普遍价值的单立或连接的建筑群;从历史、审美、人种学或人类学角度看具有突出的普遍价值的人类工程或自然与人联合工程以及考古地址等地方。见《保护世界文化和自然遗产公约》正式文本。

② [美]Dallen J. Timothy. 文化遗产与旅游[M]. 孙业红,等译. 北京:中国旅游出版社,2014.

③ 阮仪三. 江南六镇[M]. 石家庄:河北教育出版社,2002.

载:"司马相如初入长安,过升仙桥,题桥曰:'不乘高车驷马,不过此桥。'"后来人们就以此作为誓志功名的典故。乌镇距燕京(今北京)约为三千多里,故称"题桥人至三千里北望燕京",反映了当时人们身居小镇,北望燕京的远大志向。

正如张松所说,古镇的造桥是最大的德行,所有的桥名,基本上都是以仁、德、功、慈、济之类的字眼来命名。[①] 在这里,桥的引渡的意思变成了生活实际的功能。于是,家常里面就有了哲学的意味。以此来印证江南古镇,可以发现,古镇的桥联往往是古镇浓郁的学风民风的体现。

(二)不少古桥的历史传说、故事都是一种文化遗产

物质文化遗产与非物质文化遗产往往具有不可分割性。桥虽然可以归为物质文化遗产吸引物,然而却具有非物质文化遗产的鲜明特征。"中国木拱廊桥传统营造技艺"被联合国教科文组织列入《急需保护的非物质文化遗产名录》,就是例证之一。

江南古镇的桥,都有着各自的历史传说、故事,往往蕴藏着人伦道德的深意。

周庄的富安桥原名总管桥,相传桥旁有总管庙,位于周庄古镇中市街东端。据说沈万三的弟弟沈万四,不愿重蹈其哥哥与朱元璋作对最终被发配充军的覆辙,主动捐钱为乡里做好事,富安桥就是因他所捐而建造的。富安桥的桥名即表达了他富裕后祈求安康的心态。富安桥上有五块江南一带罕见的武康石,采自浙江德清县的山崖间,历经岁月洗礼的石头面上,分布着细细的蜂窝眼,雨天不易打滑,非常耐磨,是难得的石头精品。

由周庄古名"贞丰里"而得名的贞丰桥,位于中市河西口,是一座单孔石拱桥。明崇祯七年(1634年)重修,清雍正四年(1726年)重建。桥西侧有一小楼,曾经是南社成员柳亚子、王大觉、陈去病、费公直等人聚会的地方。贞丰桥畔有座楼,原名德记酒店,系清光绪末年祖籍镇江的李德夫所开。店主夫妻年过四十才喜得千金,名唤"阿金"。阿金天生丽质,常在酒店张罗生意,德记酒店便被称为"迷楼",取的是"酒不醉人人自醉,风景宜人亦迷人"的意思。1920年12月,柳亚子邀好友陈去病一同游览周庄,诗友们便在迷楼宴请柳、陈二人。柳亚子题壁两首诗,其一写道:

① 张松.小·桥·流·水·人·家:江南水乡古镇的文化景观解读[J].时代建筑,2002(4):42-47.

红愁绿怨女经天，蜡泪成堆烬篆烟。

白堕惯邀千日醉，黄金散尽五铢钱。

疏狂名士凌云气，窈窕佳人劝酒缘。

输于长陵老孙子，江南羞见李娘妍。①

此后，他们多次聚首迷楼，写出多达五十余首诗。1921 年，《迷楼集》由中华书局刻印出版，所收集的诗歌有 140 余首，成为中国诗坛的一大雅事，周庄迷楼由此名声大振。

可见，桥的建造与命名，往往与当时人们因桥而生的历史事件及文化传统、价值理念相关。锦溪的溥济桥的建造与孝母的故事有关，十眼桥的建造与"陈妃水冢"有关，普济桥的建造蕴藏一个惩恶扬善的故事，等等。

(三)古桥也承载着厚重的历史文化

一些江南古镇的桥远远超越了它们本身的交通功能，甚至成为反映古代宗教文化与社会、精神生活的一面镜子。位于乌镇西大街东段的通安桥，是乌镇宗教文化的一个缩影。该桥是一座单孔圆拱石桥，初建年代已经无从查考。据当地方志记载，曾于清朝道光年间重修，桥全长 16.4 米，净跨 8.8 米，桥面宽 3.2 米。桥面石上刻有"轮回"的图案，这图案自中心点分六道向外逐渐扩展，最终呈车轮形状。其意蕴在于，人们在过桥时，能经常看到"轮回"图案，劝告世人相信因果报应，广积功德，从善如流。

江南古镇的桥还与其他遗址、景观一道，见证古镇手工业发展的历史。如乌镇的咸宁桥，原来是一座木桥，后来改建为梁式三孔石桥。以前该桥南堍开有众多冶坊，所以又名"冶坊桥"。乌镇冶坊自明代在西栅出现，后来又在南栅兴盛起来。刚开始生产钟鼎、香炉、蜡台等用品。冶坊的发展明显具有家族式特点，业主以沈姓为主。后来乌镇冶坊还生产打仗使用的前膛炮和炮弹，成为军火加工坊，冶坊桥与那一段辉煌历史不可分割。

江南古镇的桥还构成影视文化中的重要场景。如乌镇的通济桥桥下曾经是苏杭间的粮船通道。电视连续剧《天下粮仓》第 3 集剧本中，有一段描写：

桥下便是运河。穿镇而过的河面，水不甚宽，却能过得七桅大船；相隔不足百步便又是一顶高高的拱桥，向东望去，三桥横跨，一洞相贯，桥上行人招手可见；更有沿河两岸处处皆是负郭人家，老树

① 熊召政.周庄的迷楼[EB/OL].(2009-04-07)[2015-07-13].http://book.people.com.cn/GB/69399/107426/151507/9089753.html.

倚门，修竹绕屋，兼有大户人家数对石狮雄视着私家河埠，更添得几许江南通商大镇的富霸之气，比之著名的《清明上河图》中的景致更胜一筹。

高高站在桥栏上的小梳子与乘漕船赴京的漕运帮主白献龙相遇的场景，就是在乌镇的通济桥拍摄的。

（四）与古桥相关的风俗成为人们旅游的一种重要体验

古镇很多地方都有当地民间喜事花轿过桥取吉利的风俗，俗称"过桥"，如锦溪有"走三桥"的习俗。所谓"走三桥"是广泛流行于长江南部地区，老百姓避灾祈子求福的活动。清顾禄《清嘉录·走三桥》记载："元夕，妇女相率宵行，以却疾病，必历三桥而止，谓之'走三桥'。"老苏州还流传着这样一段民谣："元宵夜走三桥，上桥走走，万病无有；小孩走三桥，聪明伶俐读书好；小伙走三桥，事业兴旺步步高；姑娘走三桥，青春靓丽更苗条；老人走三桥，鹤发童颜永不老。"锦溪的"走三桥"一般是指天水桥、丽泽桥和鸿福桥，这三桥成"品"字形跨于锦溪与交通河交叉处，几乎成等边三角形。古代镇上人家嫁娶，都要过这三桥，以期百年好合。2011年，"走三桥"被列入第四批吴江市级非物质文化遗产名录项目。过桥是一种"渡"的体验，人生如渡，世事如渡。人的一生走上通途的希望和机遇，桥正是人生戏剧种种转折中最富特征的装置。[1]

茅玉麟提出，目前在新农村建设中，不少地方正在拆古桥建新桥。[2] 保存至今的众多中国古桥有可能大量消失。古桥应该成为新农村建设的财富，而不应该作为废物。通过古桥申遗活动，可以系统建立中国古桥保护体系。这对于江南古镇来说，同样适合。

目前，我国古桥的申遗进展并不顺利。究其原因，单个古桥个体申遗，由于历史影响力有限，很难与法国加德桥、西班牙比斯开桥这样宏大的景观媲美。但江南古镇的桥，在系列上具备极大优势，这种系列优势，体现在古桥基础技术、古桥上部结构建筑技术完整的系列优势，以及文化传统、文化传说的优势。目前，在系列申遗中，2009年9月，"中国木拱桥传统营造技艺"被联合国教科文组织正式列入《急需保护的非物质文化遗产名录代表作》。2012年11月，"闽浙木拱廊桥"入选了《中国世界文化遗产预备名单》。江南古镇的

① 张松.小桥流水人家：江南水乡古镇的文化景观解读[J].时代建筑,2002(4):42-47.
② 茅玉麟.让中国古桥成为世界文化遗产[EB/OL].(2009-08-31)[2015-07-13].http://www.93.gov.cn/html/93gov/lxzn/czyz/sqmy/2019895006526744314.html.

桥,从整体系列情况看,具有极大的文化遗产价值,应当努力申报,跻身世界文化遗产系列。

二、水乡建筑

根据英国城市规划学者纳撒尼尔·利奇菲尔德(Nathaniel Lichfield)提出的文化建成遗产理论[①],文化建成遗产涵盖了一系列相互独立的对象,诸如考古学上的遗址、古老的纪念性建筑、单个建筑物或建筑群、街道及联系一个群体的方式、建筑物周围的场所、单独耸立的塔或雕像,等等,甚至还能扩展至本身具有遗产价值的整个地区,或者说,它们本身没有遗产价值,但因靠近具有遗产价值的地方而使其成为具有重要意义的区域。以此看来,各类有历史价值的建筑物、构筑物、街区、村落、城市的旧城区乃至整个古城都可以成为建筑遗产。此外,建筑遗产还涵盖了与建筑遗产相关的思想观念、生活风俗等一些对人类有普遍价值的无形要素。

《威尼斯宪章》指出:"世世代代的历史古迹,饱含过去岁月的信息而遗存至今,成为人们古老的活的见证……将它们真实地、完整地传下去是我们的职责。"建筑遗产的历史价值相对其他非物质文化遗产而言,其独特性在于它可以通过实体形态直观地呈现和展示曾经流逝的岁月印记,以延续我们对历史的记忆,并有助于我们理解过去与当代生活之间的联系。没有物质性表征的记忆往往是抽象的,建筑遗产作为存储和见证历史的具象符号,借由时间向度的历史叙述,突显了建筑所具有的不可替代的集体记忆功能。[②] 江南古镇的建筑作为旅游吸引物,不同于其他建筑,有着自己鲜明的特征。

(一)逐水而居,与水融为一体

周庄镇仅存的少量明代建筑之一张厅,前后七进,房屋70余间,占地1800多平方米。沿河临街进门,两侧是略显低矮的厢房楼,楼下有落地蠡壳长窗,楼上为蠡壳短窗,蠡窗映水,典雅华丽。第二进是正厅,为主建筑。大厅轩敞明亮,粗壮的庭柱为楠木,称"楠木大厅"。木质鼓墩柱脚,年代虽久,仍坚固如初。后厅几进有一条幽暗深长的"陪弄"前后贯通。东墙上保留有当年设置的壁龛。弄底左侧有一条细长的小河,驳岸围拥,绿树掩映。小河有一个优雅的名称——"箸泾",流水穿房而过。箸泾中段拓一丈见方水池,碧波荡漾,是画舫交会和调头的地方。临河后沿设一排敞窗,窗前设木棱美

---

① Lichfield N. Economics in urban conservation[M]. London: Cambridge University Press, 2009:66-67.
② 秦红岭.论建筑文化遗产的价值要素[J].中国名城,2013(7):20.

人靠,古色古香。窗下是齐整的石驳岸,岸边嵌有如意形揽船石,形状美观,雕琢精细。[①] 美人倚窗,招手叫船。遥想当年,无论乡民划船经过这里,向张家兜售瓜果蔬菜,还是张家人从自家驾船出门,都是十分方便。"船自家中过"描写的大概就是这番情景。

由此看来,江南古镇建筑的遗产价值在于,它往往不是一座单一的建筑,而是由滨水民居、建筑群、街道、水巷及建筑物周围的场所组成一处浑然一体的田园诗意风光。作为水乡,水是江南古镇建筑不可或缺的要素。水系构成不但影响城镇布局和道路结构,其他环境因素,如街巷、桥、驳岸与水埠、色彩及住宅单体等,各自的表现方式都与水有着密切的联系。从整体到局部,水已经成为水乡景色的控制性因素,无处不见,无所不在,是江南水乡的命脉。[②]当然,滨水民居是主角,构成江南水乡城镇的画境、情趣,失去了水或滨水民居,就丧失了水乡城镇的基本特征。作为水乡的要素之一,内外的河网水域、农田村落组成的自然风景,是其城镇、建筑存在的重要条件。河道延伸之处,应为一派田园风光。建筑、城镇、自然风光三位一体,完整地构成了城镇的特色内涵。[③]

(二)反映了人们的思维方式和思想观念,与传统文化融为一体

江南古镇以院落式建筑为代表,院落按主人的社会地位、财富多寡,可沿主轴线布置成一进、二进、三进,甚至更多进的合院。内向封闭的庭院营造出一种私有、宁静和安全的生活居住环境,户与户之间并联排列,中间大都不留空隙,再加上一些必需的公共设施及寺庙、标志性建筑,城镇显得井然有序而又富于变化。当今一些水乡历史城镇中,尤其是像周庄、同里等古镇区中,还保留着这样的一种城镇格局。[④]

如周庄镇明朝巨富沈万三的故居沈厅,由三部分组成。前部是水墙门、河埠,供停靠船只、洗涤衣物,是江南水乡特有的建筑布局;中部是靠街楼、茶厅、正厅,为接送宾客和议事之处;后部是大堂楼、小堂楼、后厅屋,为生活起居之处,是"前厅后堂"式建筑格局。从第二进至第六进,前后楼屋之间均由过街和过道阁连接,称"走马楼",较为罕见。厅堂内,松茂堂居中,占地170平方米,为主体建筑。正厅面阔11米,前有廊带轩,进深七檩,后有屏风廊,平面

① 胡福明.江苏省志·建筑志[M/OL].[2015-12-13].南京:江苏古籍出版社,2001.http://www.jssdfz.gov.cn/book/jzz/D1/D6J1.HTM.
② 孙洪刚.江南水乡魅力探源[J].时代建筑,1994(2):53.
③ 周俭,张恺.建筑、城镇、自然风景——关于城市历史文化遗产保护规划的目标、对象与措施[J].城市规划汇刊,2001(4):58-59.
④ 陆志刚.江南水乡历史城镇保护与发展[M].南京:东南大学出版社,2001:21.

正方形,屋面两坡硬山顶。厅两侧是次间,有楼与前后厢房相连。[①]

受几千年封建统治和长期儒家礼教的影响,中国古建筑等级分明,布局以向心式为主,这一点在江南古镇的建筑中表现尤甚。[②] 城镇建设与传统文化融为一体,使江南水乡城镇异彩纷呈,独树一帜。[③]

(三)集中体现了独特的水乡文化

水乡文化清丽温雅,但有别于沿海地区的文化。孙洪刚认为,沿海地区的建筑往往具有商人气、世俗气,江南古镇的建筑则温文尔雅、清淡秀丽。[④] 缘于水乡居者多文人秀士,皆敏诗好文、擅画能歌,常借诗文额联点缀或题咏水乡景观,因而往往使人在体验建筑环境的同时,也感悟到一种文化的意境与熏陶。

以江南古镇唯一的世界文化遗产"退思园"为例。退思园位于江苏省苏州市吴江区同里镇,建于清光绪十一年至十三年(1885—1887)。退思园的园名取《左传》"进思尽忠,退思补过"之意,设计者袁龙,根据江南水乡特点,精巧构思,历时两年建成。全园占地 2800 平方米,横向建造西宅东园,以简朴无华与素净淡雅著称,颇具晚清江南园林建筑风格。2001 年,退思园被评为世界文化遗产。

苏州古典园林,是我国江南私家园林的代表。退思园又是苏州古典园林的代表。苏州古典园林是把中国的诗画艺术法理运用在造园技艺上,以亭台楼阁、池水假山、树木花卉为主体,辅之以回廊、小桥、曲径、匾额、对联、碑刻,构成了巧妙的园林景观。[⑤] 退思园在有限的空间内,集江南私家园林之长,容纳了丰富的艺术精华,成为小型园林的典范。

第一,改以往园林的纵向结构为横向建造,整座园子由西宅、中庭、东园组成。住宅虽分东西,但可分可合。楼与楼之间由双重廊贯通,俗称"走马楼",为江南之冠。第二,格局紧凑自然,每处建筑独自成景,又与另一景观相对应。退思草堂为全园主景,"九曲回廊"环水池而筑,与草堂相连。第三,全园以水为中心,山、亭、馆、廊、轩、榭等皆紧贴水面,整个园子像浮在水上一样,故有"贴水园"的美称。陈从周《说园》一书对此有很好的诠释:

---

① 胡福明.江苏省志·建筑志[M/OL][2015-12-13].南京:江苏古籍出版社,2001. http://www.jssdfz.gov.cn/book/jzz/D1/D6J1.HTM.
② 窦志萍.中国古建筑游览与审美[M].昆明:云南科技出版社,2006:7.
③ 陆志刚.江南水乡历史城镇保护与发展[M].南京:东南大学出版社,2001:21.
④ 孙洪刚,等.江南水乡文化意境浅析[J].华中建筑,1996(2):26.
⑤ 苏州园林管理局.苏州园林[M].上海:同济大学出版社,1991:4.

吴江同里镇,江南水乡之著者,镇环四流,户户相望,家家隔河,因水成街,因水成市,因水成园。任式退思园于江南园林中独辟蹊径,具贴水园之特例。山、亭、馆、廊、轩、榭等皆紧贴水面,园如出水上。其与苏州网师园诸景依水而筑,予人以不同景观。前者贴水,后者依水。所谓依水者,因假山与建筑物等皆环水而筑,唯与水之关系尚有高下远近之别,遂成贴水园与依水园两种格局。皆以因水制宜,其巧妙构思则又有所别,设计运思,于此可得消息。①

江南古镇的建筑布局,也是一种江南地区人民生活方式的体现。由于水体是传统水乡城镇景观的最基本要素,②江南古镇建筑无论是小型园林还是庭院大都依水而建。小型园林面积虽比庭院稍大,往往以水池为中心,以山石衬托水池、建筑和花木,或利用山坡、土阜建造园林,或以人工叠石堆山造景。③临水而建的建筑还形成了骑楼、过街楼等独特景观。骑楼往往临河沿街,在河沿的廊柱间设有栏杆可依的长条凳,形成一条给住户及路人歇脚避雨、纳凉闲话的水榭式街廊。过街楼连通街两边楼房形成一体,有道路穿过建筑空间的楼房,或者骑跨于街道或巷弄里的楼,底下可以通行。这种人性化设计,构成水乡独特的风景,具有家的温馨。这就是为什么今天人们即使面对断墙残垣、脏桥污水、破败衰落的水乡村镇,却依然怀着一种特殊情感的原因。徜徉其间,会自然而然地感受到家的温馨,感受到超越时空的中华古老文化的存在,这就是江南水乡潜在的、根本的魅力所在。④

三、博物馆

"博物"作为一个词,在我国最初出现于《山海经》,它的意思是能辨识多种事物。《汉书·楚元王传赞》中也有"博物洽闻,通达古今"的记载。这里所谓的"博物"者,是博识多知的意思,与博物馆的含义去之甚远。⑤蔡元培在论及《何为文化》时,谈到博物馆功能时说:"有科学博物院,或陈列各种最新的科学仪器,随时公开讲演,或按着进化的秩序,自最简单的器械,到最复杂的装置,循序渐进,使人一览了然。有自然历史博物院,陈列矿物及动植物标本,与人类关于生理病理的遗骸,可以见生物进化的痕迹及卫生的需要。有

---

① 陈从周.说园[M].济南:山东画报出版社,上海:同济大学出版社,2002:92.
② 甄明霞.江南水乡城镇传统和现代文化景观分析及其对传统文化的回复[J].小城镇建设,2000(12):38.
③ 苏州园林管理局.苏州园林[M].上海:同济大学出版社,1991:9.
④ 孙洪刚,等.江南水乡文化意境浅析[J].华中建筑,1996(2):26.
⑤ 马继贤.博物馆学通论[M].成都:四川大学出版社,1994:65.

历史博物院,按照时代,陈列各种遗留的古物,可以考见本族渐进的文化。有人类学博物院,陈列各民族日用器物、衣服、装饰品及宫室模型、风俗的照片,可以作文野的比较。有美术博物院,陈列各时代各民族的美术品,如雕刻、图画、工艺、美术及建筑的断片等,不但可以供美术的参考,并可以提起普通人优美高尚的兴趣。"①蔡元培对博物馆功能的论述,比较全面、形象表达了博物馆的功用。我国较长时期把博物馆的基本功能界定为收藏、研究、教育。从1979年的《博物馆工作条例》直到90年代的《中国大百科全书(博物馆卷)》,都把博物馆看成收藏机构、宣传教育机构和科学研究机构。

此种看法,与国际上流行的观点是一致的。1946年成立的国际博物馆协会,在其章程中规定:"博物馆是指向公众开放的美术、工艺、科学、历史及考古学藏品的机构。"但随着岁月流逝,该协会对博物馆的定义不断发生变化。观察其变化,可以发现,定义中博物馆的职能由物质文化遗产扩大到非物质文化遗产的领域。1984年,"新博物馆学"运动在加拿大发表的《魁北宣言》就已经发出了扩大博物馆功能的呼声。根据国际博物馆协会1974年哥本哈根第10届大会确定并经1989年海牙第15届大会修订的关于"博物馆"的定义为:"博物馆是不以营利为目的、为社会及其发展服务、对公众开放的永久性公共机构,它为研究、教育和欣赏的目的而获取、保护、研究、传播和展出人类及其环境的物证。"到了2007年,该协会将博物馆界定为"一个为社会及其发展服务的、向公众开放的非营利性常设机构,为教育、研究、欣赏的目的征集、保护、研究、传播并展出人类及人类环境的物质及非物质遗产"。博物馆定义和职能的拓展,赋予了博物馆无形文化遗产保护的职能,无形文化遗产的概念在博物馆界引起了广泛的共鸣,博物馆在无形文化遗产保护工作中的地位和作用日渐明确。博物馆在物质文化遗存的保护和研究方面积累了丰富的经验,而一旦它将这方面的经验移植到对无形文化遗产的保护上来,必将促成两者之间在管理上的有机结合。② 因此,博物馆将成为对无形文化遗产进行科学保护及永久收藏不可替代的重要机构。不言而喻,博物馆将在无形文化遗产的保护中发挥越来越重要的作用。③

(一)江南古镇的博物馆为文化资源增添了新的内容和景观

博物馆作为一种文化设施,同时也是独具特色的旅游吸引物。博物馆通

① 蔡元培美学文选:何为文化[C]//李淑萍.博物馆历史文选.西安:陕西人民出版社,2000:4.
② 博物馆学论文集丛书编委会.博物馆学论文集[C].西安:陕西人民出版社,2006:15.
③ 陈远璋.博物馆与无形文化遗产保护的探索[C]//广西博物馆文集:第三辑.南宁:广西人民出版社,2006.

过组织陈列展览,以实物例证向观众的多种感官,多渠道地输送信息。把实物直接展现在观众面前,比其他文字资料或图像资料更容易使观众得到生动、具体、深刻的印象,因而更有利于加强观众的记忆,促进观众的思维和认识。① 如同里古镇性博物馆,是中国第一座性文化博物馆,展品揭开了5000年来我国性文化的神秘面纱,具有极大的艺术价值和观赏价值。此馆共分四个部分:第一部分"原始社会中的性",第二部分"婚姻与妇女",第三部分"日常生活中的性",第四部分"非常态性行为"。馆藏十分丰富,共收藏性文化藏品4000多件,已展出有代表性的1600件,其中距今5000余年的珍稀极品有20多件。这些展品都是刘达临教授和胡宏霞博士的私人收藏。自1993年以来,曾在大陆26个城市和香港、台湾,以及国外的柏林、横滨、墨尔本、鹿特丹、纽约、首尔等地展览。② 博物馆展品据称有几个"最":最古老的女神像、最古老的性工具、最古老的秘戏陶塑、最有传奇性的性文物、最美丽的秘戏瓷塑等,其展示的性文化艺术让人叹为观止,成为文化遗产旅游一大吸引物。

可见,博物馆和旅游的融合为双方都带来了新的发展机会:一方面,日益发展壮大的旅游业将数量更多、范围更广的文化旅游者引进博物馆,有助于培养公众的"博物馆意识",并促使一个新的文化——"博物馆旅游文化"诞生并发展;另一方面,博物馆也为文化资源增添了新的内容和景观,使得旅游业文化体验更加丰富多彩。③

(二)以民间博物馆为主,在完善运行方式、发展模式上还有很多路要走

江南古镇的博物馆以民间博物馆为主,其诞生与发展是民众参与文化遗产旅游的一种方式,也是人们遗产保护意识崛起的一种反映。由于这些博物馆多属新建不久,在社会中所承担的角色比传统博物馆更加丰富多彩,其象征意义和实用功能的统一,能让更广大公众从中受益。以锦溪古镇为例,该镇有14家民间博物馆。这些博物馆的展品大都来源于民间私人藏家,产权仍属于藏家个人。

新市古镇残庐钱币馆位于新市东栅,1992年由中国钱币学会会员、亚洲钱币学会会员袁兆熊创办。残庐泉币馆分为中国历代钱币馆、明清民国纸钞馆、铜元花钱馆、港澳台货币馆、新中国人民币馆、世界币馆等。残庐泉币馆共有10000多件钱币藏品,300多件名家字画。残庐泉币馆收藏的藏品范围从夏商海贝、铜贝、鱼币等古钱币,到近代旧中国纸钞、革命根据地纸币、辛亥

---

① ③　戴昕,陆林,杨兴柱,等.国外博物馆旅游研究进展及启示[J].旅游学刊,2007(3):86.

②　苏州地方志.同里镇志电子版[EB/OL].[2015-07-13].http://www.dfzb.suzhou.gov.cn/zsbl/1020827.htm

革命纸币。还收藏了一些世界币,有205个国家和地区的硬币、软币、银币、纪念币、古币。可谓集世界钱币之大全。此外,泉币馆经金融有关部门批准,私人出版发行"残庐泉币""马定祥""董必武"等6厘米直径的大铜章3种,计3000余枚。

民间博物馆的管理方是锦溪旅游发展有限公司,公司提供展馆和工作人员,每年按照藏品价值与提供藏品的藏家按比例分成,藏品也可以出售但不可以减少,也就是说,每出售一件必须补上一件。古镇的"中国古砖瓦博物馆""古董馆""钱币珍藏馆""张省美术馆""根雕馆""华夏天文馆""华夏奇石馆""锦溪杰出人物馆""柿园""金石人家"等都深受好评。

残庐泉币馆自开馆后,一直深受杭州大学生和附近中小学生喜爱。袁兆熊收藏钱币30多年,耗资巨大,为了展馆生存发展,甚至不得不卖掉其他房产来维系。如今这座浙江首个私人博物馆正在经受风雨洗礼,生存环境日益艰难。

如果说,民间性导致了私人博物馆当下的困境,这种区别于国有机构的政府行政色彩的民间立场,使它们能不断地释放出活力。事实上,国家用于文物保护和收藏上的资金明显不足,仅仅依靠有限的博物馆和文博部门工作人员,要把传世文物和出土文物全部存入博物馆中陈列,是无法实现的,需要国藏与民藏并重来加强我们的收藏实力和社会整体文化实力,这已经成为人们的共识。①

正如国家文物局《关于民办博物馆设立的指导意见》②所说,近年来,民办博物馆发展迅速,已成为我国博物馆体系中的重要组成部分。应优先鼓励发展具有门类特点、行业个性或地域文化、民族(民俗)文化代表性的民办博物馆,以及致力于抢救濒危历史见证物、填补某领域空白的民办博物馆。

由于现在旅游者日益关注旅游娱乐性、参与性和互动性。民间博物馆旅游产品开发中,必须在展览手段、展览方式、展品布局、介绍说明等方面多下功夫。③ 虽然古镇博物馆藏品丰富,不乏精品,但由于私人的资金限制及理念局限,很多民间博物馆还是停留在"柜台+展品"的呆板形式。在民间博物馆旅游产品开发中,江南古镇的博物馆如何实现从平面摆放到立体展示、从静态展示到动态演示、从说教灌输到引导思索,并辅以高科技手段等虚拟场景,使参观者实现由静立观赏到参与体验的转变,是一个巨大的挑战。

---

① 孙晓彤. 民间博物馆——历史的沧海遗珠[EB/OL]. (2014-06-08)[2015-07-13]. http://news.china.com.cn/txt/2014-06/08/content_32604939.htm.
② 该指导意见对依托历史建筑、故居、旧址等不可移动的文化遗产实物并以其原状陈列为主的博物馆举办条件予以放宽。同时,要求对已设立但未达到相应条件的民办博物馆,进行整改。
③ 李雪峰. 上海民间博物馆旅游发展思路及产品设计构想[J]. 生态经济,2010(6):113.

（三）整体保护亟待成为一种新的保护理念

现代博物馆的概念逐渐泛化，生态博物馆等的加入，使得博物馆旅游更加丰富多彩。所谓生态（社区）博物馆是一种通过村落、街区建筑格局、整体风貌、生产生活等传统文化和生态环境的综合保护、展示，整体再现人类文明发展轨迹的新型博物馆。1971年，世界上第一座生态博物馆在法国诞生。生态博物馆的发展经历了三代：第一代生态博物馆，如法国的地方天然公园等，以人与自然的整体性架构原则为主；第二代的生态博物馆，如魁北克生态博物馆，更多地体现了社区性，被称为"居民之家"；第三代生态博物馆发端于20世纪80年代，以保护少数民族文化、土著文化为主。随着文化多元性的发展，博物馆的作用逐渐被关注，开发与保护少数民族生态博物馆应运而生。现在生态博物馆的实践及其思想原则还在发展。生态博物馆的概念及理论体系并不成熟，仍在不断发展中。从强调整体性、教育性、社会性，发展到强调文化性、科学性。[1]

法国的克勒索蒙特索矿区生态博物馆是世界上第一座生态博物馆，是为保护工业遗产而建的。到现在为止，全球已有生态博物馆300多座，分布在欧洲、亚洲、美洲等不少地区，并被冠以"社区博物馆""生活环境博物馆"等不同名称。1998年，中国同挪威合作建立的贵州梭戛生态博物馆建成开馆，产生了积极影响。在这种新型博物馆中，公共记忆、社区居民参与、环境和地域等，成为最重要的概念。这与传统的博物馆工作方式有着很大的不同，是将有形与无形文化遗产、文化与环境密切结合的成功尝试。[2]

我国从1985年开始引入生态博物馆的理念，使之成为保护文化遗产、推进传统村落文化生态旅游资源开发的重要武器。梭戛苗族生态博物馆于1998年10月31日建成开馆，是亚洲第一座民族文化生态博物馆，位于贵州省六盘水市六枝特区与织金县交界处的梭戛乡，所辖12个社区（自然村寨）总人口5000余人。建立生态博物馆以前，他们生活在极端贫困条件下，过着神秘而古老的部落式生活，与世隔绝，连婚姻也还是在本民族内缔结，至今仍相当完整地保存和延续着古老的、以长角头饰为象征的独特苗族文化传统。从目前的生态博物馆来看，大多位于偏僻的西部民族地区，涵盖了苗、瑶、侗、壮、京、布依、蒙古等民族。2009年建立的浙江安吉生态博物馆，把生态博物馆理念扩展到江南，也标志着生态博物馆从以前专注于少数民族文化遗产扩展至整个民族文化。

---

[1]　余青，吴必虎.生态博物馆：一种民族文化持续旅游发展模式[J].人文地理，2001（6）：43.

[2]　张文彬.全球化、无形文化遗产与中国博物馆[C]//国际博物馆协会亚太地区第七次大会中方主题发言及论文集.国际博物馆协会亚太地区第七次大会，2002（10）：9.

生态博物馆以村寨社区为单位，是没有围墙的活体博物馆，其保护的内涵是整个社区文化及其环境，这与江南古镇文化遗产旅游保护与发展在根本上是一致的。安吉生态博物馆非常注重活态文化保护，提出活态保护不仅保存了乡土建筑、生态和人文环境，也传承竹文化、茶文化、手工造纸文化等非物质文化遗产。江南古镇以此理念确立生态博物馆的发展方向，是值得探索的一条文化遗产旅游发展之路。

四、文学与电影所在地

对于喜欢文学旅游的人来讲，与小说、戏剧、儿歌、电影和电视剧的作者或者角色有关的地方，都是旅游目的地。文学遗产包括作者的故乡、他们曾经生活和工作的区域的自然景观、他们所创造故事（真实或虚幻的）发生的环境及与这些地方或事件有关的博物馆等。[1]

国外专家从 20 世纪 90 年代开始重视影视业对旅游业的影响研究。Riley 认为电影作为一种旅游促销手段，有其重要的特性和优势，它对旅游者到访拍摄地起了推动作用。[2] 他以美国影片和澳大利亚影片对旅游目的地的影响来证明这一观点。Morgan 和 Pritchard 提出，尽管并非真实的，但电视中的描述可能会被认为是一个地方的确发生的事情，并且对于那些休闲地区来讲，电视节目成为它们转变为度假区和旅游地的催化剂。[3] 一些在现代电影中的场景与地方都因为电影的成功而成为遗产吸引物。[4]

影视业是创意产业，借助灯光、音响等现代传媒技术艺术化地展现拍摄地传统文化，将剧情、人物融入拍摄地优美的环境中，共筑一个和谐理想的世界，让观众情感移入影视之中，从而触发到拍摄地亲身体验影视作品中熟悉的场景和画面的动机，这是影视旅游者最主要的动机。[5] 电影的成功促使拍摄、制作地成为旅游目的地，发展为影视旅游。其营销原理在于，潜在游客通过观赏电影电视，对目的地产生新的感知与情感认知，在此基础上，形成综合目的地旅游形象，从而产生相关旅游动机，通过决策形成旅游行为（见图 3-3）。所谓影视旅游是以影视拍摄、制作的全过程与影视相关的事物为吸引物的旅

---

①④　［美］Dallen J. Timothy D J. 文化遗产与旅游［M］. 孙业红，等译. 北京：中国旅游出版社，2014：53.

②　Riley R W，Doren C S. Movies as tourism promotion：a"pull"factor in a"push"location［J］. Tourism Management，1992，13（3）：267-274.

③　Morgan N A. Tourism promotion and power：creating images，creating identities［M］. Chichester：Wiley，1998.

⑤　彭延炼. 影视业对民族地区旅游业发展的影响研究——以湘西为例［J］. 商业研究，2009（2）：142.

游活动,它为许多旅游地带来了商业契机。①

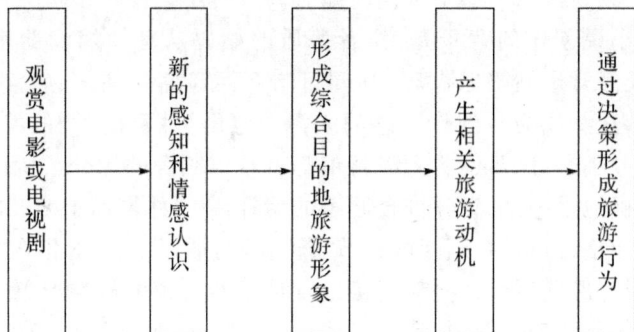

图 3-3　影视旅游营销原理图②

(一)江南古镇作为影视旅游地,有其得天独厚的优势

江南古镇在打造影视旅游基础方面都做出了不遗余力的努力。同里早在 1983 年就成为《包氏父子》拍摄地,是中国影视基地之一。1994 年,退思园同时接待两家剧组《天之骄女》和《戏曲舞台》拍摄,盛况空前。2003 年,西塘古镇与中国电影家协会合作成立了"中国西塘影视摄制基地"。2007 年 6 月,第十届上海国际电影节上,古镇西塘获得"最具水乡魅力影视基地"称号。周庄一样备受影视剧喜爱,陈逸飞的电影遗作《理发师》、郭富城和张柏芝版《浪漫樱花》,以及《杨乃武与小白菜》《新白娘子传奇》《西游记》《江南巨富沈万三》等都在周庄拍摄。在乌镇取景的影视作品更是难以胜数,如《似水年华》《水的女儿》《天下粮仓》《乾隆王朝》《再生缘》《和你在一起》《早春二月》《追日》《旗袍》《子夜》《伤城之恋》《名门劫》《暗算》,等等。

影视旅游的传播媒介包括三类:银屏、影带和银幕,它们都属于大众传媒。对于旅游目的地也就是影视旅游的客体并没有限定,只要出现在上述三种媒介而且吸引旅游者前往游览,任何地方都可以成为影视旅游地。它可以是影片的拍摄地或故事发生的背景地,也可以是外景地。其中背景地是最为重要的。在电影史上,有些电影的背景地和拍摄地就是在两个不同的国家。③

如新市镇作为影片《林家铺子》的拍摄地,也是该故事发生的背景地。小

①　孙晶,马淑红.影视作品对影视旅游目的地的影响分析[J].旅游纵览(下半月),2013(12):333.

②　魏宝祥,欧阳正宇.影视旅游:旅游目的地营销推广新方式[J].旅游学刊,2007(12):34.

③　魏宝祥,欧阳正宇.影视旅游:旅游目的地营销推广新方式[J].旅游学刊,2007(12):33.

说《林家铺子》讲述了发生在杭嘉湖地区小镇上的故事，围绕林家小店的矛盾冲突，鲜明深刻地揭示了那个时代的缩影。当时小说中许多地方都能找到新市的影子。小说创作的背景是：作者茅盾的姑妈从乌镇嫁到新市西河口钱宅，他小时候经常来姑妈家做客，耳闻目睹西河口商船往来、店铺林立、贸易发达的景象，这些成为他创作灵感的来源。电影《林家铺子》的编剧是夏衍，他在德清读过小学，这两位名人与新市都有难以割舍的缘分。所以摄制组把这里作为拍摄地之一，也十分符合原著的精神。① 《林家铺子》1983 年在葡萄牙第十二届菲格拉达福兹国际电影节获评委奖，被列入 1986 年在香港举办的"世界经典影片展"名单，这些都间接地宣传了新市镇的旅游形象。如今在新市镇布下了大量关于电影《林家铺子》的景点、题材，取得了不错的效果。

（二）影视作品对影视旅游目的地的动态展示带来极大宣传效应

影视作品还通过自然画面的吸引和人文信息的传递对影视旅游目的地产生了巨大的宣传效果，并且可以对影视旅游目的地进行长时间的动态的展示。影视作品不单单是自然风光的吸引，还有作品本身所包含的当地的人文气息、似曾相识的回忆，以及精美动人的画面，所产生的好奇心吸引着旅游者。影视作品的大力宣传使影视产业逐渐深入旅游业。影视作品的宣传不但提高了影视旅游目的地的知名度，更为影视旅游目的地树立了良好的形象。②

如在乌镇拍摄的影视作品中，最出名的莫过于《似水年华》了。乌镇既是《似水年华》里故事发生地，也是拍摄地。乌镇有一个图书馆，曾是古代著名的书院。馆中有一老一少，朱旭饰的馆长齐叔叔和黄磊饰的北大毕业回乡的文，致力于整理古籍的工作。李心洁饰的一个沉默少语的姑娘，默默在图书馆围墙外关注着文。生活在古镇延续着，直到有一天刘若英饰的台湾女服装设计师英来了。古镇的宁静从此被打破。英和文相遇在古老的书院，一见如故，仿佛找到了另一个自己。那一句"我知道你会来"成了《似水年华》带给人们最难忘的回忆。虽然文和英最终没能在一起，但是乌镇式的爱情还是深深打动了观众的心。该剧的成功，使得乌镇树立了良好的形象。特别是黄磊与刘若英的表演，使得乌镇旅游掀起热潮。

"旅游＋"视野下江南古镇遗产旅游研究

① 李剑民.《林家铺子》在新市的经典片断[EB/OL].（2005-12-21）[2015-07-13]. www. dqnews. com. cn.

② 孙晶，马淑红.影视作品对影视旅游目的地的影响分析[J].旅游纵览（下半月），2013（12）：333.

第三节　江南古镇非物质文化遗产吸引物种类

一、传统的文化表现形式

（一）吴江剪纸

剪纸，即用纸剪或刻成人物、花草、虫鱼、鸟兽等形象，也指剪成或刻出的工艺品，为我国民间传统艺术之一。剪纸艺术至今仍在吴江流传，其代表人物有同里的计建明和盛泽的王桂荣。

计建明，艺名南叶，1969 年出生于古镇同里，从小喜爱剪纸。2001 年某日清晨，经营企业的计建明在退思广场练太极拳时，发现一个老者的动作不合法式，上前纠正，从而结识了南派剪纸艺人陈南君，其时他正寓居同里。在与陈南君进一步交往后，计建明迷上了精巧玲珑而灵秀轻盈的南派剪纸，从此一发不可收。在说服家人后，他果断放弃了对企业的经营，转入对剪纸的学习和创作。排剪是陈南君的绝技，即用剪刀在纸上排列剪成羽毛状，每一刀的间隔距离约为 0.15 毫米，在剪纸过程中，可穿插这种手法，如剪龙须、孔雀的羽毛、猴子的毛等。运用排剪法，可使作品更加形象生动。陈南君离开同里后，计建明仍留在退思园"剪南春"剪纸店里。计建明的剪纸以单色剪纸为主，兼备阴刻、阳刻，多为点缀装饰的摆衬类剪纸，如喜花、供花等，内容涉及民间剪纸常见的人物、动物、植物，既有祥花瑞草、飞禽走兽、瓜果鱼虫等表达祈福纳祥、避邪镇恶愿望的吉祥形象，也有自然山水、人生礼仪、民间传说、现实物象、宗教信仰等蕴含剪纸人情感寄托的文化符号，层次多变，意象繁杂，主题多样。在题材上，计建明正以令人诧异的开阔视野、潜心修行和吸纳、表达的能力，展现着自己内心的丰富性和孕育创造的潜能。他的剪纸大多轮廓清晰，构图简洁，提倡神似基础上的写实和有效节制后的优美，很少有豪放、粗犷的夸张变形，而是通过灵巧的布局、精细的刀工和秀美的线条，营造出契合日常经验的饱满造型和鲜明形象。数年来，他的剪纸作品达近万件，许多被中外游客所收藏，中央电视台、江苏电视台及台湾、香港等十几家电视媒体做了专题采访，他还多次应邀做现场表演。2004 年 9 月，他的作品

《孔雀开屏》《退思园》《锦上添花》等在日本内滩町展出。[①]

王桂荣,盛泽镇人,1952年生,从小爱好剪纸,30多年来完成作品近千幅,内容涉及人物、花鸟、寿字、喜字、福字等。在《扬子晚报》《江苏工人报》《江苏保险》《苏州日报》《姑苏晚报》等报刊上多次发表作品,《杜甫春望》《李白望庐山瀑布》等于2002年入编中国书画篆刻大型辞典《神州书画艺术博览》。同年,有3幅作品在"胶州杯"中国剪纸艺术大展中获铜奖,由青岛中国剪纸艺术馆收藏。

(二)吴江蛋画

蛋画,是艺人凭借精湛的手艺绘制在鸡蛋或鹅蛋外壳上的一种民间工艺画。蛋画历史悠久,远在唐宋时期,就有描画花鸟山水的蛋画作品出现。蛋画种类多样,可分为脸谱、肖像、串画三类。脸谱,即以蛋为头,在"头"的正面与背面,各绘一张面孔。构图有的取材于戏剧脸谱如财神、关羽、罗汉等,更多是取材于原始宗教神谱和世俗人物。肖像,是在鸡蛋上绘制十二生肖、红楼十二钗、十八罗汉等造型的装饰画。串画,即组画,这类画题材广泛,多以吉祥、美好的素材为主题。

蛋画除了在鸡蛋或鹅蛋上作画外,还发展起鸵鸟蛋画。鸵鸟蛋壳质地坚韧、光滑,色泽如象牙,是绘画好材料。艺人利用彩画技术,将国内外名画绘制到鸵鸟蛋壳面上,可以创造出精美图案。其中鸵鸟蛋壳的景泰蓝画是仿照景泰蓝的工艺,体现景泰工艺品所具有的特点:色彩艳丽、艺术效果浑厚庄重、图案线条精细清晰、美观高雅,具有较强的观赏和收藏价值。[②]

吴江蛋画的代表人物是朱燕倩。朱燕倩出生于吴江盛泽镇,少时跟随父母支边新疆,生活异常艰苦。有一次,小燕倩发高烧几经不退,注射两支链霉素后不幸失聪。1993年,朱燕倩毕业于苏州聋哑学校,同时就读于苏州业余艺术学院。毕业后,燕倩为了改善家庭生活状况,减轻父母的负担,曾在家乡盛泽新生丝绸研究所当画工,在玻璃厂当设计绘画工,在印刷厂当排字工、上浆工等。1996年,朱燕倩考入中国美术学院国画系进修班,师承童中焘、顾震岩、卓鹤君教授。在严师和众师兄的关怀和指导下,朱燕倩的画技、思维能力、悟性都有了一个质的飞跃。作品《猫趣图》被杭州书院收藏,入选"水墨情结——八人中国画作品选集"。从2001年下半年始,朱燕倩回家乡盛泽,潜心研究鸵鸟蛋彩绘艺术。鸵鸟蛋画不比在纸上作画,立体感要求非常高。由此,她毅然进入浙江美术学院深造。一年后,朱燕倩的画艺突飞猛进,令同人

---

① 苏野.在剪纸中触摸精神[J].吴江文化,2014(2):84,88.
② 上官红,李宏恩.鸵鸟蛋制品的开发和利用[J].畜牧兽医杂志,2006(4):34.

惊羡。后来,她所创作的鸵鸟蛋画成为市政府赠送给外国友人的首选礼品。①

(三)中国蚕桑丝织技艺

蚕桑丝织技艺包括栽桑、养蚕、缫丝、染色和丝织等整个过程的生产技艺,还包括各种巧妙的工具,绚丽多彩的绫绢、纱罗、织锦和缂丝等丝绸产品,以及衍生的相关民俗活动。蚕桑丝织技艺是中华民族认同的文化标识,对中国历史做出了重大贡献,并通过丝绸之路对人类文明产生了深远影响。

这一传统生产手工技艺和民俗活动至今还保存在浙江省北部和江苏省南部的太湖流域(包括杭州、嘉兴、湖州和苏州等)及四川省的成都等地区。2009年9月30日,联合国教科文组织政府间委员会第四次会议在阿布扎比审议并批准了浙江省(杭州市、嘉兴市、湖州市、中国丝绸博物馆)、江苏省(苏州市)、四川省联合申报的"中国蚕桑丝织技艺"列入世界人类非物质文化遗产代表作名录。

蚕桑丝织文化源远流长。人们因为蚕桑丝绸而有着共同的生活习俗和生活环境。在这种共同的文化圈中逐渐形成了传统生产技艺,其中包括栽桑、养蚕、缫丝、剥丝绵、丝织机具、织物设计和织造。而蚕桑丝织技艺的传承方式则有家族、师徒、群体等形式。当地蚕农把蚕从卵到蛹到蛾的变化与人从生到死,再到灵魂升天的过程相联系,从而对蚕产生崇拜心理,育蚕敬蚕,逐渐形成了一系列具有蚕桑丝织特征的民俗活动,涉及节日庆典、日常礼仪、民间信仰、语言文学和传统艺术。②

蚕桑丝织技艺在南浔古镇尤其突出。辑里湖丝是丝中极品,其原产地距南浔有七里之遥(今属湖州市南浔区横街乡),因而被唤作"七里村"。道光年间范来庚《南浔镇志》里说:"雪荡、穿珠湾,俱在镇南近辑里村。水甚清,取以缫丝,光泽可爱。所谓辑里湖丝,擅名江浙也。"近代南浔有被称为"四象八牛七十二金狗"的近百家丝商巨富,俱因此致富。经营辑里湖丝的"四象"之一刘镛,"同治初,即已殖财数十万,号巨富"。(见《乌青镇志》)

辑里丝以色白、经匀、质韧的特点畅销欧美,"以七里所产为海内冠,质既柔韧,色复晶莹"。1851年,上海商人徐荣村用湖州南浔辑里村产的生丝参加在英国伦敦举办的首届世博会,并一举夺得金、银大奖。日本学者松永伍作在《论清国蚕业》中记载:"七里丝最良,位于湖州府附近,其他江苏等省所产,

---

其丝皆不良。"松永伍作在《中国蚕业问答》中进一步比较指出："苏杭等处旧法所缫之丝，大抵湖州及南浔为第一，杭州、绍兴为第二，苏州为第三，无锡为第四"。①

现在辑里村为浙江省级非物质文化遗产基地，建有国丝文化园，于 2011 年启动建设，总计划面积约 167 公顷，总投资 2.8 亿元。2013 年，国丝文化园因文化创意独特，被南浔选为 2013 年湖州文化产业，编入 2013 浙江文化产业招商名录。

（四）湖笔制作技艺

湖州毛笔简称"湖笔"，是毛笔中的佼佼者。湖州善琏镇是湖笔的发源地和主要产地，素有"笔都"之称。元以前，全国以宣笔最有名气。苏东坡、柳公权都喜欢用宣州笔；元以后，宣笔逐渐为湖笔所取代。《湖州府志》记载："元时冯庆科、陆文宝制笔，其乡习而精之，故湖笔名于世。""湖州冯笔妙无伦，还有能工沈日新。倘遇玉堂挥翰手，不嫌索价如珍珠。"湖笔自元代奠定了毛笔之冠的地位，与徽墨、端砚、宣纸一起被称为"文房四宝"。经过唐宋两代的发展，湖笔技艺有了很大的进步。

我国历史上一大批书画名家都与湖笔有不解之缘。曾在湖州为官的王羲之、王献之父子，颜真卿、苏东坡和湖州籍的书画大家曹不兴、钱选、赵孟頫、王蒙、吴昌硕、沈尹默等，都为湖笔的改良做出过贡献，同时，他们也依靠精美的湖笔，造就了辉煌的书画成就，留下了"一部书画史，半部在湖州"的美誉。② 现在善琏镇几乎家家户户都会制笔，涌现出许多湖笔世家。北京戴月轩、上海杨振华、天津虞永和、杭州邵芝岩等笔庄，都是湖州人开设的。

湖笔素有"湖颖之技甲天下"的美誉。湖笔纯由手工制作，制作工艺十分复杂。一支湖笔从原料进口到出厂，一般需要经过择料、水盆、结头、装套、蒲墩、镶嵌、择笔、刻字等十二道大工序，从中又可细分为一百二十多道小工序。在众多工序中，以择料、水盆、结头、择笔四道工序要求最高，最为讲究，尤其是水盆和择笔。主要工序由技工专司，选料精细，制作精工，尤其讲究锋颖。制作工匠秉承"精、纯、美"的准则，生产出"尖、齐、圆、健"四德齐备的成品湖笔。③ 湖笔全靠制笔师傅一根一根挑选制作，技术越好，做出来的湖笔越好。一支笔从选料到完成，起码要做一个月时间。④

① 嵇发根.湖丝——辑里湖丝源流考[J].农业考古,2003(3):184-192.
② 刘慧.善琏湖笔，水墨江南[N].浙江日报,2012-05-11.
③ 湖笔制作工艺及特点[EB/OL].(2007-08-10)[2015-07-13].http://www.china.com.cn/culture/zhuanti/zgwfsb/2007-08/10/content_8661489.htm
④ 陈善君.千年湖笔，谁与同写未来[N].现代金报,2013-07-23.

知名笔工、湖州善琏湖笔厂厂长邱昌明是"湖笔制作技艺传承人"。邱昌明是善琏人，17岁起就进入善琏湖笔厂，师从湖笔制作老艺人姚关清，学习湖笔的传统制作工艺。邱昌明做出的笔能让使用者写起来"应手从心、挥洒如意"。比如，笔头尖端的锋颖，是用上等山羊毛经过浸、拔、并、梳、连、合等几十道工序精心制成的，它可让字写起来有笔锋，而一般的毛笔是不具有这项功能的。①

善琏湖笔在国际上声誉很高。日本、韩国、新加坡市场上销售的毛笔，善琏占了相当大的份额。不过，随着国外经济下滑，日本等地的毛笔市场逐渐萎缩，国内仍是最大的市场。随着国内经济发展，使用毛笔的人日渐增多，毛笔除了书写之外，可以作为礼品、收藏品，另外胎毛笔还有重要的纪念价值。②

2015年6月，在浙江首批特色小镇创建中，湖州善琏镇被浙江省人民政府正式命名为"湖笔小镇"。未来，湖笔小镇将发展成为中国湖笔产业聚集地、全国书画艺术品交易中心、浙江特色文化小镇示范基地、长三角创意文化体验型旅游目的地、新型旅游拓展要素示范地。

(五)蓝印花布技艺

蓝印花布俗称"石灰拷花布"，是我国传统的民间工艺精品，已有上千年的印染历史。古籍《二仪实录》说："缬，秦汉间始有。"在古代，"缬"有三种解释：其一，出自《韵会》："缬，系也，谓系缯染成文也"，缬即绞缬。其二，《魏书》中说："荥阳郑荣谄事长秋卿刘腾，货腾彬紫缬四百匹，得为安州刺史。"其三，缬亦指印花的工艺方法。在中国古代印染史上最著名的纺染工艺有四种，即绞缬、蜡缬、夹缬和灰缬，俗称"四缬"。"四缬"在唐代的盛行显示了中国印花技术的成熟，到了明清更是达到了一个新的高峰。③

据史料文字记载，长沙马王堆出土女尸所穿戴衣物被盖，均为质量高级上乘的蓝花布印染。可见，早在西汉时期，印染蓝花布就已经在民间流行。宋元时期，蓝印花布工艺日趋成熟，黄道婆的棉纺技术传播江南，为明清时期蓝印花布的鼎盛打下了基础。明朝设有织染局，基本上垄断了织染业。直至清朝才开始涌现民间染坊。

蓝印花布印染技艺是一种靛蓝花布的防染印花方法，染料是从蓼蓝草中

---

①　陈文龙.制笔高人担心这门手艺会失传[N].杭州日报,2007-10-02.

②　记者陈善君就湖笔今后发展问题采访善琏镇分管工业的党委委员邱建敏,邱说,随着国内经济发展,使用毛笔的人反而越来越多,"因为除了书写之外,毛笔的功能正在拓展,越来越多的人喜欢将毛笔作为礼品送人了,还有制胎毛笔留作纪念的。而手工艺品本身就有收藏价值,所以也有很多人用作收藏"。陈善君.千年湖笔,谁与同写未来[N].现代金报,2013-07-23.

③　管兰生.浅谈现代染缬艺术[J].美术大观,2010(12):68.

提取的。防染用的豆粉、石灰混合成的糊状物俗称"灰药",此糊状物是通过型版而漏印到坯布上,形成花纹。待布匹浸染晾干后,去掉"灰药"的部分是白色花纹,其他就是染上去的颜色。现在的蓝印花布一般可分为蓝底白花和白底蓝花两种形式。蓝底白花布只需用一块花版印花,构成纹样的斑点互不连接。①

乌镇是蓝印花布的原产地之一。据桐乡有关镇志记载,清末民初这里开办印染作坊达数十家之多,其中较有名的是 1841 年创办的丰同裕和创办于清光绪年间的蓝茂丰等染坊。近代松江、扬州、崇德、乐清等都是蓝印花布的重要生产基地。自 20 世纪 80 年代起,桐乡的文化单位就和当地的蓝印花布企业加大了对蓝印花布的研究、保护和传承,并使其成为省、市、县三级非物质遗产项目。2014 年,"桐乡蓝印花布印染技艺"进入第四批国家级非物质文化遗产代表性项目名录和扩展项目名录。

（六）木偶昆曲

木偶昆曲是昆曲艺术的一种延伸,是一种以木偶来表演昆剧的独特戏剧形式。昆曲本身就是非物质文化遗产,有一套完整的表演体系和独特声腔系统。它的剧目丰富,表演上舞蹈性极强,曲调清新婉转,表演优美动人。由于昆曲文词过于典雅,所以在唱段中经常伴以舞蹈动作来表现人物的内心感情,这就大大增加了表演难度。昆曲还产生了许多支派,流行于江浙一带者称为南昆,是主流;流行于北方地区的称为北昆,其他还有湘昆、川昆、宁昆等。昆曲融诗、乐、歌、舞、戏于一炉,在中国文学史、戏曲史、音乐史、舞蹈史上都占有重要的地位,对众多戏曲品种都产生过深远而直接的影响,被称为"百戏之祖""百戏之师",具有很高的艺术价值和学术价值。②

吴江的木偶昆曲源于七都洪福木偶昆剧团,前身为七都镇吴越村姚家创建的"公记保和堂"戏班,始建于清道光年间,距今已有近 200 年,是全国唯一的木偶唱昆曲的祖传戏班。《南林丛刊正集》记载:"清道光年间,手技杂戏(木偶戏)演剧无虚日,曾盛极一时。"清道光年间,七都镇吴越村姚家创建了"公记保和堂"私人木偶戏班,俗称"姚家班"。新中国成立后,"姚记"改名为"吴江县洪福木偶昆曲团"。当时,昆曲《十五贯》的演出轰动全国,"一出戏救活了一个曲种",昆曲受到了前所未有的关注和重视。③ 该团演出剧目最早有近500出,继承了清道光盛极一时的繁荣景象。

木偶昆曲是在一个特定的环境下滋生的。昆曲曾一度萧条,昆剧团在难以维持生机的情况下,为了缩小阵容,减少演出开支,利用木偶来表演昆曲,因此它既是对昆曲艺术的一种创新、改革,又是对昆曲的一种有效的保护、传承,为昆曲的发展起到了不可估量的作用。2003年,由吴江市政府筹集资金,和具有十多年昆曲教学经验的苏州市艺术学校合作,打破"只传男丁,不传外姓"的陈规,招收学生培养昆曲木偶传人。2004年,通过文化、专业考试挑选出来的5名七都籍学生正式进入艺术学校学习,并由木偶昆曲老艺人姚五宝收为徒弟,续上了木偶昆曲的"香火"。① 吴江七都的木偶昆曲入选江苏省政府公布的第四批省级非物质文化遗产代表性项目名录中。

木偶昆曲表演时所用的木偶约60厘米高,重三四公斤,按生、旦、净、丑等角色,用木头雕刻制作。每个木偶上都有十几二十根线,木偶的手指、手腕、手肘、肩膀及膝盖、脚面、背部等均有线系着,线的另一头都连接在木偶上方的操纵板上。② 该剧种在继承昆曲艺术特点的基础上创新发展,用缠绵婉转、曼妙悠远的昆曲配以惟妙惟肖的木偶表演,将抒情、细腻的昆曲表演得淋漓尽致。

(七)嘉善田歌、青浦田歌

田歌通常被称为"山歌""田山歌",历史文献又称其为"吴歌",是流行于浙江嘉善、江苏吴江、上海青浦等地的一种具有江南地方特色的民歌。清嘉善柯万源《斜塘竹枝词》其一写道:"偏隅名胜苦无多,难向前人掘旧科。只待东皋农事起,付他牧竖当山歌。"③时至今日,田歌的传承情况堪忧。以嘉善为例,20个世纪80年代,田歌手约有300人,2000年前后仅剩40余人,且年纪都在七旬左右,随着民间艺人的垂垂老矣,嘉善田歌的生存状况堪忧。④

田歌的国家级非物质遗产传承人张永联,生于1938年,17岁开始跟着父辈唱田歌。后来,他和吴其惠等人组成一个歌队,一起唱歌一起劳作。"文化大革命"期间,田歌被禁唱,慢慢就被人们遗忘了。再加上种田的人越来越少,田歌自然丧失了生存环境。如今,张永联和他的歌队很少唱山歌了。歌队的人年纪大了,高亢嘹亮的山歌唱得也大不如前。2008年,濒临消失的田

① 苏雁,许学建.木偶昆曲今何在[N].光明日报,2012-03-21.

② 崔阳阳.吴江七都有个木偶昆曲班,三个80后扛起了非物质遗产传承[N].城市商报,2016-03-07.

③ 此诗下附作者小注:"我乡播种时,农人每以歌节劳,谓之落秧山歌。"见(清)柯万源.斜塘竹枝词[Z].嘉善县乡土风情诗汇编本.

④ 金美玲.嘉善田歌生态现状探究[J].音乐探索,2013(2):93.

歌作为吴歌的扩展项目被列入国家级非物质遗产名录,田歌传承基地建立起来,张永联也终于找到了几个徒弟。

王叶忠是张永联的徒弟,2010年拜师开始学习田歌。两年前,田歌队里一位歌手因为年事已高无法继续演唱,王叶忠就顶了上来。他们偶尔一起登台演出,参加各地的民歌节。①

嘉善田歌属于吴歌的一个重要分支,根据明代冯梦龙对嘉善田歌的记载,能推断出嘉善田歌产生于明代之前。嘉善田歌在农人播种之时,每每歌以节劳,所以又称为"落秧山歌",直到新中国成立后,"嘉善山歌"才改名为"嘉善田歌",这与它所处的地理环境有关,因嘉善地处平原地区,四周无山。

嘉善田歌的曲调、文学形式和演唱形式,具有鲜明的江南民歌特点,又富有嘉善地方特色。嘉善田歌具有七种不同的曲调,分别是:滴落声、羊骚头、落秧歌、嗨啰调、急急歌、塅头歌、平调,曲调各自独立,不连缀成套。总体而言,具有腔幅宽长的特点,旋律起伏较大,节奏舒缓自由,富于抒情性。② 嘉善田歌的歌词,以七言四句为基础,多衬字、衬词,形成独特的杂言、长言句式,"急急歌"则为百余字的扩充句式;表达方式上,多用吴音俚语及谐音双关,形成与众不同的吴歌特征;题材内容上,以反映吴地农村生活为主,思想情感的表达含蓄婉转。从演唱角色看,嘉善田歌的演唱者也是歌曲的生产者,他们或在田间耕作,或在树边纳凉,或在摇船摆橹,或在秋收播种……均能见其歌与行的相伴相生。在形式上,或独唱,或领唱,或多人接唱多形式共处。嘉善田歌属于具有"和声"的民歌,或三五人,或五七人,每个人都有明确的分工,相互承接递唱。表演形式的确立与经济生活、文化生活和生产实践是分不开的,演唱者在田间劳作,以歌助兴,通常你来我往,一言一和,这就形成了与劳作方式吻合的歌唱形式。这与劳动强度、劳动方式、劳动环境和心境是分不开的,通常也是传统审美意识的自然积累和演唱者的心性流露。③

嘉善田歌被列入第二批国家级非物质文化遗产名录。其代表作有《五姑娘》《呆老公》《小犀牛》《四个姑娘去踏车》等。《五姑娘》是流传至今的嘉善田歌的代表作品,故事动人,音乐形式富有感染力。嘉善田歌的主要传承人是嘉善县姚庄镇的顾友珍、顾秀珍姐妹,二人分别被列入国家级和省级代表性传承人。

青浦田歌种类很多,有吆卖山歌、落秧歌、大头山歌等,是稻农插秧、除草、车水、挖地时传唱的。演唱的形式也自成一格,有头歌、前卖、前嗦、长声、

---

① 吴桐.到倪青浦田间来听"田山歌"[N].解放日报,2016-03-29.
② 金美玲.嘉善田歌生态现状探究[J].音乐探索,2013(2):93.
③ 金美玲.嘉善田歌及其演唱风格交响[J].西安音乐学院学报,2013(1):154.

后卖、后嗓、赶老鸦、歌声 8 个部分组成。青浦田歌音调高亢嘹亮，旋律起伏大，经常出现八度的差异。演唱节奏是散板式的，没有周期性的节拍，速度也非常自由。朱家角镇张马村有 10 位老田歌手获"国家级非物质文化遗产田山歌（青浦田歌）代表性传承人"称号。2015 年，中国上海国际艺术节暨第十二届上海青浦淀山湖文化艺术节期间，来自加拿大魁北克的爵士乐与青浦田歌同台，展示了田歌旺盛的现代生命力。

（八）丝弦宣卷

宣卷曲艺是一种特有的民间曲艺形式。据文献记载，明代中叶后在江浙地区即有宣卷和宝卷流传，既有早期的佛教宝卷，也有民间教派的宝卷和宣卷。[①] 清及近现代民间宣卷和宝卷在吴方言区的传播范围，主要集中于北部吴方言区。按现行的行政区划，包括上海市所属诸市县，江苏省长江以南苏州、常州、无锡所属诸市县及镇江市所属部分地区，浙江省杭州、嘉兴、湖州、宁波、绍兴、金华所属诸市县。在上述各地区中，尤以太湖流域最为普及。光绪年间在江南便出现了宣卷人组织的班社，一般四人左右，他们在各集镇的茶馆中挂牌招揽生意。同时，许多宣卷艺人和宣卷班也进入苏州、上海、杭州、宁波等大城市，得到长足的发展。[②]

就江南古镇来说，周庄、锦溪、角直、同里、青浦等地都广泛流行这种曲艺。徐文初考证，在吴越地区的宣卷中，苏州宣卷是重要支脉，而同里宣卷则是苏州宣卷中的一大族群。[③]

20 世纪 40 年代，吴江最有名的 3 名宣卷演唱者，分别创办了个人宣卷社团，即同里许维钧的"吴县宣扬社"，屯村闵培传的"艺民社"和同里金银桥的"凤仪阁"，盛极一时。新中国成立后，由于宣卷内容与形式很不适应当时的政治形势，演出活动日趋减少。80 年代开始，由于政治环境逐渐宽松，深受农民喜爱的宣卷又逐渐活跃了起来。到了 90 年代，演出人员逐步增加，如同里全镇 23 个行政村很快出现了 10 多支宣卷演出队伍，人数达百余人。20 世纪末至 21 世纪初，由于宣卷演出队伍的不断扩大，演出范围也逐渐扩展到江、浙、沪交界一带的农村。

"后期宣卷"的发展，在内容上可以分为：经咒式的，佛道教故事的，劝惩故事和劝化文字的，戏曲和民间故事的。在宣卷广为流传的漫长过程中，前两类由于形制呆板僵硬，内容艰涩深奥，受众面狭小，逐渐淡出人们的视野。

①②　车锡伦.清及近现代吴方言区民间宣卷和宝卷概况[J].温州师范学院学报（哲学社会科学版），2003（3）：46.

③　徐文初.同里宣卷的艺术特征[J].吴江文化，2012（4）：69.

后两类则因为通俗易懂，故事曲折动人，贴近民众而演变成宣卷的主流，在茶肆、饭庄、旅馆、私宅及公共空间举办的庙会、庆寿、婚庆、满月、开业、上梁、贺迁、聚会，甚至祭奠、神诞、闹丧等场合广泛盛行。[1] 由于丝弦宣卷通俗易懂，与民间信仰融合后，深受人们欢迎。2007 年，同里宣卷由吴江市人民政府批准成为首批非物质文化遗产。2008 年，同里宣卷由苏州市人民政府公布为非物质文化遗产。新中国成立前，同里宣卷艺人以顾茂生、汪昌贤、顾计人、许维钧、袁宝庭、徐银桥、包朗舟、孙国贤等为代表。目前同里宣卷的主要宣唱老艺人大多是第四代传人，以芮时龙、张宝龙、金志祥等为主，新一代也有传人，如肖燕、赵华、江仙丽等。

宣卷器具，主要包括桌围（红底黄字，上书宣卷班名）、鸣尺、手帕、折扇等，另配有胡琴、扬琴、笛子等乐器。宣卷分丝弦宣卷与木鱼宣卷两种。前者一般由六人组成宣卷班子，操二胡、三弦、笛子、木鱼、铜磬等乐器。后者常由二人搭档：其一人敲着木鱼，边唱边白；另一人是帮腔艺人，往往口念佛号以和卷，形式简单。

宣卷在历史上曾同佛、道教紧密关联，在脱离宗教束缚之后仍同民间的信仰活动相结合。如在同里宣卷的卷目中，常见的《目连救母》《妙英宝卷》《猛将宝卷》等一大批卷本都出于佛、道教故事；还有《唐僧出世》《洛阳桥》《张四姐闹东京》等传说，都是宣卷的热门卷目。[2] 当代吴江宣卷往往宣扬社会秩序感、伦理道德，虚构出充满强烈娱乐狂欢、神往色彩的和平幻象，营造出普天吉祥的喜庆气氛。与此相对应，在故事情节的设置上，传承了传统戏曲情节发展的道德决定论，并推至极端。在善与恶、正义与邪恶的斗争中，道德高尚的人一定会赢得最后的胜利，迎来大团圆的幸福结局。一个人道德境界的优劣决定了他的命运，像善良、仁慈、孝顺之类礼教德行的持有者终将因为刻苦持久的修行而获得美好丰厚的回报。[3]

二、文化空间类

（一）含山轧蚕花

含山轧蚕花是江南蚕乡崇拜蚕神的一种汉族传统民俗文化。"轧"为吴方言，是"挤"的意思。所谓蚕花，是一种用纸或绢剪扎而成的彩花。朱恒《武原竹枝词》写道："小年朝过便焚香，礼拜观音渡海航。剪得纸花双鬓插，满头

---

① 苏野.宣卷：一个民间传统的本质性困境[J].吴江文化,2015(1):74.
② 徐文初.同里宣卷的艺术特征[J].吴江文化,2012(4):69.
③ 赵华.宣卷：一个随身携带的艰难传统[J].吴江文化,2012(2):75.

春色压蚕娘。"含山轧蚕花民俗活动反映了蚕农祈求蚕神保佑的心态,同时,又是一种借神嬉春的民间节日。

清初,农村、城镇紧密相连,农、商、手工业发展迅猛,杭嘉湖地域蚕桑业进入了鼎盛时期,农村处处养蚕织绸,市镇贸易繁盛。《鸳鸯湖棹歌》(七十七)有:"轻船三板过南亭,蚕女提笼两岸经。曲罢残阳人不见,阴阴桑柘石门青。"记录了运河两岸桑柘阴阴,无边青色掩映石门(即今崇福镇)的南方水乡风光。在当时农村,农家初夏收茧后即开车缲丝,村南村北缲车响。[①] 簪戴蚕花是盛行杭嘉湖的习俗。相传,西施去越适吴时,途经杭嘉湖蚕乡,把一种蚕花分送给蚕妇,预祝蚕花丰收。那一年,果然是家家蚕花廿四分。于是,蚕妇就有了簪戴蚕花的习俗。

南浔区含山镇境内的含山,被视为蚕神的发祥地和降临地。唐代乾符二年(875 年)建造了包括蚕花殿的含山寺,香火终年不断。含山清明"轧蚕花"的习俗便由此而生。含山蚕花庙会从每年清明节开始,延续到第三天结束,其中以清明第一天较为热闹。除了当地及附近桐乡县、德清县境内的乡民,更有大批来自湖州城中、桐乡乌镇以北、嘉兴新塍、江苏吴江等地的乡民,直至远及苏州和杭州的游人,纷纷从水路、陆路涌向含山。在清明游含山过程中,男女青年熙熙攘攘,并故意挤挤挨挨,方言称作"轧(挤)发轧发,越轧越发",以此讨彩头,期得当年蚕花茂盛。传统的含山"轧蚕花"活动,主要包括背蚕种包、上山踏青、买卖蚕花、戴蚕花、祭祀蚕神、水上竞技类表演等。含山轧蚕花庙会在明清时达到鼎盛,各种府志、县志、镇志都有记载。[②]

清道光初诗人沈焯的诗就描述了含山清明轧蚕花庙会盛况:"吾乡清明俨成案,士女竞游山塘畔。谁家好儿学哨船,旌旗忽闪恣轻快。"20 世纪 30 年代,由于市镇经济的衰落,蚕花庙会也走向衰落。茅盾的散文《香市》《桑树》和《陌生人》都有类似描述。20 世纪 90 年代以后,南浔镇政府和社会组织,陆续投资 1200 余万元,不仅修复了含山塔,重建蚕花殿等传统设施,而且还连续举办含山蚕花节,使得这一民俗活动得以重新兴起。1993 年,含山轧蚕花正式定为"含山蚕花节",1996 年成功举办了湖州含山蚕花节国际旅游活动,1998 年国家旅游局又将含山蚕花节定为华夏城乡游重点节庆活动之一。"含山蚕花节"已成为当地一个盛大的民俗旅游节日,是江南最大的蚕神祭祀节日,也堪称中国最大的蚕神祭祀节日。

---

①　姚春兴. 嘉兴竹枝词、棹歌体诗史料价值考述[J]. 图书馆研究与工作,2009(3):67-68.

②　浙江非物质遗产网信息中心. 含山轧蚕花[EB/OL]. (2015-05-22)[2015-07-15]. 浙江省非物质文化遗产网. http://www.zjfeiyi.cn/xiangmu/detail/11-524.html.

（二）摇快船活动

在江南水乡古镇，河网交织，船是水乡生活不可或缺的重要工具。[1] "阿侬家住秦溪头，日长爱棹横湖舟。"桐乡张梦庐写道："渔灯三两照渔矶，网得鱼虾夜未归。柔橹咿呀何处去，过桥惊起鹭鸶飞。"明清时，渔船在农业生产、渔业生产中占有更重要的位置。《震泽县志》描述船只"远若浮鸥，近如山涌"。渔业发达后，摇快船成为一种古老的民间竞技活动。清朝郭频伽《灵芬馆诗集》中的《分湖欸乃歌》中也有描述："窑港西漾锣鼓闹，纷纷注目碧波中"，并诗后自注："谓摇快船也。"摇快船活动流行于吴江芦墟、上海青浦、周庄、朱家角等地。

如周庄的摇快船，从清朝顺治年间形成民间习俗，至今已有300多年历史。顺治年间，江南各地起兵反清。邻镇陈墓（今锦溪）的秀才陆兆鱼仗义响应，组织抗清水军，日夜操练于与周庄、陈墓毗邻的澄湖和明镜荡。顺治二年（1645年），陆兆鱼率师进军苏州，千舟竞发，摇着快船以迅雷不及掩耳之势，一举攻占南门，直捣巡抚衙门。凯旋时突遭清军伏击，陆兆鱼只身逃脱，隐居为僧。事后，乡亲们为了纪念他，周庄等地每年在农历三月廿八日、七月十五日举行庙会，在水上进行摇快船比赛。

芦墟摇快船，流行于芦墟镇城司、白巨兜、苏家港、北芦墟、来秀桥、东玲、甘溪、尖田、北赵田等20多个村及与芦墟交界的浙江嘉善的农村。芦墟摇快船与庄家圩猛将会、城司"三庙"庙会等民间习俗有着不可分割的密切关系。刘猛将庙会时，除一般常见的各种仪仗和拜香、山歌、连厢、高跷、龙灯等外，就是"摇快船"，一年内达8次以上[2]。2007年，吴江市政府将此竞技项目列为非物质文化遗产加以抢救、保护。

周庄、芦墟的摇快船堪为奇异。比赛前，先由手巧艺高的工匠在船上搭起花棚，称为"花快"。花棚分头棚、舱棚和艄棚，棚上披挂华丽的绸缎帷幔。头棚上悬挂装饰彩灯、彩旗。舱棚上流苏飘挂，色彩缤纷。舱中锣鼓乐队吹拉弹唱。每船配有十五六名身强力壮的橹手。周庄、芦墟现将摇快船列为民俗风情旅游活动项目，特制了五彩缤纷的花快船，组建了橹手队伍。摇动以快为誉，在比赛时能抢到"头船"，更为荣耀。

（三）盛泽小满戏

盛泽小满戏是由传统的行业祖师崇拜演绎出来的民间酬神演戏活动。

---

① 姚春兴.嘉兴竹枝词、棹歌体诗史料价值考述[J].图书馆研究与工作,2009(3):67-68.
② 张舫澜.芦墟摇快船谈薮[J].吴江文化,2014(3):83.

根据盛泽当地政府门户网站介绍，江苏省苏州市吴江区盛泽镇有先蚕祠，供奉嫘祖，作为祭祀蚕丝行业祖师的公祠。二十四节气中的"小满"，是先蚕祠最热闹的时候，小满戏照例第一天是昆曲，第二天（正日）及第三天是京剧，均邀请江南名班名伶登台。剧目都由丝业公所头面人物点定，上演的都是祥瑞戏，讨个吉利。凡剧情中有私生子或死人情节的戏目绝对禁演，因"死""私"与"丝"谐音，避讳。

可见，盛泽小满戏与盛泽作为蚕丝产区有很大关系。历史记载，宋元间，丝绸生产主要是在苏州城内进行。乾隆年间《吴江县志》载："绫绸之业，宋元以前惟郡人（苏州人）为之，至明熙、宣间，邑民始渐事机丝，犹往往郡人织挽。"但到明朝以后，有"士人亦精其业者，相沿成俗"。明中期，江南商业繁盛，商品经济活跃，民间手工织造业逐渐形成。加之太湖流域蚕桑业的兴旺，加速了盛泽地区手工丝织业的发展。"盛泽黄溪四五十里间，居民尽逐绫绸之利。"①

1936 年茅盾主编的《中国的一日》书中有《盛泽的小满戏》一文，其中说道：

> 据说丝行的祖先，蚕花娘子是其中之一，他们要纪念这蚕花娘子，并且希望蚕花娘子保佑四乡农民所养的蚕有丰满的收成，所以有这种迷信举动，但是他们一半是为自己的利益着想，一半是想盛泽整个绸市的发展，因为蚕的收成一好，丝业和绸业在经营上比较顺利一点。②

正是由于这一原因，各蚕丝产区市镇都建有先蚕祠或蚕皇殿之类的蚕神祠庙。盛泽镇丝业公所于清道光二十年（1840 年）兴建先蚕祠，为该所办事处所，占地 4000 余平方米，其规模及气势为江浙各地之最，也是江南目前仅存的蚕神祠庙。该祠庙于 1995 年 4 月被列为江苏省文物保护单位。

据方志记载，相传农历小满节为蚕神生日，各个市镇神祠庙开锣演戏，供奉蚕神以祈丰收。盛泽镇则因经济实力雄厚、人口众多而连演三天，按惯例第一天为昆曲，第二天（正日）、第三天为京剧，皆宴请名班名角登台，戏目由丝业公所点定，皆是祥瑞之戏。民国年间沈云所作《盛湖竹枝词》谓："先蚕庙里剧登场，男释耕耘女罢桑。只为今朝逢小满，万人空巷斗新妆。"写的就是小满戏开演的热闹场景。

---

① 盛泽镇地方志办公室.盛泽镇志［M］.苏州：江苏古籍出版社，1991：150.
② 茅盾.中国的一日（民国版）［M］.上海：生活书店，1936（民国二十五年）：458.

根据盛泽镇文化服务中心相关史料,1840年盛泽先蚕祠建成后,每届小满节酬神演戏成为定例,持续近百年。1937年盛泽镇沦陷后,先蚕祠内一度驻扎日军,日渐破败。1947年,勉强演过一次。新中国成立后,先蚕祠被征用为粮库,1976年戏台又被拆除,小满戏停演半个多世纪。1999年冬,先蚕祠重修,恢复原貌,翌年得以恢复"小满戏"习俗,延续至今。近代盛泽小满戏名播江南,即使在停演之数十年期间,人们犹津津乐道,加以怀念,颇有群众基础。20世纪80年代末中国丝绸博物馆曾到盛泽采风,请浙江美术学院教师以"盛泽小满戏"为题材,画成大型壁画,陈列于主厅内,后又作4米长绢画携带出国展览。中央、省、市电视台、报刊等媒体竞相报道小满戏的历史和现状。盛泽文史工作者周德华曾在《人民画报》《传统文化研究》《中国纺织报》《江苏地方志》《苏州杂志》《旅游杂志》(香港)等报刊上发表有关文章及图片,使小满戏的民俗文化价值得到肯定。[1] 2007年,盛泽小满戏由吴江市人民政府公布为首批非物质文化遗产。

(四)水乡社戏

社戏可以追溯到远古时期的祭祀歌舞,是一种具有酬神祀鬼性质的民俗活动。如叶志良等所言,社戏通过一个个生动具体的鬼神故事,使得人们能充分地体验、领会佛家所提倡的"因果报应"的道理,甚至于表演中的种种仪式化场面,绝不仅仅是为了把表演形式弄得更丰富热闹,而更重要的是点明演出的祭祀意图,张扬其中的宗教精神。[2]

元明时期,民间社戏活动极为鼎盛。南宋诗人陆游在《社日》诗中写道:"太平处处是优场,社日儿童喜欲狂。"明人张岱《陶庵梦忆》中就有陶堰司徒庙夜演社戏的记载:"陶堰司徒庙,汉会稽太守严助庙也。岁上元设供,任事者,聚族谋之终岁。"及至演社戏,"城中及村落人,水逐陆奔,随路兜截,转折看之,谓之看灯头。五夜,夜在庙演剧,梨园必倩越中上三班,或雇自武林者,缠头日数万钱"。

绍兴是著名的水乡,境域内河道密布,湖泊众多。社戏的演出,因与绍兴独特的水乡环境完美地结合,形成了最具地域特色的民俗活动。绍兴自古就有观社戏的习俗,演社戏、观社戏之风甚盛,建有各式戏台。这些戏台为三面可观的伸出式舞台,分为庙台、祠堂台、河台(水台)、街台等,其中最具特色的

---

① 吴江非物质文化遗产有关文章[EB/OL].(2015-04-07)[2015-07-13]. http://www.doc88.com/p-8428594783747.html.

② 叶志良,金琳.绍兴社戏中鬼戏的艺术人类学研究[J].浙江艺术职业学院学报,2008(1):21.

是河台（水台），称之为水乡舞台。①

鲁迅在《社戏》中写道：

　　我忽在无意之中看到一本日本文的书，可惜忘记了书名和著者，总之是关于中国戏的。其中有一篇，大意仿佛说，中国戏是大敲，大叫，大跳，使看客头昏脑眩，很不适于剧场，但若在野外散漫的所在，远远的看起来，也自有他的风致。我当时觉着这正是说了在我意中而未曾想到的话。

现在的水乡社戏以鲁迅笔下的绍兴社戏为主要形式，重现绍兴演社戏、观社戏的民俗风情和越地戏曲特色，将原始社戏风貌和现代表演艺术有机结合。绍兴社戏是一个完整的系统，内部有三个不同的子系统：第一个子系统是农业生产系统，按照四季的运行来安排相应的仪式和戏剧表演，目的是祈祷天时地利人和，保持人与自然、人与社会、人与人关系的和谐，进而保证五谷丰登、六畜兴旺、人口繁衍、家庭和睦；第二个子系统是家族系统，按照长幼尊卑的等级秩序策划并组织社戏的演出和剧目的确定，策划和组织社戏的过程也是显示和强化社会—家族权威与等级关系的一种手段；第三个子系统是宗教系统，让鬼神介入人间事务，起到对上述两种系统的调节作用，凡是不符合宗教系统要求的行为，都将受到鬼神的处罚，反之则受到奖赏或鼓励。第三个子系统是整个系统的核心，它的运作影响到其他两套系统的运行，进而产生丰与歉、祸与福、荣与辱、奖与惩等。在越国先民的观念中，重要的是让这三个子系统各个元素达成某种平衡，使其互相补充，和谐运转。② 2008 年，水乡社戏被列入第二批国家级非物质文化遗产名录。绍兴社戏展演成为常态化，建立了柯岩风景区、鲁迅故里、马山镇东安村三家展示性传承基地。

以马山镇东安村的古戏台为例。它位于安城大庙的庙前，坐南朝北，临水而建。戏台重建于明末清初，距今已有近 400 年的历史。至今，东安村仍遵循着传统节日搬演社戏的习俗。2011 年年底，绍兴市非物质文化遗产保护中心在马山镇东安村设立"水乡社戏专题展馆"。展馆以文字、音像、图片等多种形式呈现，通过图文并茂的形式，对社戏的历史渊源、演出程式、演出内容、传承情况等做了介绍。专题馆是水乡社戏的宣传平台，通过这个平台，传播社戏的有关知识，使参观者对社戏有系统深入的了解，进而积极投身社戏的保护与传承。

①　屠剑虹.绍兴社戏[J].浙江档案,2007(11):32-33.
②　张德明.绍兴社戏的当代传承及其文化功能[J].浙江艺术职业学院学报,2012(4):109.

第四章　江南古镇遗产旅游的营销方略

第一节　遗产旅游目的地营销

一、文化遗产构成旅游目的地的重要组成部分

旅游目的地为旅游活动的正常进行提供主要的现实空间,而文化遗产则构成旅游目的地的重要组成部分。因为在众多的旅游目标市场中,文化旅游处于领先地位,需求量不断增加,而文化旅游的核心构成便是文化遗产。Dallen J. Timothy 在《文化遗产与旅游》一书中写道:

> 遗产旅游在目的地营销、历史场所和博物馆的产品组合中占有重要地位。一些目的地几乎完全依靠其具有历史意义的建筑环境来发展旅游经济,而另一些地区则将遗产排在自然、沙滩及度假村、赌博或者运动旅游之后。无论哪种情况,遗产在世界上大部分目的地中都是非常重要的组成部分。[①]

在目的地的营销中,世界上很多地方的遗产已经成为相应目的地的代名词。诸如秘鲁的旅游是指马丘比丘(被称作印加帝国的"失落之城"),埃及是金字塔和古埃及帝王谷,而柬埔寨的象征则是吴哥窟。这些重要的大型遗址为国家带来了巨大的观赏性,并从根本上奠定了旅游的基础。[②] 在我国江南古镇,同里因为退思园这一世界文化遗产而蜚声国内外,周庄成为"第一水

---

　　① [美]Dallen J. Timothy. 文化遗产与旅游[M]. 孙业红,等译. 北京:中国旅游出版社,2014:204.

　　② [美]Dallen J. Timothy. 文化遗产与旅游[M]. 孙业红,等译. 北京:中国旅游出版社,2014:205.

乡"的代名词。锦溪成为"博物馆古镇"代名词,文化遗产往往成为地方形象的载体和品牌文化旅游产品。现代旅游的发展已经形成一种较为普遍的模式:旅游目的地多依附于一定的市镇,成为吸引物与城市功能的交互形象集合。这样的城市具有旅游功能和城市传统功能双重身份。较大的旅游地(或景点、景区)与其生活服务依托区如城镇也可以构成一个比较完整的旅游目的地。①

周庄的成名与周庄的遗产旅游吸引物之一——桥有重要的关联。周庄的桥因为一幅油画上了联合国邮局发行的首日封而一举成名,周庄也因此名噪一时。联合国每年会从各国优秀画家中遴选六人,请他们自行设计并绘制精美的图案,作为联合国邮局每年发行的六组邮票的首日封。1985 年,陈逸飞获得了这项殊荣,他选择的是以水乡古镇周庄为题材的作品。这枚首日封,1985 年 5 月 10 日起在联合国总部及日内瓦和维也纳的联合国机构发售,深受集邮爱好者和各界人士的青睐。从此,陈逸飞与油画《故乡的回忆》名声大噪,经新闻媒体宣传后,周庄古镇几乎一夜成名。

从 1985 年年初到现在,二十几年中只有极少数人见到过这枚首日封,媒体也不再予以关注。然而,事实并非如此,首日封上画的实际上是古镇锦溪的一座石拱桥,并非周庄的桥。陈益披露:

> 1983 年春,自费留美的陈逸飞回到上海,通过上海美术学校(现为上海大学美术学院)的孟光先生与昆山文化界朋友联系,去水乡古镇写生,每次都是程振旅陪同。当时昆山至锦溪、周庄的公路尚未筑通,只能走漫长的水路。程振旅向昆山航道管理站商借了一条小轮船,在六七天时间里,陪着陈逸飞一路经甪直、锦溪(当时称陈墓),到达周庄。陈逸飞没有采用画家们常用的在画板上写生的办法,而是把感兴趣的景物拍摄下来,带回画室,再进行创作。他带了满满一挎包柯达胶卷,不停地揿着快门。锦溪和周庄都是南宋时期兴盛起来的水乡古镇,保存着众多的明清建筑,远离都市喧嚣的旖旎风情令人着迷。陈逸飞久久盘桓,拍光了胶卷才依依不舍地离去。《故乡的回忆》就是这次水乡之行的收获。他同时还画了好多水乡题材的油画,都是写实的,没有艺术变形。
>
> 1984 年冬天,陈逸飞又从美国飞回上海,程振旅先生再次陪他去水乡古镇写生。在这之前,1984 年 10 月 29 日晚上,在灯火辉煌

---

① 崔凤军.中国传统旅游目的地创新与发展[M].北京:中国旅游出版社,2002:11.

的纽约哈默画廊，五百多位来宾欢聚一堂，祝贺38岁的青年画家第二次在哈默画廊举办画展，大家对陈逸飞作品做出了极高的评价。哈默画廊在美国很有影响，收藏和展出世界各国著名画家的作品。该画廊与陈逸飞签订合同，从1983年到1985年的三年内，在每年的"黄金十月"为他举办画展，体现了对陈逸飞作品的推崇。

我在1985年元旦听了程振旅先生提供的情况后，第二天就向省市新闻单位发了消息，《新华日报》没几天就见报了。不久，陈逸飞又从美国寄来了一张16寸的彩色照片，那是由一位美国记者拍摄的，角度选择得很好，邓小平和哈默面对面交谈，装在油画框里的《故乡的回忆》就在他们身旁，几乎占了照片的三分之一。谁看见了都会说，这画的就是周庄双桥。①

作者后来偶尔发现，陈逸飞画的并非周庄双桥。这个事件是这样发生的：

1990年11月，陈逸飞回到上海，参加其大型画册的首发式。16日，他又一次去往周庄。同行的有旅美画家王英浩，作家陈丹燕、张锡昌和日本翻译家中由美子等。我刚刚调到昆山市文化局工作，也参与了接待。为了报答周庄的盛情，陈逸飞特意带来了一枚首日封，在沈厅赠送给周庄镇镇长庄春地，还挥笔题词"我爱周庄"。

这时候，我和庄春地才见到了这枚知名度很高的首日封。我惊异地发现，画面上并非双桥，竟是另一座桥——古镇锦溪的南塘桥！也就是说，五年前我写的新闻稿，其中有一个关键内容与事实不符。

陈益敢于在媒体上坦承新闻报道的失误难能可贵，但这个事件对于周庄与锦溪的影响实在巨大，而且已经无可挽回。陈逸飞画的锦溪古镇的南塘桥，始建于南宋，明清时期做过维修，武康岩和青石的构件至今仍保存完整。画中蓝天、绿树、石桥和临水民居相互映衬，自然和谐。水上的拱桥与水中的倒影连接起来，恰好成了一轮满月。如果当初的报道没有发生错位，那么是否锦溪的名气就远远超过周庄？文化遗产在建立旅游目的地中的作用由此可见一斑。

"旅游+"视野下江南古镇遗产旅游研究

① 陈益. 陈逸飞的"冤假错案"：画的是哪里的桥？［N］. 文汇报，2009-12-10.

二、江南古镇遗产旅游在目的地营销中的作用

(一)物质文化遗产旅游在目的地营销中的作用

随着旅游的发展,除了上述古桥作为古镇遗产旅游中最常见的吸引物,以街道格局、古建筑作为旅游吸引物也逐渐变得普遍。一些古镇逐渐意识到这个问题,开始挖掘自己独有的历史遗迹、博物馆之类作为遗产吸引物。博物馆之类的遗产之所以受到当地的青睐,成为一种营销利器,源于融资的需要。Dallen J. Timothy 进而认为,门票涨价会限制人们出游,通过当地居民、家庭成员及外来游客进行促销来增加访问量,是一个有效的方法。历史遗迹、博物馆之类在吸引人们注意、争夺公众时间与金钱方面有优势。

如有着"36 座桥、72 只窑"的锦溪,博物馆产生了集群效应。古镇众多的民间收藏博物馆使其在周边水乡古镇中真正脱颖而出,一平方公里的古镇区集中了 14 家民间博物馆,因此,锦溪努力打造"中国民间博物馆之乡"旅游品牌。主打博物馆的遗产吸引物,发展旅游的古镇不只锦溪古镇,海宁路仲古镇也是其中之一。路仲古镇形成于三国时期,至今有 1700 多年历史。这里出过有"北李(清照)南朱"之誉的南宋著名女词人朱淑真、清代进士内阁中书管式龙、乡邦文献大家管庭芬、现代植物学家中科院院士钱崇澍、著名书画装帧大家钱君匋等 30 位名人,还流传着范蠡西施留下的动人传说。路仲古镇在引入民间资本开发古镇时,其定位为创意中国博物馆小镇。

在江南古镇中,只有同里跻身世界文化双遗产行列,拥有退思园和中国大运河,其以往口号是"醇正水乡,旧时江南",后改为"千年古镇,世界同里"。虽然道出了世界文化遗产的"世界"之义,但仍没有把世界文化双遗产与目的地紧密相连,以至于一些人到了同里才知道这里的文化遗产价值远远高过同里本身知名度,这不能不说是同里目的地营销的一大败笔。可见,如何挖掘与突出物质文化遗产的价值,是目的地营销极其重要的一环。

(二)非物质文化遗产旅游在目的地营销中的作用

近年来江南古镇的发展,很少有完全依靠历史文物古迹吸引旅游者而取得较大业绩的。乌镇的水乡文化、西塘的酒吧文化等,让旅游者感受到了不同的文化生活和休闲模式,而创建这种模式的关键是重视对非物质文化遗产的挖掘。如游客进入乌镇景区,除了欣赏古镇风貌、民居、博物馆、古桥以外,还可以欣赏到每天在景区演绎和展示的非物质文化遗产,如高竿表演、船拳表演、竹编木刻、湖笔竹刻等。酿酒作坊、蓝印花布作坊、老茶馆、药铺、水上

集市等往往成为抢眼的风景。至于画扇面、扯丝绵、捣年糕、做棉花糖等，历来受游人喜爱。为了让非物质文化遗产在这里得到延续和继承，乌镇景区又挖掘和恢复了"百姓长街宴""江南船寮"等非物质文化遗产项目，获得游客的认同。

周庄从 2012 年开始做了很多类似于"马晓辉文化沙龙"这样的"艺栈"，这种艺栈既是艺术家的场所，也是原住民和游客能够共享的空间。演奏家马晓辉每个月会在"艺栈"举办一到两次演奏会。这种沙龙的形式，实现了一种跟原住民、跟游客的良性互动。古镇还开发了水乡木刻年画、古戏台昆曲，以及"逸飞之家"等文化生活的休闲空间。管理当局设想通过 5～10 年的努力，开辟 20 家或者 30 家左右的文化生活的休闲空间。

作为非物质文化遗产，往往因为有民众参与传播，对于古镇目的地营销来说，具有重大意义。最新的研究发现，游客更倾向于离他们更近、更草根的信息分享源。微信、博客、播客、论坛等所传递的个体信息、个性化的游记、出行攻略，这些信息源虽然在旅游目的地营销层级结构中处于较为下层的位置，对游客的影响却往往更大。目的地民众的营销形式是多种多样的，口耳相传、个性化的宣传、朋友的介绍、"主人与客人"面对面交流的营销方式具有更强的可信度，营销效果也更好。[1]

近年来开发的新兴古镇或古镇项目，往往把非物质文化遗产作为目的地营销的重点。与传统古镇因"古"而兴"游"不同的是，这些新兴古镇或项目则是因"游"而创"古"，引发了诸多争议。它们的共同特征之一是，根据开发需要将相关重要元素或基因进行复制或移植；应旅游、房地产、影视、文化产业等发展需求而生，将相关功能进行融合叠加；借旅游或文化传承之名而植入了丰富多样的现代业态。[2]

以同里老街——新江南为例，它是一个旅游商业地产项目。在文化定位上既传承江南水乡文化的特点又融入了创新的主题。在项目整体布局上，突破民间传统商业街"直街"和"排屋"的形式，形成了古镇围合式的商市形态，并通过建筑单体的错落变化，使整个商市内部充满情趣。在这些具有浓郁传统水乡风貌的建筑中，规划了酒吧、餐饮、娱乐、客栈、购物等业态，创造了一种休闲旅游一站式基地的模式。这个项目还规划了一个四方街广场，每逢节假日，组织不同的民俗表演或者现代时尚的演出或展示。

可见，在新兴古镇或项目的发展中，可以打破各种既定的模式，在更大范

① 李永乐.非物质文化遗产与中国目的地营销[J].旅游学刊,2009(4):5.
② 李关平,邓李娜.论中国"新古镇"旅游产品的开发与规划[M]//北京大学旅游研究与规划中心.旅游规划与设计:古镇·小镇.北京:中国建筑工业出版社,2010.

围内整合文化资源进行构思创新,把自身的关注力更多地放在传统文化精神和无形的非物质文化遗产活化石上。[①]

第二节　江南古镇形象定位

一、旅游目的地形象与江南古镇形象定位

(一)旅游目的地形象

最常引用的旅游目的地形象定义是 Crompton(1979)的定义:个人对某个旅游地的信念、想法和印象的综合。宋书玲(2005)认为,这一定义只论及了个人,而其他的定义认为形象是可以被团体所感知的。[②] 她把旅游地形象定义为:个体或团体对某特定旅游地的所有客观认识、印象、偏见、想象和情感思想的表达。

Echtner 和 Ritchie(1993)认为,任一旅游目的地都存在三个统一体来支持旅游目的地形象:第一,功能的与心理的;第二,独特的与普通的;第三,属性的与整体的。[③] 普遍的功能性属性包括大部分旅游地可以进行对比的特性。独特的功能性属性包括可形成部分旅游地形象的标识和特殊事件。普通心理学或抽象的属性包括当地的友好程度、闻名或风景的美丽,而独特心理学属性包括对与宗教朝圣有关的地方或与一些历史事件相关的地方印象。

目的地形象的重要性取决于目的地营销本身特点以及旅游产品特性。首先,旅游产品的主要特征是不可贮存性、不可分离性。不可贮存性意味着生产和消费必须同步,因为服务不能被存储。其次,生产和消费也是不可分的,如果不存在游客,那么产品的价值就永远无法实现。再次,旅游产品在很大程度上是无形的,并且不能被提前使用,这一点使得旅游者所形成的关于

---

① 李关平,邓李娜.论中国"新古镇"旅游产品的开发与规划[M]//北京大学旅游研究与规划中心.旅游规划与设计:古镇·小镇.北京:中国建筑工业出版社,2010.

② 宋书玲.旅游者对旅游目的地形象的感知特征研究[M]//复旦大学旅游学系.旅游学:新学科新视野.上海:复旦大学出版社,2005.

③ Echtner C M,Ritchie J R B. The measurement of destination image:an empirical assessment [J]. Journal of Travel Research,1993,22(4):3-13.

旅游产品的形象成为出游决策过程中最基本的构成要素。^① 最后，目的地营销有别于单独的企业或部门的营销活动。旅游目的地的营销是一种在地区层次上进行的旅游营销方式，主体是区域性或跨区域性旅游组织，要从区域层面上确定目的地向市场提供的产品及其总体形象。目的地营销的客体是旅游客源市场，故此需要通过产品开发和形象营造，赢得共同市场或者扩大市场，提高目的地所有旅游企业竞争力。

以峨眉山乐山大佛为例，它是用目的地营销来建立旅游目的地形象的典范。1996 年 12 月峨眉山乐山大佛被联合国教科文组织列为世界遗产，这一事件既可视为以往乐山市文化保护与宣传营销的结果，更应视为有计划、有步骤地进行旅游地营销的新的开始。^②

巴比扬大佛是世界佛教艺术的宝贵遗产，也是历代高僧朝圣之地。巴比扬山峦上石窟群中，有两尊大佛傍山而凿，一尊凿于 1 世纪，高 36.5 米，身披蓝色袈裟；另一尊凿造于 5 世纪，高 52.5 米，着红色袈裟。佛像脸部和双手均涂有金色，两尊佛像的两侧均有暗洞，洞高数十米，拾级而上，可直达佛顶。佛顶之上的平台处可站立百余人。这两座佛像及镇北悬崖上的许多人工洞穴，使巴比扬成为阿富汗最主要和最著名的考古场所。^③ 我国唐代高僧玄奘在公元 632 年就考察了巴比扬大佛，后在其《大唐西域记》中将大佛所在地名译为"梵衍那"，故巴比扬大佛又称为"梵衍那大佛"。

1000 多年来，巴比扬大佛可谓饱受劫难。自伊斯兰教于 9 世纪传入阿富汗后，两尊大佛经常成为袭击的目标。2010 年 3 月阿富汗塔利班不顾世界舆论的强力谴责炸毁了具有 1500 年历史的巴比扬大佛。世界各国纷纷就阿富汗塔利班肆意炸毁巴比扬大佛一事提出强烈抗议。乐山市利用阿富汗巴米扬大佛被毁引起世人关注的机遇，成功策划了乐山大佛维修宣传活动。巴比扬大佛被炸后，比它还高 16 米的中国四川乐山大佛，成了目前世界上最后一座最大的古代石刻佛像。四川省在 2001 年 4 月 2 日拉开了修复乐山大佛的序幕。此举使国际社会惊叹中国政府保护世界遗产的决心和信心。

正是通过目的地营销如公共关系、广告、人员推销及营业推广，乐山最终申遗成功并建立旅游目的地，开创了一条遗产管理和利用的双赢营销路线。^④这是目的地营销带来的效应，遗产保护与旅游开发进一步加强了旅游目的地的发展。

① ［美］亚伯拉罕·匹赞姆. 旅游消费者行业研究［M］. 马件阳，冯玮，译. 大连：东北财经大学出版社，2005：149.

② 罗佳明. 论遗产型目的地营销——以四川省乐山市为例［J］. 旅游学刊，2002(3)：63.

③ 栾边. 巴比扬千年大佛陨毁尘埃［J］. 中外文化交流，2001(4)：1.

④ 罗佳明. 论遗产型目的地营销——以四川省乐山市为例［J］. 旅游学刊，2002(3)：62-63.

(二)江南古镇的形象定位

旅游目的地形象的建立有赖于旅游市场定位。所谓旅游市场定位,是指旅游企业通过设计出与竞争对手不同的旅游提供物,在目标顾客的心目中形成对本旅游企业有意义的、有利的和独特的竞争位置。旅游市场定位的最终结果应是成功地创造出在目标市场中的获利前景,并能对目标市场顾客为什么购买本企业产品做出清晰的回答。① 定位对于一个企业是非常重要的。因为针对特定细分市场时量身定做的产品一般会比试图占领所有市场的产品表现更佳。市场细分相当于将一个大的潜在消费群分割成具有相似需求的小消费群。将相似的顾客归入一个群体类别的过程被称作市场细分,这种做法使得企业可以采用专门的营销规划来有针对性地瞄准特定的市场目标。那种试图均衡地占领各个市场的产品最终会输给那些有针对性地适应特定细分市场的特殊需求的产品。②

过去,江南古镇在目的地形象定位上似乎都千篇一律。究其原因,第一,相同的吴越文化背景、同属太湖流域的自然地理环境和相似的水乡风俗,导致江南水乡古镇给人们留下了"小桥、流水、人家"的普遍印象;第二,产品以观光为主,产品同质化程度高。这是因为观光产品的特点是依托现有旅游资源开发相应的旅游吸引物供大众旅游者走马观花式地参观,产品缺乏参与性、休闲性,容易被模仿。③ 因而在争抢"水乡""古镇"名号时谁也不服输。首先是大家抢占水乡第一的名头。周庄是水乡古镇旅游的首倡者,十几年前就号称"中国第一水乡"。许多江南古镇发现,自己的水乡风貌、传统文化不逊周庄,于是纷纷打出"神州水乡第一镇""纯正水乡""生活着的千年古镇"等旗号。其次是追随模仿。一个镇卖红烧蹄髈,后面就有三个镇也跟着大卖蹄髈,这个镇恢复一个寺,那个镇就恢复一座庙,这边宣传自己有"双桥",那边就隆重推出"三桥""四桥"。④ 在目的地形象塑造上,如果缺乏营销战略观念,在定位上过于相似造成难以辨识,则不利于个性的形成,难以产生推广效应。

---

① 张逯.旅游市场营销研究[M].北京:中国物价出版社,2002:95.
② [美]亚伯拉罕·匹赞姆.旅游消费者行业研究[M].大连:东北财经大学出版社,2005:219.
③ 马明草.复杂性与旅游市场结构的内生演化[D].上海:复旦大学,2012.
④ 陆建伟,沈晓艳.略论江南水乡古镇旅游市场中的整合营销[J].市场周刊(商务),2004(7):30-31.

二、江南六大古镇的定位

(一)乌镇的形象定位

乌镇对外宣传口号为:"Come to Wuzhen, and then never leave."(来过,便不曾离开)。乌镇的官方微信就是以"乌镇,来过,未曾离开"作为开头介绍。旅游形象品牌标识采取红色印章,印有抽象的河流状线条,线条似"乌镇"的"乌"字轮廓,又似蜿蜒的小溪。

在此之前,2001—2002年,乌镇使用的旅游口号是"生活在梦里的古镇"。2003年采用"一样的古镇,不一样的乌镇"。对此口号的理解,有一位游客在博客里写道:

> "一样的古镇"是讲乌镇是真实的,真就真在它来自历史深处的原汁原味。乌镇的灵性在于水,四面环水,一道水墙把它与大千世界隔绝。水在镇内叶脉般穿插流动,灰瓦白墙的阁楼临水而立,鳞次栉比。乌篷小船优哉游哉摇过了一座座拱顶小桥,也摇过了千年的历史。就这样,古镇便借水的灵性活在了千百年来淘洗阿婆和船夫们的梦里,活在了江南才子们的旖旎诗句里。
>
> "不一样的乌镇"是讲乌镇除了拥有小桥、流水和精巧雅致的民居建筑外,还飘逸着一股浓郁的历史文化气息。昭明读书室、茅盾故居、江南木雕馆、余榴梁钱币馆……最主要的是乌镇的名人大家数不胜数。自宋至清,近千年时间里出了贡生160人,举人161人,进士及第64人,小小的镇,有着大大的人文景观。张杨园、沈平、严独鹤、严辰、孔另境等,这其中最著名的恐怕还数新中国第一任文化部长、文学巨匠茅盾了。①

乌镇在对外宣传的时候,针对不同的客源市场有不同的定位表达:对海外旅游者,大力宣传乌镇的中国历史特色,体现中国传统文化;对国内北方旅游者,宣传乌镇"小桥、流水、人家"的江南水乡特色,用原汁原味的"枕水人家"作为吸引物;对城市旅游者,则打出乡土品牌,吸引城市人来体验纯朴的乡土气息。也就是说,乌镇针对不同区域的客户群,采用不同的市场细分手

---

① 一样的古镇,不一样的乌镇[EB/OL]. (2014-07-03)[2015-07-13]. http://travel. sina. com. cn/china/2014-07-03/1453268363_2. shtml.

段,确定不同的目标市场。故在统一宣传口号下,又有不同策略。如西栅景区就强调"西栅——中国最后的枕水人家"。

乌镇在几部影视作品中的广告词,也能反映出市场定位的一些转换。2003年,刘若英与黄磊在乌镇携手拍摄了二十六集电视剧《似水年华》,剧中的一句对白"我知道你会来",仿佛成了到乌镇的召唤。这一句对白与原来乌镇的"生活在梦里的古镇"定位相互呼应。

在2007年拍摄的乌镇宣传片中,刘若英演绎的都市女子带着烦恼和忧伤从纷乱的城市来到乌镇,慢慢地,古镇中美丽的景和淳朴的人渐渐感染了她,最终,宁静的乌镇使她抛开了城市的烦恼,在乌镇安享心灵的恬静和超脱。广告词写道:

> 远离纷乱的都市,我来到这里,停下了脚步。
> 宁静,可以让伤感隔离;时间,真的不曾改变什么。
> 光影里的小桥流水人家,满载的是生活里的饱满的笑容。
> 放开手,送走烦恼。
> 时间改变过许多事物,却不曾改变过这里。
> 那个笑得像花儿一样的孩子,一个轻快跳舞的女子,还有,我的
> 赤子之心。
> 生活在梦里的乌镇。
> 枕水江南,乌镇……

可见一直到2007年,乌镇其实仍然没有放弃"生活在梦里的古镇"这一口号。既然如此,为什么会在2003年做出决策,把宣传口号换成"一样的古镇,不一样的乌镇"呢?

"生活在梦里的古镇",依笔者的理解是强调其古老与唯美,因其古老所以像在梦里见过,因其唯美所以梦境永远超越现实。"一样的古镇,不一样的乌镇"是在强调个性,但这种个性究竟是什么,这个口号却没有告诉我们。依照前面的引文,乌镇除了拥有小桥、流水和精巧雅致的民居建筑外,还飘逸着一股浓郁的历史文化气息。但是历史文化气息本来就是文化遗产旅游古镇共有的特点,这个定位有些含糊。

乌镇在2010年拍摄的微电影《来过,便不曾离开》里,广告词写道:

> 沉醉,温柔的水,宁静的时光,又回到梦里的乌镇。
> 亲切的微笑绽放在我的心里。

> 人生，就是一路有不断的惊喜，一个轻松的停留，就能尝到生活的滋味。
>
> 似水年华的美好回忆，照亮记忆角落。
>
> 我不再是过客。
>
> 来过，便不曾离开，乌镇……

不少人说，在电视广告中记住了刘若英的那句广告词"来过，便不曾离开"。有人在"知乎"论坛里对此评价：来了就不曾离开过，更多的是一种对乌镇的感受，一种对于每个人都不一样的归属感和宁静安定，一种难以言表的远离世俗尘嚣的思念，一种灵魂深处无处安放的惆怅和淡然。① 也有人演绎它的含义，就是说，"来过了，便不想走，心已经停留在这里"。

"来过，便不曾离开"与"生活在梦里的古镇"，都是文学色彩浓厚，在营销战略方面表现不足。但其最为可取之处是宣传片的商业味比较淡。正如刘若英所说的：

> 我以前代言的商品一般都很商业化，但在乌镇拍摄的时候，我并没有觉得自己在拍一个广告，我只是觉得我应该把西栅介绍给大家，所以一切都是随兴而为，基本上我是什么样子，他们就接受我什么样子，只要你开心，在这个隐蔽的地方，你爱玩，爱跳，爱吃，只要有心情在里面就会很舒服。所以拍摄过程完全就是乌镇三日游。我想就像拍戏一样，遇到一个好的剧本，你不是在演，而是身在其中，这个地方和我有紧密的关系。②

(二)周庄的形象定位

周庄早在 20 世纪 90 年代初，就把古镇以"中国第一水乡"的品牌推向海内外。虽然周庄的"小桥、流水、人家"是许多江南水乡古镇都具备的特征，但是其率先塑造的"中国第一水乡"的形象定位，抢占第一，属于空白定位。现在，周庄的腾讯、新浪官方微博，就是以"周庄——中国第一水乡"作为简介内容。周庄的官方网站也命名为"中国第一水乡周庄"。

---

① 陈映竹.怎样评价乌镇宣传口号"来过，便不曾离开"？[EB/OL].(2015-10-25)[2015-10-26]. http://www.zhihu.com/question/26650757/answer/69346208.

② 刘若英和《似水年华》[EB/OL].(2009-11-19)[2015-07-13]. http://blog.sina.com.cn/s/blog_62c70c9d0100g81s.html.

历史表明,第一个进入人们头脑中的品牌所占据的长期市场份额通常是第二个品牌的两倍、第三个品牌的三倍。而且,这个比例不会轻易改变。我们不妨看一下百事可乐和可口可乐之间激烈的营销战。百事可乐的营销活动连年获得成功,但在可乐业大比拼中占据优势的又是谁呢?当然是可口可乐啦。可口可乐每销售六瓶饮料,百事最多只能卖掉四瓶。事实就是如此。在任何产品类别中,第一品牌的销量总是大大超过排名第二的品牌。① 周庄的"中国第一水乡"就属于市场领导者的定位。

周庄这一定位是偶然也是必然。其实江南本无"第一水乡"之说,早期江南到处是水乡,但那时旅游只是极少数人才能消费得起的"奢侈"行为,加上交通不便,再好的水乡也是"养在深闺人未识"。20世纪80年代末期,就在周庄售出第一张旅游门票不久,一位台湾的文化人称赞周庄真乃"中国第一水乡",随即被海内外媒体争相引用。② 1996年,当国内众多水乡古镇尚未唤起旅游意识之际,周庄人又以超前的眼光和极大的勇气,独立承办了以摄影大赛为主题的"国际旅游艺术节",成为中国第一个主办国际旅游节的乡镇,在海内外引起轰动。

到了1999年,联合国教科文组织曾带领一批官员考察江南的几个古镇,当时亚太地区的一个执行官给了周庄很高的评价,他说看了很多中国江南的水乡古镇,感觉周庄民居古建筑的保护面积及保护程度是最好的。周庄于是大胆地将古镇景区的众多景点"集体打包",推出"中国第一水乡"的品牌。③"中国第一水乡"的首因效应使旅游者对最初获得的信息所形成的印象不易改变,大大提高周庄知名度及美誉度。

在周庄的官方网站与微博里,与"中国第一水乡"一起出现的,还有这样一句口号:"有一种生活叫周庄",在新浪微博的简介里写道:"生活就是慢下来感受美丽,有一种生活叫周庄……"这实际上是对"有一种生活叫周庄"的诠释,也就是说,周庄是属于慢生活的,来周庄就是品味这种慢节奏的美丽生活。

如果说"中国第一水乡"的定位是一种空白定位,那么如何看待"有一种生活叫周庄"的口号呢?从各方面分析,这两个口号是同时出现在网站与微博里的,那么"有一种生活叫周庄"是否属于对"中国第一水乡"定位的一种补充?

---

① [美]阿尔·里斯,杰克·特劳特.定位[M].谢伟山,苑爱冬,译.北京:中国财政经济出版社,2002:29-30.

② 周铮.周庄:20年成就"中国第一水乡"品牌[N].新华日报,2008-11-27.

③ 马丽娅.人民网专访周庄旅游公司董事长任永东[EB/OL].(2012-07-10)[2015-07-13].http://www.js.xinhuanet.com/2012-07/10/c_112397594.htm.

从艾·里斯（Al Ries）与杰克·特劳特（Jack Trout）的定位理论看，他们认为，定位不是对产品要做的事，定位是对预期客户要做的事。换句话说，要在预期客户的头脑里给产品定位，确保产品在预期客户头脑里占据一个真正有价值的地位。

企业获得优势的关键是设法进入客户的心智并占据一席之地。定位就是选择、占据心智上最有利的位置。在《重新定位》一书中，杰克·特劳特提出，心智可能仍然是个谜，但我们知道有一点是确定的：它正遭受着攻击。①媒体的爆炸式增长和随之而来的信息量的增加，已经严重影响到人们接受或是忽略媒体提供信息的方式。"中国第一水乡"的定位与作为慢生活水乡的定位立足点是不同的，"第一水乡"定位立足于第一，"慢生活水乡"立足于生活。

杰克·特劳特告诫说：心智痛恨复杂和混乱，因此进入心智的最佳方法就是简化信息。一些最有力的广告都聚焦在一个词上（沃尔沃：安全；宝马：驾驶）。不要试图将信息和盘托出，要聚焦在一个强有力的差异化概念上，使其植入潜在顾客的心智中。②将"第一水乡"定位植入旅游者的心智与将"慢生活水乡"定位植入旅游者的心智会造成混乱，所谓的第一水乡就是指慢生活吗？如果归结到慢生活，那么西塘的形象定位也是从生活化古镇入手，这就难免造成重合。

假如把"慢生活水乡"定位作为一种重新定位的话，则必须注意，重新定位的最初定义是为你的竞争对手贴上负面标签，从而为自己建立正面定位。③西塘古镇的"生活着的千年古镇"已经将生活化的古镇观念扎根于旅游者心目之中，则周庄"有一种生活叫周庄"的定位未必能够建立正面定位。

（三）同里的形象定位

与周庄相比，同里在旅游者口碑中，一直有"东方小威尼斯"之誉。周庄在对国外旅游者宣传的时候，曾经用过"东方威尼斯"的口号，让同里失去了使用这一口号的先机。

在江南古镇中，同里是唯一一个拥有退思园、大运河的"双世遗"古镇。同里的特点在于明清建筑多，水乡小桥多，名人志士多。镇内有明清两代园宅 38 处，寺观祠宇 47 座，有士绅豪富住宅和名人故居数百处之多。古镇原有"前八景""后八景""续四景"等二十多处自然景观，今尚存"东溪望月""南市

---

① ［美］杰克·特劳特.重新定位[M].谢伟山，苑爱冬，译.北京：机械工业出版社，2011：5.
② ［美］杰克·特劳特.重新定位[M].谢伟山，苑爱冬，译.北京：机械工业出版社，2011：8.
③ ［美］杰克·特劳特.重新定位[M].谢伟山，苑爱冬，译.北京：机械工业出版社，2011：28.

晓烟""北山春眺""水村渔笛""长山岚翠"诸景。"同里影视基地"名列中国十大影视基地。在"2014 年中国中小城市综合实力百强镇"排名中,同里位列第七。英国曼彻斯特大学高级讲师马克参加在当地举行的一个国际性古镇保护论坛上,称同里达到"古镇居民的现实生活与历史建筑完美融合"。

同里的形象定位与宣传口号为"千年古镇,世界同里"。关于这一口号的诠释,依照同里镇政府的说法,"同里是中国的同里,更是世界的同里——这是由同里的遗产特性决定的"。①"世界同里"则暗指同里的退思园被联合国教科文组织评为世界文化遗产,这一遗产走向世界,是全人类文化的遗产。"千年古镇,世界同里"的定位属于综合型定位。

顾长卫为同里量身打造的形象宣传片《情归同里》时长 12 分钟,讲述的是一对青年男女在同里邂逅之后,引起了他们对前尘往事的回忆抑或幻想。

去年 今日 你在哪里……

男:我在同里,穿越一座桥,又一座桥,听说这里的每座桥都有一个说法,那五十五座桥又该有多少动人的传说呢?

女:我想,我的前生就在这里,从千年之前就在这里了。我可能就是同里的一棵香樟树,守着这静静的河,守着这沉睡的院子,守着这粉墙黛瓦,守着,守着,就从前世守到了今生。

(雨,雨声……)

天上的水和地上的水交融在了一起。

男:屋檐上的雨滴,斑驳的老墙。

女:池子里的鱼群,青苔和野花。

男:灵魂中,都带着湿润的新鲜味道。

女:只有在同里。

男:只是在同里。

女:人,好像在记忆和幻境中行走。

男:恍惚中,仿佛又回到了,千年之前。

退思园,犹如从水底世界飘拂而来,一草,一木,一水,一阁,宛如天成。清风明月不需一钱买,这其中进退思质的含义,也只有在同里才领悟到吧。

去年 今日 我在同里……

女:我终于回来了,终于知道令我魂牵梦绕的,就是这片同里

---

① 李仲勋,李强. 同里:千年古镇大踏步奔向世界[N]. 新华日报,2008-09-18.

水乡。

男：午后，把自己交给百年的老茶馆，一切仿佛都可以放下，一切好像又可以被想起。

女：最美的时刻，大都是可遇不可求的。但是在同里，这样的美好似乎来得多了些。真实的美景，不真实的梦境，就像是在仙境中，一边在听古人讲着故事，一边在过着真实而简单的生活。或许我的今生也是属于同里的吧。

男：走过了很多地方，见过了许多美景，不知为什么，唯独同里让我有留下来的想法。

女：到同里，走三桥，常庆桥，吉利桥，太平桥。仿佛走了三桥，青春、吉祥、平安就像被绣在美好画卷上一样，永远相伴。

男：如果说，生命是一场旅程，或许，同里就是这旅程中不可多得的一场艳遇吧。

某年 某月 某日 你在这里 我在同里

艳遇千年 今生同里

从"世界同里"到"艳遇同里"，这个跨度有点大。宣传片中，世界遗产退思园仍是一个不可或缺的元素，但是"世界同里"的视野在这里并没有体现。古桥、老墙、水池、茶馆，这些元素组合唯美，其实其他古镇也一一具备。"艳遇千年，今生同里"已经把定位转向类似于丽江的定位。

值得一提的是，现在很多古镇的宣传片与定位成为两张皮。为了迎合所谓的潮流，宣传片大多把古镇作为演绎爱情的舞台，这样做的结果是抹杀了自己的独特性。忽视自己的独特性，想满足所有人的所有需求，就会很快破坏苦心营造的差异化。① 杰克·特劳特在《重新定位》一书中引用了雪佛兰的例子。雪佛兰曾经是物有所值的家用轿车，处于市场主导地位，但它想给自己添加"昂贵""运动型""小型"和"卡车"的特性。于是雪佛兰的"差异化"逐渐消失了，业务也随之流失。

在品牌旅游形象标识方面，同里采取了黑色篆体"同里"与红色印章的图案结合，印章上刻有"富土"二字，富土为同里的旧时名字，也象征着这一方古镇的富饶之意。

---

① ［美］杰克·特劳特，史蒂夫·里夫金.重新定位［M］.谢伟山，苑爱冬，译.北京：机械工业出版社，2011：24.

(四)西塘的形象定位

西塘目前定位及宣传口号为"生活着的千年古镇"。对于这个定位的理解,人民日报有一篇评论文章比较中肯:

> 西塘是江南六大古镇之一,而它最让人啧啧称羡的便是始终洋溢在街头巷尾的生活气息。有人形容西塘是"生活着的千年古镇",就因为这里的人们尽管历经了世事变迁,还依然保持着旧有的生活方式和节奏。宛如一位素颜淡描的江南女子,阅尽了人间沧桑,却从来未曾变换过妆容。[①]

"生活着的千年古镇"这一定位强调生活。与那些没有原住民生活的古镇相比,西塘这一定位有效地建立了自己的竞争优势。西塘在旅游开发的过程中,比较注意保护原住民,这与乌镇做法迥异。西塘 7000 多位原住居民依然延续着传统生活方式。以慎德堂为例,这套明代大宅传承已有二十二代,属于西塘镇望族王家的宅第。1996 年,王家人要把祖房以 4 万元的价格处理掉,现任屋主郝金根坚持买断了这套大宅的产权。慎德堂现已成为西塘镇上古建筑的一大景观,楼上还可供游客住宿,每间客房配有古老的雕花大床和红木家具,并新设置了卫生间。郝金根表示,现在打理这家大宅,每年仅房租收入就达 20 多万元。[②] 这样的例子在西塘比比皆是,正是由于西塘把居民的生活作为古镇历史文化的保护核心,才使西塘古镇始终散发着原汁原味的江南氛围,体现了未经破坏的原生态风貌。西塘的定位在江南古镇定位中比较清晰,在揭示个性特色方面比较鲜明,有效地把自己与竞争对手区分开来。

西塘古镇把"生活着的千年古镇"作为商标进行注册,后又成为嘉兴市旅游服务行业首枚著名商标,西塘古镇也被工商部门认定为"嘉兴市旅游产业专业商标品牌基地",这也是目前浙江省首个旅游产业专业商标品牌基地。

西塘之所以重视品牌培育,源于西塘商标被抢注一事。1996 年,西塘旅游开发伊始,浙江西塘旅游文化发展有限公司随之成立并开始经营旅游业务。2004 年,"西塘"这个名称被杭州某企业管理咨询公司抢注,这也就意味着在法律规定年限内,"西塘"的旅游类商标权只能由该公司拥有。通过 4 年时间的陈述及答辩,国家工商行政管理总局商标局认为,"西塘"是浙江省嘉

---

① 文潇. 西塘生活着的千年古镇[N]. 人民日报,2014-12-12.
② 陈中志. 西塘千年古镇打造日不落魅力,24 小时让游客流连忘返[EB/OL]. (2015-02-23)[2015-07-13]. http://zjnews.zjol.com.cn/system/2015/02/12/020510964.shtml.

善县的一个旅游、文化古镇,且被建设部、国家文物局评定为中国历史文化名镇之一,在相关公众中具有较高的知名度。被抢注的"西塘"旅游商标终于又回到了西塘。

目前"西塘"商标在第39类"观光旅游等"服务项目上进行了注册。2009年西塘把系列品牌商标培养排上议事日程。"古镇西塘""生活着的千年古镇""五姑娘""乐国""嘉善黄酒""钟介福""又溢春"等10余个商标成为重点培育对象。

西塘的品牌旅游形象标识中,西塘的"西"字第一笔"一"被塑造成青砖屋顶形象,下面的一捺形似蜿蜒河流,让人联想到流水人家形象,西字颜色采用黑色与蓝色结合,蓝色给人清新感,消除了黑色的沉闷,"塘"字则采取红色印章图案,白字镂空。

(五)南浔的形象定位

在魅力浙江网的魅力镇宣传中,南浔的定位是"江南雄镇"。南浔在线也是用"江南雄镇、魅力南浔"来命名。使用"雄"字,不同于其他江南古镇的定位,具有逆向定位、独辟蹊径的特性。

"江南雄镇"暗示南浔是中国近代史上罕见的一个巨富之镇。在南浔官方网站上,有如下介绍:由于蚕丝业的兴起和商品经济的发展,明万历至清中叶南浔经济空前繁荣鼎盛,清末民初已成为全国蚕丝贸易中心,民间有"湖州一个城,不及南浔半个镇"之说,南浔由此一跃成为江浙雄镇,富豪达数百家,民间俗称"四象、八牛、七十二金狗"是说中国近代最大的丝商群体。这就较好地诠释了"江南雄镇"的定位理念。"江南雄镇"暗示南浔见证中国民族资本的兴衰,具有生生不息的浙商精神与品格。

但是,"江南雄镇"的定位与景德镇定位雷同。景德镇踞长江之南,亦素有"江南雄镇"之称。景德镇的宣传口号是"江南雄镇,世界瓷都"。景德镇是中外著名的瓷都,制瓷历史悠久,文化底蕴深厚。史籍记载,"新平冶陶,始于汉世",可见早在汉代就开始生产陶瓷。宋景德元年(1004年),宫廷诏令此地烧制御瓷,底款皆署"景德年制",景德镇因此而得名。自元代至明清历代,皇帝都派员到景德镇监制宫廷用瓷,设瓷局、置御窑,制造出无数陶瓷精品,尤以青花、粉彩、玲珑、颜色釉四大名瓷著称于世。南浔的定位如果仅仅是江南雄镇,无疑与景德镇有重合之嫌。

杰克·特劳特①在《重新定位》中谈到如何为品类重新定位。当红肉(主要是牛肉)在认知层面出现问题时,将猪肉搭上鸡肉的顺风车,定位于"另一种白肉"是一个明智的做法。南浔关于"江南雄镇"的定位并非不可模仿景德镇,关键是找到品类重新定位的方法。与景德镇中外著名的"瓷都"这一定位不同,南浔是著名的中国丝都,应该突出丝都雄镇的定位,这样才能与景德镇进行有效区别。

南浔旅游标志以艺术化的"浔"为主体,"浔"左半部分"氵"写意成南浔镇内较多的徽派建筑马头墙图案,水墨画风格,坐落在淡绿色河流之上;右边"寻"字演变为蜿蜒的河流形式,淡绿色使人感觉清新自然。

(六)**甪直的形象定位**

甪直古镇的定位在江南古镇定位中最具挑战性,它采取了针锋相对的定位方法:"神州水乡第一镇"其实是叫板周庄的"中国第一水乡"。周庄在20世纪90年代初就采用"中国第一水乡"的口号,在水乡中树立第一的形象,甪直欲后来居上,用"神州水乡第一镇"与周庄争高下,属于针锋相对的竞争者定位。

黄建军在《STP营销》一书中谈到,定位要求实际行动,而不是空谈。企业必须通过一言一行表明自己选择的市场定位。它必须避免以下三个定位错误:第一,定位过低。有一些公司发现顾客对本公司的定位印象模糊,他们看不出这家公司与其他公司有什么不同。第二,定位过高。顾客对公司了解甚少,所以顾客可能以为斯迪奔公司(Steuben)只生产每只价值1000美元以上的高档玻璃器皿。实际上,它也生产每只售价50美元的中等价位的玻璃器皿。第三,定位混乱。公司在顾客的心目中的形象混乱不清。② 以此来看甪直定位,甪直地处太湖流域,古桥与古建筑众多。历史上曾横架着形式多异的江南小桥72座半,有"绿浪东西南北水,红栏七十二半桥"之称,有多孔的大石桥、独孔的小石桥、宽敞的拱形桥、狭窄的石板桥、双桥、姐妹桥、钥匙桥、半步桥等。但总体来看,其文化遗产资源并无特别胜出周庄之处,"神州水乡第一镇"与"中国第一水乡"实为同义反复。

那么,"神州水乡第一镇"的定位意味着甪直的不自量力吗?依照杰克·

---

① 杰克·特劳特举例说,多年来,人们头脑中的猪肉就是猪,联想到的画面就是在泥中打滚的小动物。后来,猪肉搭上了鸡肉的顺风车,变成了"另一种白肉"。这是个非常好的做法,因为当时红肉(主要是牛肉)在认知层面出现了问题。这曾是个很好的战略,特别是红肉不断出现问题的时候。见[美]杰克·特劳特,史蒂夫·里夫金.重新定位[M].谢伟山,苑爱冬,译.北京:机械工业出版社,2011:41.

② 黄建军.STP营销:市场细分、目标市场选择与产品定位[M].北京:人民中国出版社,1998.

特劳特与史蒂夫·里夫金说法,成为世界某一角落的第一并不能阻止他人借用那个创意,并在他自己所处的地区推出一个"第一"来。并非领导者的品牌,通过一段时间的广告宣传,也可以在顾客心目中建立第一的位置,这是有例子可以证明的。① 足以可见,软硬件构成形象传播的基础,但形象传播的效应往往不是由软硬件决定的。

角直并没有超过周庄成为第一水乡,但是角直的形象标识具有冲击力,它是所有水乡古镇里使用非物质文化遗产吸引物作为符号的典范。该旅游形象标识采取了水乡妇女扎头巾形象,旅游标识标准字采用黑色繁体字。角直水乡服饰被誉为中华服饰文化的奇葩:梳髻髻头,扎包头巾,穿拼接衫、拼裆裤,束裙裙、着绣花鞋,这种独特的服饰已被列入全国首批非物质文化遗产名录。

第三节　江南古镇的旅游营销策略

一、价格策略

古镇旅游营销中,唯有价格策略一项较少变动,各大古镇基本采用类似的价格策略。但随着旅游者对收费标准敏感度的增长,以及由此引发的价格竞争提升了营销组合中价格制定问题的重要性。科特勒认为,慎重考虑价格制定问题可以给公司带来丰厚回报,有助于公司将客户从其他竞争对手那里吸引过来,而且获得那些由于害怕费用高而原本不打算购买某种专业服务的客户。不正确的价格则会错误地表述一项服务的价值,最终导致公司收费减少。②

较多古镇采用"集体打包"捆绑销售的做法其实是一种组合价格策略。产品捆绑定价策略在全世界各地得到了广泛运用,深受旅游公司、旅游批发

---

① 杰克·特劳特等认为,成为世界某一角落的第一并不能阻止他人借用那个创意,并在他自己所处的地区推出一个"第一"来。在该著作的另一处,他举例说,婆罗贺摩并非第一啤酒品牌,但它举办了一场声称有领导地位的广告宣传活动,添加了伸向销售点之手的图片,并用食指作为其位居第一的象征。然而,令人吃惊的是,当他们展开这次行动的时候,南极洲仍是领导者,但却没有人知道这一点,因为他们未插上代表领导地位的旗帜。当尘埃落定之时,猜猜谁进入了第一阵营? 猜对了,婆罗贺摩现在成了第一。[美]杰克·特劳特,史蒂夫·里夫金.与众不同"相度竞争时代的生存"[M].屈陆民,译.北京:华夏出版社,2005:180.

② [美]科特勒,等.专业服务营销[M].俞利军,译.北京:中信出版社,2003:222.

商的青睐。如游船公司提供一种"飞机—游船"或"飞机—汽车—游船"组合产品,这种产品通过将汽车出租公司、航空公司、游船公司及饭店联合到一起而使价格远低于单独购买时的价格。①

周庄早在1995年,将古镇全面景区化并推向市场之际,就将古镇景区的景点"集体打包"捆绑销售。其做法是把整个古镇作为一个景区、一个整体,将多张景点门票汇成一张古镇游览票。2007年乌镇西栅对外开放后,一直采用组合价格策略,单单购买西栅景区,门票是120元,而东、西栅两景区联票是150元,其价格策略相对稳定,多年来一直没有涨过价。南浔的景点门票也采用这种策略,联票100元一张,门票包含嘉业堂藏书楼、小莲庄、张石铭旧宅、张静江故居、刘氏梯号、广惠宫、百间楼、南浔商会、求恕里九大景点。

很多古镇模仿"集体打包"捆绑销售,以及采用大体平均的定价策略,这属于竞争导向型定价。也就是说,景区努力把自己的价格保持在本行业内其他竞争者的平均价格水平上,这被科特勒称为"现有价格"或"模仿定价"。公司这种定价方式的流行有多种原因,当难以评估成本时,人们相信现有价格是行业内集团智慧的结晶,会给公司带来比较公平的回报。人们还认为,遵循现有价格可以使行业内公司保持和平共处的局面,最不容易引发混乱。一般而言,公司很难把握购买者和竞争对手会如何对价格差异做出反应。② 在门票经济盛行的时期,古镇整体作为文化遗产景区推出,门票收入构成收入主要部分,门票价格的调整会带来业内巨大反响,遵循现有价格可以使各大古镇保持和平共处的局面。

一些古镇的旅游产品也采用差别定价策略。所谓差别定价是指企业用两种或多种价格销售一个产品或一项服务,尽管价格差异并不是以成本差异为基础得出的。差别定价本身来说有几种形式。①顾客细分定价,指同一种产品或服务以不同价格出售给不同的顾客群。例如,博物馆对学生和老人的入场券收费较低。②产品形式定价,是指不同的产品型号有不同的定价,但却不是依据成本的不同来制定的。③地点定价,是指企业对不同的地点制定不同的价格,尽管对每个地点供货的成本是相同的。例如,剧院里不同的位置有不同的票价,这是因为观众偏好某些位置。④时间定价,是指企业根据季节、月、日甚至小时来设定不同的价格。公共设施对商业客户收取的能源费在白天、周末和平时定价都不同。③ 如西塘景区的门票一直采用组合价格策略加差别定价策略。其门票分为两种:一种是景区票,价格50元一张;另一

① [美]科特勒,等.旅游市场营销[M].谢彦君,译,北京:旅游教育出版社,2002:469.
② [美]科特勒,等.专业服务营销[M].俞利军,译.北京:中信出版社,2003:222.
③ [美]科特勒,等.市场营销导论[M].俞利军,译.北京:华夏出版社,2001:288.

种是联票(含景区票+小景点票),价格 100 元一张。游客可以直接购买 100 元的联票进行参观,也可以选择性地购买小景点票进行参观,但在购买小景点票时,须出示 50 元的景区票,各小景点票的价格在 5～15 元之间。西塘还实行差别定价,按照时间差别,下午三点以后开始出售的夜游票 50 元一张。南浔的水上之旅按照线路不同实行差别定价:①"江南遗韵"水乡休闲观光游 12.5 元/人,100 元/船(单程),限坐 8 人;②水乡记事风采游 20 元/人,160 元/船(单程)限坐 8 人;③江南水乡寻踪游 30 元/人,240 元/船(单程)限坐 8 人;④水乡美景精品风情游 40 元/人,320 元/船(双程),限坐 8 人。

价格折扣也是古镇常用的一种定价策略。折扣可能意味着是否可以争取到一位新客户,或者是否会丧失一位老客户。当旅游者一次性购买大量服务,或在淡季购买服务,应该给予价格折扣,购买服务时获得折扣会使客户感觉受到了特殊待遇。① 近年来,一些古镇对大量购买的旅游者也采取价格折扣策略。

针对团队市场,古镇通常实施具有竞争力的团体折扣价格策略。这种策略运用缘于买方大量购买。对卖方而言,大量购买减少了少量购买时的销售费用、业务处理费、运费、生产成本等费用,因而要为买方提供折扣。② 所以,古镇往往针对旅行社给予价格优惠,具体可采用批量折扣、佣金折扣、特许经销等方式。

随着全域旅游的兴起,一些古镇开始行动,从景点旅游模式向全域旅游模式转变,摒弃门票经济。在"景点旅游"模式下,封闭的景点景区建设、经营与社会是割裂的、孤立的,有的甚至是冲突的,造成景点内外"两重天",而"全域旅游"就是要改变这种格局。③ 2016 年 3 月 30 日,凤凰县政府召开新闻发布会,暂停一票制,旅游者进古城游览不必再购买 148 元的"捆绑式"大门票,只需在游览景点购买相应门票。从江南古镇来看,像苏州市黎里古镇、杭州市塘栖镇、宁波市慈城镇都已经取消门票。

如乌镇采取给予大客户与重度消费者很大的价格优惠、提供更好的服务的方法,留住旅游者。对于消费满 3000 元的旅游者,乌镇将发给"居民证",当年凭此可免票进入景区;针对有些旅游家庭有自己做菜的需求,景区还专设

"旅游+"视野下江南古镇遗产旅游研究

① 科特勒认为,如果客户一次购买大量服务,在"淡季"购买服务,购买服务用于支持社会福利,立即向服务提供者付款或用现金支付,社会组织便可提供低于正常水平的每小时或每天的收费费率或其他种类的收费。购买服务时获得折扣会使客户感觉受到了特殊待遇。[美]科特勒,等.专业服务营销[M].俞利军,译.北京:中信出版社,2003:241.

② [日]反町胜夫.营销精要Ⅱ:政策与实施[M].上海:复旦大学出版社,1999:83.

③ 李金早.中国旅游要从景点旅游模式向全域旅游模式转变[EB/OL].(2016-01-30)[2016-02-13].http://news.xinhuanet.com/politics/2016/01/30/c_128686266.htm.

供应蔬菜水产的"水上集市"。从 2012 年以来门票收入占比已降至 50% 以下。中青旅的目标是,经营收入与门票之比最终达到 7：3。[①] 这种逐渐摒弃门票经济的做法,追求的是整体利益最大化。

还有一些古镇取消了古镇门票,但对于古镇一些主要景点仍收取门票。如新市古镇内部景点需要门票,联票价 50 元。安昌古镇里展馆需要门票,联票 35 元。朱家角镇内部景点及游船需要购买门票,四景点联票 30 元,八景点联票 60 元。新场古镇部分小景点需收取费用。

二、营销渠道策略

(一)与旅游代理商合作

旅游代理商采用的商业形式,可以追溯到托马斯·库克时期。1841 年 6 月,托马斯·库克乘坐火车去参加一次禁酒活动,途中他突发奇想,决心利用当时新出现的火车有组织地运送公众去参加禁酒活动,结果活动取得圆满成功。托马斯·库克组织的这次莱斯特—拉夫巴罗之行被公认为世界近代旅游业的开端。

旅游代理商的主要职能包括:第一,向公众提供有关旅行、住宿及时间、费用和服务项目等信息,并出售商品;第二,受交通运输、饭店、餐馆等供应商的委托,以合同规定的价格向消费者出售他们的产品,旅游代理商起到中间人的作用;第三,代理商按售出旅游产品总金额的一定比例提取佣金。[②]

现在,随着互联网技术的发展,旅游代理商与互联网的结合构成了一种重要的分销渠道,这种分销渠道成本低,为独立的经销商进入世界市场开辟了道路,它使经营多个景点的经销商能够提供所代理景点的信息,比如彩色宣传册和有指导的景点游览展示,这项信息对于散客旅游者和旅行代理商都非常有价值。旅行代理商的计算机系统多年来一直被称为计算机预订系统,现在由于其范围触及全球,已被改称为"全球分销系统"。[③]

有"中国智慧旅游第一镇"称号的重庆市磁器口古镇,在运用旅游代理商与互联网结合方面,是中国古镇典范。2014 年 9 月,磁器口古镇管委会、磁器口街道联合重庆华龙网集团、北京通联智慧旅游投资有限公司、区商务局、磁器口商会等推出"智慧磁器口"项目。当地土特产品通过智慧磁器口电子商务平台展示,旅游者可以在这个平台购买磁器口特色商品。到 2015 年 5 月份

① 淡化门票经济 乌镇底气何在?［N].扬州日报,2013-09-06.
② ［瑞士］让-雅克·施瓦茨.旅游市场学研究［M].北京:旅游教育出版社,1988.
③ ［美］科特勒,等.旅游市场营销［M].谢彦君,译.北京:旅游教育出版社,2002:502,510.

止,已有 60 多家商户经过筛选,加入磁器口电子商务平台。

随着古镇与旅游代理商的合作全面拓宽,江南古镇也在积极行动。西塘古镇现在和驴妈妈、携程等 6 家大型知名网站进行长期合作,进行门票、宾馆、饮食的预订,多角度延伸网络服务。据估算,西塘 50％以上的旅游者是通过网络直接或间接进行预订的,并以每年 40％的速度在递增。

百酷网是西塘住宿推荐平台,在百酷网预订民宿客栈可以享受低至 3 折的住宿价格,为用户争取更多实惠的住宿折扣。百酷网可以提供 200 多家西塘旅馆的价格信息,用户可以获取真实的西塘住宿客房图片以及住宿点评,还能享受额外的连住优惠及会员减免房费的住宿优惠,入住后点评还可再获得现金奖励。

松果网是携程旅游旗下的一家网站,致力于旅店预订、旅游评价等服务。西塘联合松果网,对客栈民宿硬件设施、建筑装潢特色及服务水平等给予评级,对景区 420 多家客栈分别授予三颗、四颗、五颗松果的评定。如五颗松果的明樨坊客栈开业于 2006 年,这些年来,通过与知名网站合作,自己开办网站,开通淘宝网预订通道,客栈近 50％的客人是从网上吸引来的。

（二）网络直销

为了保持竞争力,产品和服务提供商必须发掘新的渠道机会,如互联网和其他直接渠道。① 互联网有许多优点,例如,它可以一天 24 小时、一周 7 天营业,它可以覆盖全球,它可以传送彩色图片,能够将彩色图片传送给全球数百万人,这能力使互联网成为一种很有潜力的分销渠道。② 随着互联网的发展,传统的营销渠道正在发生转变。在很多行业中,传统中间商被弃置不用。③ 江南古镇不少景区通过电子商务进行直销,大大降低景区对于旅游集散地、第三方代理机构等的依赖,同时还可以打造知名度,增强自己在旅游市场中的主动性。2011 年,乌镇直营的酒店、门票、美食、旅行套餐、特产、纪念品等在淘宝旅行乌镇旅游旗舰店正式开卖,这标志着旅游行业中,继航空公司、酒店开展网络直销之后,旅游景点也加入了网络直销的大军。

① ［美］菲利普·科特勒,加里·阿姆斯特朗.市场营销原理［M］.13 版.楼尊,译.北京:中国人民大学出版社,2010:326.

② ［美］科特勒,等.旅游市场营销［M］.谢彦君,译.北京:旅游教育出版社,2002:509.

③ 菲利普·科特勒举例说,西南航空和其他航空公司都直接对最终消费者进行销售,而将旅行社从其营销渠道中剔除出去。在其他例子中,新型的转售商正在代替传统中间商。例如,网络营销正快速崛起,逐步代替传统的实体零售商。消费者在 Travelocity 订购机票和酒店房间;从 sonystyle 购买电子产品;在 bluefly 购买服饰和首饰;在 amazom 购买图书、玩具、珠宝、运动器材、电子产品、家具及几乎其他所有东西,而无须踏进传统的零售商店一步。见［美］菲利普·科特勒,加里·阿姆斯特朗.市场营销原理［M］.13 版.楼尊,译.北京:中国人民大学出版社,2010:326.

景区、旅游企业自己建立网络营销系统耗资巨大,而且这些新渠道常常与已经建立的渠道产生直接的竞争,从而导致冲突。为了解决这一问题,企业常常想方设法使直接销售作为整个渠道的补充。[①] 但旅游电子商务的发展,要求古镇能够利用预订系统的客户端实现预订网站和企业管理信息系统的信息集成,使网络预订的操作模式可以实现实时管理,从而提高网络预订的有效性,建构完整的旅游电子商务处理系统。[②]

乌镇近年来通过世界互联网大会的研讨,获得很多新的发展思路。如建立乌镇国际旅游区综合管理专有云平台"乌云",便是构建旅游电子商务处理系统的一个巨大创新构思。这个设想将依托阿里云,集旅游区办公、旅游营销、市民服务、安居应用管理等多项职能于一体,集成智慧旅游、智慧环保、古镇数字化保护等多种应用系统,统一旅游数据标准,对乌镇国际旅游区社会事务进行统一管理。以"乌云"为依托,乌镇将开拓自助语音导游服务、定位导航、景点推荐、交通引导等功能,为旅游者提供导航、导游、导览和导购等"一站式、一揽子"信息服务。与此同时,通过物联网、移动互联网等信息技术的深度应用,乌镇将拓宽旅游产业与其他产业有机结合的渠道。

构建这些系统之所以重要,是因为有了这样的系统,旅游企业就可以自己维护预订网络上的商务信息,同时也可以自己管理网络订单,进行古镇的统一数字化管理。同时也为旅游企业建立客户资源管理系统和开展电子商务开展奠定了技术基础。这种操作模式拉近了企业与客户的距离,容易实现对关系客户的实时管理,有利于企业的网络营销。这种操作模式方案的实施,为企业的电子商务系统提供了一种高效、快速的途径,帮助旅游企业轻松地步入电子商务时代,也为企业创造了更多的机会,在竞争市场中占领先机。[③]

(三)古镇与渠道成员构建战略联盟体

因为单个渠道成员的成功依赖于整体渠道的成功,所以最理想的情况是渠道中所有的成员共同协作。他们应当清楚自己扮演的角色,协调自己的目标和行动,并通力合作达到总体渠道目标。通过协作,他们能更有效地理解并服务于目标市场。

但单个渠道成员很少采纳这样开明的观点,他们通常更关心自己的短期目标,并只关心与渠道中离他们最近的成员的交易。协作获取总体渠道目标有时意味着放弃单个成员的目标。尽管渠道成员彼此相互依赖,但他们经常

---

① [美]菲利普·科特勒,加里·阿姆斯特朗.市场营销原理[M].13版.楼尊,译.北京:中国人民大学出版社,326.
②③ 张遂.旅游市场营销研究[M].北京:中国物价出版社,2002:175.

只为个人的最大短期利益行事,他们经常因为自己所应担当的角色、为获得利益而应承担的责任等问题争论不休。这些因为目标和角色的不同而产生的矛盾称为渠道冲突。①

为了减少渠道冲突,改善渠道关系,古镇与渠道成员采用战略联盟的方式进行结合。战略联盟是关系营销的高级发展形态,通常在买卖双方之间或非竞争性的卖方与某一共同的买方之间建立。联盟是同意合作但仍保持独立个性的相互独立各方之间的关系。一个战略联盟可能涉及分享以下任何一种资源及组合:商业秘密、数据库、市场知识、计划、资源、风险、安全和技术。②

荡口古镇是无锡市重点保护的 5 个历史文化街区(名镇)之一。2015 年年初,春秋旅游与无锡荡口古镇签订了五年战略合作协议。自 2015 年 5 月 1 日起,春秋旅游全权负责荡口古镇门票销售工作,并实施广告、营销、市场活动等旅游推介工作。同时,春秋旅游还参与配合荡口古镇实施景区及周边环境、交通、商业、服务等改造提升方案。同时,这也是上海旅行社首次与外省市景区实行深度合作,实现荡口古镇"吃在荡口,夜泊荡口"的"江南一流古镇景区"目标。

同里与景域集团确定了战略级合作伙伴关系。景域营销凭借多年旅游品牌策划的实战经验,为同里古镇旅游品牌进行了精准定位,通过提炼核心价值,将其通过互联网思维和新媒体资源与消费者进行有效沟通。同里品牌方案设计及传播、节庆策划与执行由景域营销公司负责,奇创公司会为同里的发展提供贴身的规划设计服务。

总之,对于江南古镇来说,随着古镇遗产旅游的竞争向纵深发展与后端迁移,建立有效率的营销渠道是一个巨大挑战。为了达到最佳效果,古镇应该有目的地进行渠道研究和决策制定。营销渠道设计要求分析消费者需要、制定渠道目标、确定主要的渠道备选方案并对这些方案进行正确评估。③

三、促销策略

(一)旅游营销的拉引战略

促销策略有推动和拉引两种。营销人员可以从两个基本的促销组合战略——推动和拉引促销中做出选择。对于推动和拉引两种战略而言,给予各

① [美]科特勒,等.旅游市场营销[M].谢彦君,译.北京:旅游教育出版社,2002:511-512.
② [美]科特勒,等.旅游市场营销[M].谢彦君,译.北京:旅游教育出版社,2002:665.
③ [美]菲利普·科特勒,加里·阿姆斯特朗.市场营销原理[M].13 版.楼尊,译.北京:中国人民大学出版社,2010:326.

个具体的促销工具的重视程度也不尽相同。推动战略涉及把产品通过销售渠道"推动"到最终的消费者手中。生产者将营销活动(主要是人员销售和贸易促进)对准销售渠道成员,引导他们赊购这种产品并将它推销到最终消费者手中。使用拉引战略,生产者将其营销活动(主要是广告和消费者促销)对准最终消费者,引导他们购买该产品。如果拉引战略行之有效,消费者就会向销售渠道成员求购该产品。这些渠道成员也就会向生产者求购。因此,使用拉引战略,消费者的需求将通过各种渠道"拉引"产品。① 古镇营销现在以拉引战略为主,采用节事活动与展示来吸引旅游者是一种普遍有效的做法。

(二)节事活动促销

江南古镇经常策划系列特色节庆活动,如具有本土特色的祭祀、庆典等。来自南京的汪先生是这样描述他们一家度过"同里之春"国际旅游文化节的:

> 白天逛退思园、珍珠塔;傍晚在河边、街巷里品尝同里地产美食;入夜后又去了暮湾尚泡吧、听评弹,还在同里剧院看了一场《水墨同里》。民居客栈休息一晚后,全家人第二天的节目更丰富。上午去北联村赏菜花,忆乡愁;下午,游览同里国家湿地公园,深呼吸、享生态。②

可见节事活动的促销效应是非常巨大的。同里古镇的"同里之春"国际旅游文化节已成为旅游者参与最多、持续时间最长、区域影响最大的江苏省旅游节庆品牌活动之一。2015 年的"同里之春"国际旅游文化节从 4 月份开始一直持续到 5 月底。文化节安排了中国同里油菜花节、第二十九届"同里杯"中国围棋天元赛、《水墨同里·新珍珠塔传奇》演出等丰富的节庆内容与演出活动,还安排了"匆匆那年"——同里 418 张老照片征集活动、同里国家湿地公园"对对节"、莼鲈之"丝"旗袍秀等 18 个活动。

此外,同里"电影类型短片创投季"活动也是很有影响力的节庆活动,它由圣丹斯电影节为创投季专门设奖,并参与创投季短片的国际交流活动。"电影类型短片创投季·中国同里"暨首届中国同里微电影节向全社会征集优秀类型电影创意和剧本,并选出 12 部优秀作品进行投资拍摄,最终在CCTV-6 及各大网站播出。其中有三部作品脱颖而出,被选中在同里古镇拍摄,分别是奇幻片《怒神的王国》、古装悬疑片《钝刀》和喜剧片《非常演出》。

---

① ［美］科特勒.市场营销导论［M］.俞利军,译.北京:华夏出版社,2001:376.
② 顾秋萍.千年古镇,世界同里:"三游"联动打造国际旅游胜地［N］.扬子晚报,2015-04-28.

《怒神的王国》由主演过《南京！南京！》和《止杀令》的日本知名演员中泉英雄担纲，该片尽收同里美景并结合最新的电脑特效，讲述了一个发生在同里小女孩身上的唯美穿越故事。《钝刀》和《非常演出》也打出鲜明的类型特色，并结合得天独厚的同里景观，通过青年导演的独特视角，讲述充满江南韵味又新鲜动人的故事。[1] 同里的节事营销与故事营销相结合，产生了很好的宣传效应。

古镇民俗节庆活动中最有代表性的就是乌镇的"香市"和"童玩节"。2001年起，乌镇为了挽救传统文化和充分展示江南水乡的民俗民风，于每年的清明谷雨时分举办"香市"活动。其间有祭蚕娘、踏白船、莲花漂流、元帅会、提灯走桥、水乡婚礼、拳船等传统活动，也增加了一些如水乡美食节、水上丝竹、鱼鹰捕鱼等新型项目。香市的开展也并非凭空捏造，它是江南一带特有的民间民俗活动，是茅盾散文《香市》中的那个"农村的狂欢节"。它本是每年清明至谷雨时节，江南百姓为了祈求蚕桑丰收，聚集在一起烧香祈福的活动。乌镇童玩节于每年夏末秋初定期举办，是乌镇景区在暑假期间专门针对学生群体而推出的活动。其宣传口号为"玩爷爷小时候玩过的游戏"。游戏内容包括：滚铁圈、西洋镜、抽陀螺、打弹子、剪纸、踩高跷等。童玩节的怀旧和体验特性旨在有效拉近家长和孩子的距离，给他们提供一个平台，让孩子了解父辈的童年时代。

（三）演示、展示促销

演示促销是指在销售现场进行商品的使用表演，提供实物证明，使购买者对商品的性能产生信任感，从而激起购买冲动。[2] 现在古镇旅游，除了展示古镇风貌和原汁原味的百姓生活以外，展示非物质文化遗产也可以吸引游客。

如一走进乌镇东栅景区，就可以见到高竿表演、船拳表演等民俗活动。过去在市井常见的铜匠、鞋匠、刨烟作坊、酿酒作坊、蓝印花布作坊、画扇面、拉琴糖、剥绵兜、扯丝绵，以及书馆、老邮局、评书场、老茶馆、药铺、年糕铺、水龙间、老茧站、水上集市等，成了乌镇景区最抢人眼球和游客口碑最好的项目，让非物质文化遗产在这里得到了延续和继承。乌镇景区又挖掘和恢复了"百姓长街宴""江南船寮"等非物质文化遗产。[3]

"长街宴"就是坊间居民为庆贺本坊某件大喜事，在长长的大街上摆设木

---

① 胡正东.""创投季"助翼千年古镇，同里拟打造中国圣丹斯[EB/OL]. (2013-04-02)[2015-07-13]. http://yule.sohu.com/20130402/n371545019.shtml.

② 张遨.旅游市场营销研究[M].北京：中国物价出版社，2002：175，216.

③ 吴洪.乌镇搭起"春节长街宴"，传承传统习俗欢庆新春[EB/OL]. (2015-02-20)[2015-07-13]. http://finance.ifeng.com/a/20150220/13510506_0.shtml.

桌长凳,吃喝聚餐的一种形式。"长街宴"自明清时期就出现在民间,大多是一些殷商富户发起,坊间百姓纷纷响应,用烂泥砖块砌成临时柴灶,烧制鸡鸭,搬来自家酿的米酒,聚餐行乐。乌镇"船寮"始于盛唐,"船寮"是当地民间的一门独特的手艺,多为选择老街的尽头、沿河较为平坦的滩涂之地,搭建棚屋或露天修理木船。乌镇最多时分别在东、南、西、北四栅及镇中心马家门滩拥有5个"船寮"。

古镇还通过博物馆的展示,引起人们对当地文化的兴趣,引发人们对工艺品的购买欲望。如南浔区各非物质遗产场馆通过实物、图片、视频、现场演示等形式,还在馆内进行交流、传习、培训等活动,充分体现了非物质遗产项目的历史渊源、传承谱系、技艺流程、艺术特征、项目成果。中国湖笔文化馆设湖笔的历史、湖笔的别称、湖笔的文选、湖笔的原料、湖笔与名人、湖笔传统制器器具、湖笔制作技艺八大工序、湖笔世家、湖笔名品、湖笔老字号、湖笔民俗等展厅。自2009年开放以来,该馆年均接待参观人数达5万人次。再如辑里湖丝馆设有情缘世博、天虫之歌、流金岁月、崛起上海、魅力南浔5个展厅,还陈列了养蚕、丝业经营状况、丝绸制品及获奖情况。目前馆内共展出实物165件,图片510张,并有多媒体播放设施和现场动态演示等,再现了辑里湖丝制作技艺的历史渊源、传承谱系、技艺流程、相关实物、项目成果等内容。自开放以来,年参观人数超过8万人次。

除了演示促销,展示促销往往通过公司和行业协会组织产业会议和展销来推广其产品。许多参展厂商有很多好处,如创造新的销售机会,联络客户,介绍新产品,会见新客户,出售更多产品给现有客户,并通过刊物和视听材料来培训客户。展销还能帮助公司接触销售人员没有接触到的许多潜在客户。[①] 近年来,为了更好地为古城镇合理开发利用文化遗产资源,发展文化旅游产业,中国古城镇保护发展委员会、中国文物保护基金会等协会都举办过系列古镇文化遗产旅游目的地评选与展播活动,对宣传古镇的文化遗产及旅游形象起了重要推动作用。中国古城镇保护发展委员会在2013年举办了"中国古城镇文化(遗产)旅游目的地"申报推荐活动;2015年2月6日,中国文物保护基金会、中国旅游报社和新华社手机电视台三家单位共同主办了"首届中国最具价值文化(遗产)旅游目的地推介会",从2015年1月开始,将入选的目的地城市和景区面向海内外进行推介展播;在中国文物保护基金会"2015年第二届中国最具价值文化(遗产)旅游目的地"评选中,江苏泰兴黄桥古镇、江苏苏州甪直古镇、浙江嘉善西塘古镇入围。这些活动的参与与传播,对于

---

① [美]菲利普·科特勒,加里·阿姆斯特朗.市场营销原理[M].13版.楼尊,译.北京:中国人民大学出版社,2010:448.

江南古镇的文化遗产旅游整合传播有着重要意义。

(四)公共关系

公共关系是一种重要的市场营销手段,但直到近年才得到重视,并进入一个爆炸性的发展时期。公共关系有一定的优点,首先是可信度。新闻故事、特写和新闻事件对于读者来说比广告更真实、可信。公共关系可以做到广告和推销人员做不到的事情。新闻性的信息,比起消费指导性的信息更容易让人接受。与广告相似,公共关系可以使企业和产品更富戏剧性。①

如乌镇戏剧节期间,近5万人次入场观众,有30万人次总量。戏剧节期间的媒体传播效应,比任何广告的效应都好。2015年9月,乌镇第三届戏剧节开幕之前,乌镇就策划举办了媒体新闻恳谈会,邀请各路媒体为乌镇戏剧节建言献策。这样可以发挥二步式传播作用,即通过新闻媒体的信息筛选,产生新闻效应制造轰动效果。但是对于很多古镇来说,公共关系传播仍然比较落后,能够进入新闻视野的古镇很少。②

近年来事件营销正在迅速成为重要的公共关系手段。所谓事件营销是指组织通过策划,运用有新闻价值或者社会影响力的事件,吸引媒体与公众的注意力,迅速传播组织形象的一种公共关系活动。③ 善于运用公共关系的乌镇,从2000年开始成为茅盾文学奖颁奖典礼所在地。除了2000年、2005年、2008年举办的第五、六、七届茅盾文学奖颁奖典礼外,第十届《小说月报》百花奖也选择在乌镇举办。2006年,茅盾陵园及纪念堂在乌镇落成,自此,立志书院、茅盾陵园等与大文豪茅盾相关联的景、物都成为乌镇旅游文化产品的一部分,吸引了一大批中外文学爱好者。乌镇还修建了"茅盾文学奖陈列馆",介绍茅奖获奖作家作品及颁奖仪式盛况。

事件营销有公益事件、聚焦事件与危机事件,这些事件对组织来说并非都是可控的,从组织可控性来说,公益事件最好,聚焦事件次之,危机事件最差。如何增强事件营销的可控性,是古镇公共关系必须重视的问题。在科特勒看来,组织应该把公共关系着眼点放在日常经营上,如围绕业主、经营者开展公共关系,围绕经营场所开展公共关系或围绕产品、服务开展公共关系。

---

① [美]科特勒,等.旅游市场营销[M].谢彦君,译,旅游教育出版社,2002:556.

② 正如科特勒所述,旅游接待业的市场营销者并没有充分使用公共关系或是仅把它作为事后的补救措施,精心策划的公共关系活动与其他促销工具的结合使用会非常经济有效。见[美]科特勒,等.旅游市场营销[M].谢彦君,译.北京:旅游教育出版社,2002:557.

③ 在诠释事件营销同时,科特勒指出,无数例子表明,各地正在重新认识它们的过去,它们寻找各样名堂作为自己闪亮的特征,把名人、事件、战斗或其他有待发掘的珍贵事物的发源地转化为本地旅游资本。见[美]科特勒,等.旅游市场营销[M].谢彦君,译.北京:旅游教育出版社,2002:713.

独特的服务也可以成为公关活动的焦点。①

依照科特勒的看法,组织应该建立自己的个性特色,通过经营场所、产品或服务的公共关系建立自己的鲜明形象。笔者在西塘的酒吧经常见到此类极具个性的场所或服务特色。西塘酒吧的名称各异,很有创意与想象力,有酒吧打出"欢迎爱国美女"的口号,有些酒吧为了吸引人气,打出"女士免费"的促销广告。

四、游客满意的实现

顾客满意取决于消费者所感觉到的一件产品的效能与其期望值的比较。如果产品的效能低于顾客的期望,顾客便不会感到满意。要是效能符合期望,顾客便会感到满意。② 在顾客满意程度研究中,美国学者奥利弗(Oliver Richard L)提出了一个"期望—实绩"模型。③ 奥利弗认为,产品和服务的实绩,在消费过程中或消费之后,顾客会根据自己的期望来评估,如果实绩低于期望,顾客就会不满;如果实绩符合或超过期望,顾客就会满意。游客的满意度取决于游客所获与旅游所花时间、金钱和精力之间的比较关系。奥利弗研究的虽然是旅游领域,但其结论与科特勒相同。游客满意是指游客通过旅游活动过程的感知和事先预期的对比,如果实际感知超过活动前预期,即差距为正值时,游客就会感到满意;反之,负向差距越大,表明满意度越低。

国内外许多学者认为顾客期望会直接影响顾客满意程度。有些学者认为两者之间存在负相关关系;另一些学者则认为两者之间存在正相关关系。1990 年,汪纯本首先提出:顾客期望并不直接影响顾客满意程度,而是通过顾客感觉中的产品和服务实绩,间接影响顾客满意程度。美国学者福奈尔(Claes Fornell)等人在 1996 年完成的"美国顾客满意程度指数"研究中也采用了这一观点。④

---

① 独特的服务通常意味着特别好的服务,但有时却有人反其道而行之。如某家烤肉酒吧或餐馆会因为拥有全国最粗鲁或最丑的侍应生队伍而获得声誉。一家达拉斯的烤肉酒吧午餐时间很受生意人的青睐,因为有一帮脾气乖戾的工作人员而臭名昭著。那些熟悉此地的老顾客喜欢把一些毫无戒备的新客人带到这里,看看自己的同伴是怎么被恶劣地对待的。见[美]科特勒,等.旅游市场营销[M].谢彦君,译.北京:旅游教育出版社,2002:631.

② [美]加里·阿姆斯特朗,菲利普·科特勒.科特勒市场营销教程[M].6 版.俞利军,译.北京:华夏出版社,2004:12.

③ Richard O L. A cognitive model of the antecedents and consequences of satisfaction decision[J]. Journal of Marketing Research,1980(11):460-469.

④ 汪纯本指出:①在消费某些产品或服务之前,由于顾客缺乏必要的知识和消费经历,他们很难预见产品和服务的实绩;②顾客不会预测产品和服务的某些属性的实绩。例如,顾客并不会预测自己熟悉的服务场所位置。但这类属性也会影响顾客的满意程度。见汪纯本,岑成德,王卫东,等.顾客满意程度模型研究[J].中山大学学报(社会科学版).1999(5):93.

作为古镇旅游的直接消费者，游客的评价也是了解其旅游发展状况的重要角度。《江苏古镇保护与旅游发展研究》一书通过文献综述与多年黄金周旅游问题的反馈结果，制定了表中负面影响感知的因子，集中体现了当前古镇旅游发展面临的焦点问题，如表 4-1 所示。

表 4-1　古镇旅游发展的负面影响游客感知分析[1]

负面影响感知	周庄(n=576)				同里(n=420)			
	均值	标准差	赞成者	反对者	均值	标准差	赞成者	反对者
游客太多，很拥挤	2.03	0.822	71.9%	3.1%	2.05	0.798	71.9%	2.8%
和其他古镇差不多，没有特色	2.80	0.903	31.6%	33.5%	2.68	0.899	42.9%	18.6%
商业化太严重	2.21	0.920	61.6%	7.1%	2.41	0.892	53.8%	10.0%
古镇味道不浓	2.87	0.961	34.9%	28.8%	2.94	0.941	33.1%	30.0%
产品单一，好看好玩的东西少	2.67	0.926	42.7%	18.2%	2.76	0.931	41.3%	23.1%
物价太高	2.53	0.860	43.9%	8.4%	2.60	0.858	40.0%	11.2%
配套基础设施、服务设施跟不上	2.82	0.873	32.8%	20.5%	2.83	0.877	33.1%	21.7%
门票太贵	2.31	0.934	55.6%	7.5%	2.47	0.928	47.1%	9.2%

注：问卷调查采用"Liket 量表"设计，其中"1"代表非常同意，"2"代表同意，"3"代表一般，"4"代表不同意，"5"代表非常不同意。均值指的是游客打分的平均值，一般均值处在 1～2.5 之间，或者处在 3.5～5 之间，分别象征绝大多数被调研者赞成或者不赞成量表设计所提出的问题，即该量表问题具有指示和区分意义；而均值处在 2.5～3.5 之间，则代表该量表问题不具有指示意义或者说从游客感知的视角并非像文献综述和多年黄金周旅游问题反馈结果显示的那样严重。表中，赞成者比例为非常同意和同意的累加值，反对者比例为不同意和非常不同意的累加值。

从两个古镇的情况看，它们面临的共同问题是：游客太多，很拥挤；和其他古镇差不多，没有特色；商业化太严重；古镇味道不浓；产品单一，好看好玩的东西少；物价太高；配套基础设施、服务设施跟不上；门票太贵。这些问题也是所有江南古镇面临的主要问题，只不过，不同古镇表现不同。但像游客太多，很拥挤，商业化太严重、门票太贵是最主要的负面影响。

科特勒认为，留住顾客的关键是优良的顾客价值和满意程度。据此，企业应当竭尽全力地令其顾客感到满意。[2] 顾客满意不仅可以吸引回头客，而

①　《江苏古镇保护与旅游开发研究》课题组.江苏古镇保护与旅游发展研究[M].南京：东南大学出版社，2014：77.

②　[美]科特勒，等.市场营销导论[M].俞利军，译.北京：华夏出版社，2001：20.

且现有的对企业感到满意的顾客更愿意向别人推荐,这会在两方面对企业带来利益。第一,推荐降低了企业获取新业务的成本。第二,组织接受推荐的顾客对企业的服务带着很高的评价而来,而且在接受服务前就对顾客怀有某种程度的信任,因为这是他所信任的人提出的建议。有了这种预先存在的信任,企业在和新顾客建立牢固关系时就有了一个良好的开端。① 对于古镇来说,招徕游顾客仍然是营销管理部门的一项重要任务。但根据顾客满意规律,还必须注重保持现有游客并与他们建立可获利的长期关系,因此必须千方百计让游客满意。

　　董观志、杨凤影在《旅游景区游客满意度测评体系研究》一文中梳理出顾客满意度的影响因素主要包括产品、服务、人员、形象四个方面。② 在这一因素框架内,结合景区业务流程的原理,从景区规划开发过程、一线运营服务过程、后台支持系统三大模块作业流程单元中,按照全面性、代表性、可测量性、效用性的原则确定项目层指标,再根据各项目层指标分别确定评价因子层指标。这样,旅游景区游客满意度评价指标体系就由三个层次的指标项目构成:第一层次,游客总体满意度指标;第二层次,项目层指标,包括食、宿、行、游、购、娱、服务、设施和形象;第三层次,评价因子层指标,是第二层次指标进行分解后的满意度指标。如果以评价景区的满意度指标来评价古镇的游客满意度,那可能就是一个非常复杂的系统,从目前对江南古镇的研究看,尚无一个完整全面的评价。

---

① ［美］科特勒,等.市场营销导论［M］.俞利军,译.北京:华夏出版社,2001:330.
② 董观志,杨凤影.旅游景区游客满意度测评体系研究［J］.旅游学刊,2005(1):28.

第五章 "旅游＋"视野下的文化遗产保护

第一节 江南古镇文化遗产旅游可持续发展

一、文化遗产旅游可持续发展

20世纪90年代,世界自然和文化遗产旅游可持续发展问题受到国际旅游组织和旅游研究领域的广泛重视。

(一)保护文化遗产与发展旅游的矛盾

《可持续旅游发展宪章》①指出:"旅游是一种世界现象,也是许多国家社会经济和政治发展的重要因素,是人类最高和最深层的愿望。旅游具有两重性。一方面旅游能够促进社会经济和文化的发展;同时,旅游也加剧了环境的损耗和地方特色的消失,对旅游应该用综合方法进行探讨。"

《可持续旅游发展宪章》揭示了旅游发展与资源保护之间矛盾与统一的关系,可持续旅游发展的实质,就是要求旅游与自然、文化和人类生存环境成为一个整体;自然、文化和人类生存环境之间的平衡关系使许多旅游目的地各具特色,特别是在那些小岛屿和环境敏感地区,旅游发展不能破坏这种脆弱的平衡关系。考虑到旅游对自然资源、生物多样性的影响,以及消除这些影响的能力,旅游发展应当循序渐进。

《可持续旅游发展宪章》继而写道:"旅游业赖以发展的旅游资源是有限的,因此要求改善环境质量的呼声越来越高。"旅游发展必须建立在生态环境

---

① 1995年,联合国教科文组织、环境规划署和世界旅游组织等在西班牙加那利群岛召开"可持续旅游发展世界会议",包括中国在内的75个国家和地区的600多位代表出席了会议,会议最后通过了《可持续旅游发展宪章》,同时制定了《可持续旅游发展行动计划》。

的承受能力之上,自觉理智地循序渐进,并保障遗产旅游资源利用的永续性。[1] 在满足当代人日益增加的多样化需要的同时,保证后代人能公平享有利用旅游资源的权利,满足后代人旅游和发展旅游的需求。[2]

(二)保护文化遗产与发展旅游相互促进

《可持续旅游发展宪章》特别强调,"旅游能够提供旅行和了解其他文化的机会,发展旅游有助于密切人际关系,促进人类和平,使人类理解并尊重文化和生活方式的多样性"。因而发展旅游"必须考虑旅游对当地文化遗产、传统习惯和社会活动的影响。在制定旅游发展战略过程中,要充分认识当地传统习惯和社会活动,要注意维护地方特色、文化和旅游胜地,尤其在发展中国家更是如此"。这就需要我们重新认识保护文化遗产与保护城市的文化环境的关系,认识旅游开发这把双刃剑并用好它。

保护文化遗产与保护城市的文化环境需要经济来支持,两者相辅相成。旅游作为一种强有力的发展形式,应充分发挥其保护自然、文化遗产的潜力。[3] 充分认识到旅游开发这把双刃剑是非常重要的。首先,应重视"旅游保护",弱化"旅游开发",以历史遗产保护为第一要义进行合理的开发;其次,应重视"文化效益",弱化"经济效益",重视历史文化城镇文化价值的传播;最后,要重视开发的质量而非数量,防止过度开发导致的破坏。[4]

正如《关于旅游业的 21 世纪议程——实现与环境相适应的可持续发展》[5]所界定的,可持续旅游是在保护和增强未来机会的同时满足现时旅游者和东道区域的需要。可持续旅游产品是与当地环境、社区和文化保持协调一致的产品,这些产品是旅游发展的永久受益者,而不是牺牲品。

二、文化遗产保护与旅游可持续发展

旅游可持续发展,需要在遗产保护与旅游开发之间找到一个平衡机制。第一,只有完整无损地保护好遗产地的自然与人文风景及其周边的环境,才能吸引旅游者前往观光游览。因此如何提高遗产旅游地的整体空间环境和

---

[1][3]　陶伟.中国"世界遗产"的可持续旅游发展研究[M].北京:中国旅游出版社,2001:163-164.

[2]　陶伟.中国"世界遗产"的可持续旅游发展研究[M].北京:中国旅游出版社,2001:163.

[4]　崔明华,李昂.历史文化城镇的保护及旅游开发[J].房地产导刊,2015(4):477.

[5]　1997 年 6 月联合国大会第九次特别会议上,世界旅游组织、世界旅游理事会和地球理事会共同向大会颁发了《关于旅游业的 21 世纪议程——实现与环境相适应的可持续发展》。该议程指出,旅游业在保护自然与文化资源中受益,而这些资源正是这个产业的核心,而且,旅游业也有条件保护这些资源。旅游业作为世界上最大的产业,有能力取得环境和社会、经济方面的巨大改善,能为其所在社区与国家的可持续发展做出重大的贡献。

优化其环境质量并且突出遗产特色，成为遗产地发展旅游成败的关键。① 第二，必须考虑延续遗产地文脉。在利用遗产发展旅游的过程中，由于对历史元素的认识不够和使用不当，往往会产生效果相悖的现象。例如，在遗产旅游区建设中，挖掘遗产文化内涵，恢复或者重建某些历史遗产实体，是常用的方法。但由于对遗产文化的认识不够，截取某个特殊历史时期的遗产建筑特征时，只顾使用而不考虑与遗产周围的整个历史文脉的关系，如此断章取义的结果，是割断文脉；再如混合使用不同历史阶段的建筑因素，采用折中的处理方法，也不太注重历史遗产周围的历史文脉关系，忽略了整体环境要素的变迁，导致出现不伦不类的重建项目。这些恢复重建项目虽然在思想深处都想表达与体现历史文脉，但是忽略了整个文脉体系的延续性，所以仍有割断文脉之嫌。②

国外对历史古城的旅游利用值得我们借鉴。此种利用有两种方式：一是完整保持古代城镇原貌，再现昔日历史情景，如美国的威廉斯堡、法国斯特拉斯堡等；二是保持古城特色，展示传统风格，以意大利威尼斯、佛罗伦萨为代表，保持历史遗存原貌，也不排斥现代生活的介入。③

如美国的威廉斯堡，为再现殖民统治时期的景象，保持18世纪独立前的城市格局、建筑形式，在20世纪初开始倡议修复。实际上从一开始，威廉斯堡所谋划的并不是单座建筑的修复，而是完整保留并恢复18世纪城镇的全部特色，包括建筑、街道、景观及所有附属构筑物，以形成完整的历史环境。这一观念，开启了美国保存整体历史环境的先河。

威廉斯堡修复计划旨在准确修复和保护美国殖民统治时期历史城市最具特色的部分。建筑师希望提供一组确定存在于1699—1840年间、有确实可靠依据的、综合代表威廉斯堡、拥有一定数量的建筑原型和区域。但实际上，因为威廉斯堡的发展历程以殖民统治时期为最高潮，修复的历史区间最后确定为1699—1790年。一些后来建造的建筑即使仍具艺术及使用价值也被拆除，以确保修复后的城市保持殖民时期的面貌。最后完成修复的历史区几乎涵盖了"法国人地图"中所标注的全部地盘，包括威廉玛丽学院最初的校园与建筑、殖民地议会大院、总督府、格洛切斯特公爵大街两旁的住宅、教堂、法院、仓库、绿地、广场、花园及毗连的历史街道等。城郊地区保留着那个世纪的风车、磨场、农舍、麦仓。古城服务人员、导游、马车夫、宫府侍从都穿着18世纪的服装，古城的两端外围专门开辟一片商业区，利用旧时建筑，保持风貌

①　严国泰.历史城镇旅游规划理论与实务[M].北京：中国旅游出版社,2005：101-103.
②　严国泰.历史城镇旅游规划理论与实务[M].北京：中国旅游出版社,2005：214-215.
③　崔明华,李昂.历史文化城镇的保护及旅游开发[J].房地产导刊,2015(4)：477.

协调,内部设施古代化,出售各类旅游用品。①

法国斯特拉斯堡所有传统建筑原样不动,保持原有风貌,部分房屋设施内部现代化,开设旅馆。在游人眼里,斯特拉斯堡古城之美在于它的原汁原味:

> 有轨电车从城市中心轻轻滑行而过,阳光远远地从伊勒河那一头照过来。天鹅与水鸟开始飞舞,翅膀扇起风,太阳光便碎金一样涂在河道两旁的建筑上。
>
> 这里的房屋,与其说是法国式的,倒不如说更像是置身德国——尖斜屋顶,开满鲜花的窗台,墙壁上是褐色木头勾勒出的线条。
>
> 而几乎所有值得一看的地方,也都星星点点散布在河流旁边:曾经是大主教宅邸的侯安城堡,屋顶上开了许多小窗;仿佛长了无数眼睛的历史博物馆,是最有地方特色的阿尔萨斯博物馆。甚至德国的骄傲——歌德,也曾经住在运河旁旧市区的一条街道上,那幢红色墙壁暗褐木线的老房子里,挂着白色薄纱的那一扇,便是"歌德的窗户"了。②

在意大利佛罗伦萨,中世纪早期遗留下来的建筑和城市面貌,昏暗拥挤的街道和砖木材质的建筑已远远不能满足这时期市民的需求,频频发生的火灾也使佛罗伦萨必须进行一次大规模的城市重建。13世纪前后高速发展的经济和大量涌进的外来移民,终于为佛罗伦萨提供了一次城市建设的契机,采取大规模的城市化来解决时代给予的难题。佛罗伦萨在13世纪末开始扩建城墙,以容纳越来越多的居民,城市面积与两个世纪之前相比增加了几乎15倍之多。但城市的设计和建设尤其是空间的组织也遵循了规律理性,拓宽道路,规范房屋,要求卫生美化,尤其是统一道路两旁房屋的高度和立面。在城市化的过程中,佛罗伦萨设定了一个理想的城市模式,崇尚规则,在城市空间实现整齐匀称的几何组织,由此开启了文艺复兴时期城市的特点,即向中心会聚的同时注重秩序和平衡。③

在现代游人眼中,佛罗伦萨仍不失古典优雅:

---

① 彭长歆."活着的历史博物馆"——殖民地威廉斯堡的保护[J].新建筑,2014(3):24-29.
② 魏无心,佳佳.斯特拉斯堡:听听欧洲的心跳声[J].北方航空,2004(1):45.
③ 朱明.佛罗伦萨与杭州:13世纪前后城市布局和空间的比较研究[J].中国名城,2012(3):55-62.

阿尔诺河两岸，随便走进哪条街巷都是古香古色，所有的古街巷都是用黑色小方石块铺成的，那可不是百年大计的事了，而是几百年都不用补路。古街巷路面都很狭窄，最窄处仅有一辆小车宽，原来中世纪出行最先进的交通工具是马车，马车不需要太宽的路，直到现在，乘坐仿古马车在小街巷的石路上行驶，一路走来哒哒的马蹄声还是很动听的，花几个小钱享受一下仿古马车，大有贵族风度，同时又欣赏了无处不在的雕塑和各种浓重的艺术文物。坐马车，走小巷，人就有回到中世纪的那种感觉。因为在佛罗伦萨，一砖一瓦一石都会令人陶醉。①

这两种方式从环境开发角度来看，前者属于分离型开发，本地居民居住区与旅游观光区分离，后者属于融合型开发，居民生活与旅游观光共存，把当地人拥有的优秀文化和产业的诸要素如习俗、产业、土特产品、庙会、祭祀活动、传统艺术表演等组合起来，开发出能体现文化传统且游客能亲身体验的交流场所、设施。②

这些开发利用方式较好地实现了旅游发展与文化遗产保护的双丰收。历史遗存地所提供的旅游活动，都是本民族的精华，对全球文化交流起到了促进作用。旅游发展对于当地文化发展的意义在于，各地旅游者访问旅游地可以使当地人的文化素质得到普遍提高；所提供的当地人参与发展旅游的机会，又可以缓解遗产地人民的就业问题，促进当地居民生活水平质量的不断提高。

但同时，遗产旅游发展不当的话，也有可能导致空间环境、经济、社会的负面影响：空间环境的发展可能带来环境污染，如遗产维护与修缮，若论证不到位、规划设计不到位或工匠水平不到位，就有可能出现整体环境破坏和视觉环境污染等问题，人们来此旅游不仅欣赏不到美丽独特的空间环境，而且进入视线的可能都是污染物或与原真环境相悖的；不注意社会文明建设，一味地追求利润，社会的沉渣可能会在旅游区泛滥，导致丑恶现象出现；不注意文化内涵的挖掘，旅游项目无特色可言，不了解旅游者的文化需求，经营不善导致效益无增。因此只有空间环境、经济、社会三方面协同发展，才能获得理想的效果。③

---

① 刘少才.佛罗伦萨：别样风情别样桥[J].交通与运输，2011(3)：66-67.
② 吴承照.历史城镇发展的文化经济分析——以平遥古城为例[J].同济大学学报（社会科学版），2003(3)：29.
③ 严国泰.历史城镇旅游规划理论与实务[M].北京：中国旅游出版社，2005：101-103.

近年来,关于古村落旅游可持续性研究也得出同样结论。卢松等认为,在当前快速现代化、工业化、城市化的背景下,古村落文化遗产获得了旅游开发、城镇化等发展机遇,同时也面临着一系列严峻的问题和矛盾,出现了历史建筑多种原因的损毁、建设性破坏、村民传统生活方式的异化、旅游过度商业化等现象。① 这个论断同样适合江南古镇。寻求江南古镇文化遗产保护和旅游发展的"双赢"之路、探索江南古镇旅游可持续发展是一个亟待解决的严峻问题。

第二节　江南古镇文化遗产保护

一、文化遗产保护相关国际文件

2003 年 10 月在联合国教科文组织第 32 届大会上通过的《保护非物质文化遗产公约》,进一步扩大了文化遗产保护的范畴,引入了"非物质文化遗产"概念。非物质文化遗产,指被各社区、群体,有时是个人,视为其文化遗产组成部分的各种社会实践、观念表述、表现形式、知识、技能及相关的工具、实物、手工艺品和文化场所。这种非物质文化遗产世代相传,在各社区和群体适应周围环境及与自然和历史的互动中,被不断地再创造,为这些社区和群体提供认同感和持续感,从而增强对文化多样性和人类创造力的尊重。在本公约中,只考虑符合现有的国际人权文件,各社区、群体和个人之间相互尊重的需要和顺应可持续发展的非物质文化遗产。② 这一公约极大地激发了各个国家、地区和民族积极关注并重新认识各自文化独特性及其价值的热情。

1976 年 11 月联合国教科文组织在内罗毕通过了《关于历史地区的保护及其当代作用的建议》(下简称《建议》),提出:"历史地区及其环境应被视为不可替代的世界遗产的组成部分。其所在国政府和公民应把保护该遗产并使之与我们时代的社会生活融为一体作为自己的义务。"这一文件把"历史和建筑(包括本地的)地区"定义为包含考古和古生物遗址的任何建筑群、结构

---

① 卢松,陈思屹,潘蕙.古村落旅游可持续性评估的初步研究——以世界文化遗产地宏村为例[J].旅游学刊,2010,2(1):18.

② 《保护非物质文化遗产公约》还进一步界定"非物质文化遗产"包括以下方面:①口头传统和表现形式,包括作为非物质文化遗产媒介的语言;②表演艺术;③社会实践、仪式、节庆活动;④有关自然界和宇宙的知识和实践;⑤传统手工艺。

和空旷地,并指出它们构成城乡环境中的人类居住地,从考古、建筑、史前史、历史、艺术和社会文化的角度肯定其凝聚力和价值。文件还进一步把历史地区特别划分为以下各类:史前遗址、历史城镇、老城区、老村庄、老村落及相似的古迹群。《建议》指出:

> 每一历史地区及其周围环境应从整体上视为一个相互联系的统一体,其协调及特性取决于它的各组成部分的联合,这些组成部分包括人类活动、建筑物、空间结构及周围环境。因此一切有效的组成部分,包括人类活动,无论多么微不足道,都对整体具有不可忽视的意义。

> 历史地区及其周围环境应得到积极保护,使之免受各种损坏,特别是由于不适当的利用、不必要的添建和诸如将会损坏其真实性的错误或愚蠢的改变而带来的损害,以及由于各种形式的污染而带来的损害。任何修复工程的进行应以科学原则为基础。同样,也应十分注意组成建筑群并赋予各建筑群以自身特征的各个部分之间的联系与对比所产生的和谐与美感。

1977 年 12 月,在秘鲁通过的《马丘比丘宪章》不仅继续扩展了历史文化资源保护的范畴,而且从城市发展的角度出发,进一步突破了单纯的消极的静态保护观,更加强调对历史文化资源进行积极的动态保护,同时还重视对有价值的当代建筑的保护。

《马丘比丘宪章》在批判《雅典宪章》时指出:

> 《雅典宪章》设想,城市规划的目的是综合四项基本的社会功能——生活、工作、休憩和交通,而规划是为了解决它们之间的相互关系和发展。这就引出了城市划分为各种分区或组成部分的做法,于是为了追求分区清楚却牺牲了城市的有机构成。这一错误的后果在许多新城市中都可看到。这些新城市没有考虑到城市居民人与人之间的关系,结果使城市生活患了贫血症,在那些城市里,建筑物成了孤立的单元,否认了人类的活动要求流动的、连续的空间这一事实。

> 规划、建筑和设计,在今天,不应当把城市当作一系列组成部分拼在一起来考虑,而必须努力去创造一个综合的、多功能的环境。

《马丘比丘宪章》继而提出："城市的个性和特性取决于城市的体型结构和社会特征。因此不仅要保存和维护好城市的历史遗址和古迹,而且还要继承一般的文化传统。一切有价值的说明社会和民族特性的文物必须保护起来。保护、恢复和重新使用现有历史遗址和古建筑必须同城市建设过程结合起来,以保证这些文物具有经济意义并继续具有生命力。在考虑再生和更新历史地区的过程中,应把优秀设计质量的当代建筑物包括在内。"

1987年10月,国际古迹遗址理事会通过的《保护历史城镇与城区宪章》,规定了保护历史城镇和城区的原则、目标和方法。它也寻求促进这一地区私人生活和社会生活的协调方法,并鼓励对这些文化财产的保护。"这些文化财产无论其等级多低,均构成人类的记忆。"文件在此基础上扩展了城市保护对象,主要为历史城区,包括城市、城镇、历史中心区或居住区及其自然与人工环境,以及这些地区的传统的城市文化价值。

《保护历史城镇与城区宪章》还提出："居民的参与对保护计划的成功起着重大的作用,应加以鼓励。历史城镇和城区的保护首先涉及它们周围的居民。……为了鼓励全体居民参与保护,应为他们制订一项普通信息计划,从学龄儿童开始。与遗产保护相关的行为亦应得到鼓励,并采取有利于保护和修复的财政措施。"

《保护历史城镇与城区宪章》颁布后,城市文化保护走出了博物馆式的文物保护模式,更重视普通城市社区的文化价值:强调将城市文化的保护、保存、修复和发展作为系统目标,使其和谐地适应现代城市生活和社会需求,使文化得以在现代社会中获得再生;强调将普通市民作为城市文化保护和文化再生的重要力量予以考虑,而不再局限于政府和专家系统;强调在延续并改善原住民生活的基础上,实现城市文化的再生和永续发展。《保护历史城镇与城区宪章》所彰显的深刻理念变革,既是国际社会在现代城市更新和城市文化保护和发展方面探索工作的结晶,也是其后各国城市更新和城市文化意象塑造的行动指南。[①]

1999年10月,墨西哥国际古迹遗址理事会第12次大会通过了《乡土建筑遗产宪章》。《乡土建筑遗产宪章》指出:

> 乡土建筑遗产在人类所热爱和引以为荣的东西中占有重要位置。它被看作人类社会一项有特色和魅力的产品。它看上去非正式,但却秩序井然。它以实用为目的,同时富有情趣和美感;它是当

---

① 张鸿雁.中国城市评论(第五辑)[M].南京:南京大学出版社,2010:103-104.

代生活的一个焦点,同时也是社会历史的记录。

作为对《威尼斯宪章》的补充,该宪章建立了管理和保护乡土建筑遗产的原则,乡土遗产很少由单一的建筑物来代表,最好是通过维持与保存每一区域内具有代表性的建筑群与聚居地。乡土建筑遗产是构成文化景观不可或缺的一部分,二者的关系必须在制定保护措施时予以考虑。要求当代有关乡土建筑、建筑群和聚居地的工程应当尊重建筑及群落的文化价值与传统特色。乡土遗产包含的不只是物质形式及建筑物、结构和空间的组合,也包括使用它们和理解它们的方式,以及依附于它们的传统和无形因素。

二、文化遗产保护概念

关于保护的概念,萨尔瓦多·穆尼奥斯·比尼亚斯有比较精彩的论述。他首先将保护分为广义与狭义:狭义保护是相对于修复而言的保持性的活动;广义保护是指包括狭义保护、修复及其他相关活动在内的行为的总称。他引用麦吉尔夫雷的话说:

> 我们针对一项历史资源其实只有三种处理方式:保持现状、改变它或破坏它(与其说复原是第四种方式,不如说是破坏历史资源之后的再创作)。

英国学者 W. 鲍尔认为:所谓保存(preservation)是指对建筑物或建筑群保持它们原来的样子,而保护(conservation)主要是指对现有的美好的城市环境予以保护,但在保持其原有特点和规模的条件下,可以对它稍作修改、重建或使其现代化。复兴(rehabilitation)是综合性的工作,包括有选择的保存、保护和改建,目的是改善一个地区的整体环境,方法是采用环境管理、植栽、增建儿童游戏场、停车场等设施,和使一些私人住宅现代化,等等。复兴是代替全部推倒重盖和全面改建的一个重要方案,但至今未被充分利用。[①]

萨尔瓦多·穆尼奥斯·比尼亚斯也认为,在遗产保护领域之外,"保存"意味着保持事物的现状,而不以任何方式去改变其形态、状态和所有权等属性。[②] 在遗产保护领域,其所指大致相同,是指"防止对象因时而变的措施"。

---

① 张松.历史城市保护学导论:文化遗产和历史环境保护的一种整体性方法[M].上海:上海科学技术出版社,2001:9.
② [西]萨尔瓦多·穆尼奥斯·比尼亚斯.当代保护理论[M].张鹏,等译,上海:同济大学出版社,2012:14-18.

他在分析《牛津简明词典》关于保护定义变化时指出,1801年版的《牛津简明词典》将其解释为"将某物恢复到未破坏或完好状态的措施或过程",1824年版的《牛津简明词典》中,修复被定义为"意图将对象恢复到类似其原初形式的措施"。虽然这仅仅是指建筑修复,但这个定义明显要比1801年的更加务实,因其是依目标来判断的,没有把未成功将对象恢复到其原初状态的措施排除在外。可是,这个定义依然强调要把对象恢复到"原初"状态。而事实上,这经常是不可能的。不仅因为所谓"原初状态"值得商榷(许多对象都是由多个创作者历经很长时间才完成的),而且许多修复行为的目标都只是让对象达到较现在更好、破坏更少的状态。"之前的状态"要比"原初状态"更为现实。基于这一点,博物馆与美术馆委员会将修复定义为"任何将文化资产的现存材料和结构恢复到一个已知的较早时间之状态的行为"。

在我国,1999年2月1日实施的《中华人民共和国国家标准城市规划基本术语标准》,在"城市历史文化地区保护"条目下,区分了历史文化名城、历史地段、历史文化保护区及历史地段保护。历史文化名城是指经国务院或省级人民政府核定公布的,保存文物特别丰富、具有重大历史价值和革命意义的城市;历史地段是指城市中文物古迹比较集中连片,或能完整地体现一定历史时期的传统风貌和民族地方特色的街区或地段;历史文化保护区是指经县级以上人民政府核定公布的,应予以重点保护的历史地段;历史地段保护是指对城市中历史地段及其环境的鉴定、保存、维护、整治及必要的修复和复原的活动。

在历史地段保护方面,《中华人民共和国国家标准城市规划基本术语标准》区分了历史地段及其环境的鉴定、保存、维护、整治,以及必要的修复和复原活动。这些都是针对历史地段的保护方法。《中华人民共和国国家标准城市规划基本术语标准》的条文说明中,是这样界定保存与维护的:"条文中所说的'保存',一般指重点文物保护单位应该根据有关法规和规划要求,不允许做任何改变(含改建和拆毁)。'保护',一般指对传统街区和民居等的历史真迹和整体风貌的保护。'维护',一般指重要的安全防护工作,如防火、防洪、防雪、防震等,不含建筑的具体维护和维修工作。"

在2005年出台的《历史文化名城保护规划规范》中,将历史文化街区中的建筑物分为文物保护单位、保护建筑、历史建筑和一般建筑物。其对应的保护与整治方式是有区别的:文物保护单位和保护建筑的要求基本相同,归结为"修缮";历史建筑的要求是"维修改善";而一般建筑物分为与历史风貌无冲突的建(构)筑物和与历史风貌有冲突的建(构)筑物,对无冲突的建(构)筑物采用保留,对有冲突的建(构)筑物采用整修改造拆除。这是一种分级、分类的保护方法。

"江苏古镇保护与旅游发展研究"课题组参照《中华人民共和国国家标准城市规划基本术语标准》，专门针对历史文化名镇（村）确定了历史文化名镇（村）建筑保护整治模式为保存、修复、保留、更改、更新、再生等形式（详见图5-1）：

A. 对于保护状况良好的传统建筑，所采用的保护模式是保存。根据国家标准《城市规划基本术语标准》，"保存"一般是指对各级重点文物保护单位应根据相关法规和技术规范，不允许改变文物的原状，含改建和拆毁。

B. 对于保护状况较差的传统建筑，所采用的保护模式是修复。修复是在保持原有建筑风貌的基础上，对建筑外立面进行修缮，对建筑内部设施和布局进行适当改造。

C. 对于已经消失，但是有确切遗址和详细建筑特征记载的历史建筑，所采用的保护模式是再生。在历史文化名镇（村）的保护实践中，经常会遇到能代表名镇（村）特色的历史建筑已经消失但是有详细记载和确切遗址的情况。为了更好地彰显名镇（村）的历史风貌，恢复特定的功能，需要对这些建筑进行再生，但是必须严格遵循恢复原貌的原则。

D. 对于延续传统建筑特色，与历史文化村镇整体风貌比较协调的新建建筑，所采用的整治模式是保留。对以延续传统建筑特色为目的的新建建筑在一定程度上可以与村镇传统建筑融为一体，可以采取保留的方式，使其发挥表征村镇整体风貌的作用。

E. 对于与村镇整体风貌局部不协调的新建建筑，所采用的整治方式是更改。更改是指按照历史风貌要求对建筑的高度、色彩、形式、体量等方面进行适当修改。更改的目的是使新建建筑的风貌与古镇历史风貌相协调，对于更改后仍然难以达到与历史风貌相协调的建筑，应当采用与F类型新建建筑相同的整治模式。

F. 对于与村镇整体风貌极不协调的新建建筑，所采用的整治方式是更新。更新是指对原有的建筑进行拆除，新建符合历史风貌要求的建筑或环境空间。更新的对象往往是通过更改的方式无法达到与村镇历史风貌协调目的的新建建筑。对于此类建筑，必须完全予以拆除，重新修建符合历史风貌要求的建筑。①

① 《江苏古镇保护与旅游发展研究》课题组.江苏古镇保护与旅游发展研究[M].南京：东南大学出版社，2014：63.

历史文化名镇（村）建筑的类型	保护与整治模式
保护状况良好的传统建筑	保存
保护状况较差的传统建筑	修复
已经消失，但是有确切遗址和详细建筑特征记载的历史建筑	再生
延续传统建筑特色，与历史文化村镇整体风貌比较协调的新建建筑	保留
与村镇整体风貌局部不协调的新建建筑	更改
与村镇整体风貌极不协调的新建建筑	更新

图 5-1 古镇建筑保护与整治的不同方式

因此,保护可以定义为,为降低文化遗产和历史环境衰败的速度而对变化进行的动态管理。对文化、科学和自然遗产进行细致的保护,干预行为应加以限制,以确保使用的技术和材料不致妨碍未来的处理、经得起时间的检验。保护需要综合社会、经济和文化发展的各项因素,并且要在各个层面加以整合。①

第三节 江南古镇文化遗产保护原则与举措

一、江南古镇文化遗产的保护原则

(一)整体性原则

联合国教科文组织世界遗产中心实施《保护世界文化与自然遗产公约》的操作指南中,关于完整性是这样定义的:完整性用来衡量自然或文化遗产及其特征的整体性和无缺憾性。因而,审查遗产完整性需要评估遗产符合以

---

① 张松.历史城市保护学导论:文化遗产和历史环境保护的一种整体性方法[M].上海:上海科学技术出版社,2001:12.

下特征的程度：

1. 包括所有表现其突出的普遍价值的必要因素；
2. 面积足够大，确保能完整地代表体现遗产价值的特色和过程；
3. 受到发展的负面影响和/或缺乏维护。

整体性原则始于自然遗产完整性的解释，是以涵盖与自然遗产密切相关的周边空间范围为要旨的。操作指南对自然遗产的完整性有如下的界定：

1. 依据标准（Ⅷ）申报的遗产必须包括其自然关系中所有或大部分重要的相互联系、相互依存的因素。例如，"冰川期"遗址要满足完整性条件，则须包括雪地、冰河本身和凿面样本、沉积物和拓殖（如条痕、冰碛层及植物演替的先锋阶段等）。如果是火山，则岩浆层必须完整，且能代表所有或大部分火山岩种类和喷发类型。

2. 依据标准（Ⅸ）申报的遗产必须具有足够的规模，且包含能够展示长期保护其内部生态系统和生物多样性的重要过程的必要因素。例如，热带雨林地区要满足完整性条件，需要有一定的海拔层次、多样的地形和土壤种类、群落系统和自然形成的群落；同样，珊瑚礁必须包括诸如海草、红树林和其他为珊瑚礁提供营养沉积物的临近生态系统。

3. 依据标准（Ⅹ）申报的遗产必须是对生物多样性保护至关重要的遗产。只有最具生物多样性和/或代表性的申报遗产才有可能满足该标准。遗产必须包括某生物区或生态系统内最具多样性的动植物特征的栖息地。例如，要满足完整性条件，热带草原需要具有完整的、共同进化的草食动物群和植物群；海岛生态系统则需要包括地方生态栖息地；包含多种物种的遗产必须足够大，能够包括确保这些物种生存的最重要的栖息地；如果某个地区有迁徙物种，则季节性的养育巢穴和迁徙路线，不管位于何处，都必须妥善保护。

不难发现，自然遗产完整性的保持，首先，应具有景点和周边一定空间范围内的环境内容不被随意增添或删减的含义。其次，文化遗产也存在完整性的问题。建筑、城镇、工程或者考古遗址等应当尽可能保持自身组分和结构的完整，以及其与所在环境的和谐、完整性。

《国际古迹遗址理事会意见书》中说："希望简单地把适用于自然景点的

完整性条件移用到文化财产的想法是不明智的。虽然如此,完整性条件表达出整体上(对文化遗产)的接近,它比真实性原则与文化遗产之间的关系更相关,更有意义。作为一个概念,'完整性'适用于自然遗产,它同样平等地适用于文化遗产。"

联合国教科文组织世界遗产中心实施《保护世界文化与自然遗产公约》的操作指南第八十九条还规定:"依据标准(Ⅰ)至(Ⅵ)申报的遗产,其物理构造或重要特征都必须保存完好,且侵劣化过程的影响得到控制。能表现遗产全部价值的绝大部分必要因素也要包括在内。文化景观、历史村镇或其他活遗产中体现其显著特征的种种关系和动态功能也应予保存。"

第一,江南古镇文化遗产保护的整体性原则就是保护城镇的整体风貌。《保护文物建筑及历史地段的国际宪章》指出:"历史文物建筑的概念,不仅包含个别的建筑作品,而且包含能够见证某种文明、某种有意义的发展或某种历史事件的城市或乡村环境,这不仅适用于伟大的艺术品,也适用于由于时光流逝而获得文化意义的在过去比较不重要的作品。"从历史文物建筑保护来看,江南古镇的文化遗产保护应该以古镇的整体作为一个保护单位或系统,全部各类古建筑都应该予以保护,不再在它们之间区分轻重缓急和保护级别。

江南古镇是由它全部的各种类型建筑物形成的有机整体,这个系统性的整体,反映了江南乡土环境中社会、文化、经济等各方面的生活。每一类建筑在这个系统中都有它的独特功能,如老屋、小桥、船埠头、院落等,失去了部分建筑,就会破坏古村镇的系统性。整体地保护一个古村镇,除了保护它的各种类型建筑物外,还要保护它内部和外部一定范围内原有的生活、生产设施和其他公用的基本设施。[①]

这种整体性正是江南古镇的特色所在,孕育出江南特有的地方文化。水乡历史城镇的形象更注重于某种综合性的特质,由多元性特质所构成的某种具有地域特色的景观。比如,富有起伏动感的民居山墙和青石板小路,加上小桥、流水等景观,便是水乡城镇的整体意象,其价值难以用数量化的概念来表述。正是这种隐性文化价值的存在,才使那里的居民的精神得到陶冶,地

---

① 陈志华在论及保护古村镇时说,古村镇保护不光是保护它的各种类型建筑物,还要保护它内部和外部一定范围内原有的生活、生产设施和其他公用的基本设施,还要保护或保存它的居民的日常用具,包括家具、炊具、灯具、农具、工具、器物、设备(如中药店、茶馆、酒店、铁匠铺、竹木作坊、染坊、豆腐坊、糟房等所用的),等等。要慎重保护历史、生活、生产劳动、民俗等在古村落和古建筑中留下的一切有意义的印记(如各种记事石碑、石刻、车辙、洪水印迹等)。见陈志华.文物建筑保护文集[C].南昌:江西教育出版社,2008:149.

方特色和地方文化也以此为基础培植出来,从而成为居民团结和凝聚的象征。①

第二,从整体性原则来看,江南古镇的文化遗产保护不光是各类古建筑的保护,还应该涉及所有物质文化遗产及非物质文化遗产,甚至包括居民的生活方式。

《马丘比丘宪章》指出:"城市的个性和特性取决于城市的体型结构和社会特征。因此不仅要保存和维护好城市的历史遗址和古迹,而且还要继承一般的文化传统。"在农业文明时代,一座古城、一处古村,往往就是一个某种层次上的生活圈、经济圈和文化圈,或者,是某种层次上的生活圈、经济圈或文化圈的中心。因此,一个古聚落绝不是一群古建筑简单的偶然的集合体……聚落是历史最有生命力的见证单元。所以,我们说,一个聚落是一座博物馆、一个数据库,是历史文化信息的宝藏。②

以往在有些江南古镇的文化遗产保护中,由于不注意整体性保护,导致原住民外迁,出现古镇的空心化。虽然对于建筑遗产等保护工作做得很好,但失去了古镇的生气与文化场域,往往得不偿失,这就是违背整体性保护的后果。

(二)真实性原则

《国际古迹保护与修复宪章》提出的"真实性"原则的基本精神是尽一切可能确保历史纪念物或建筑的遗存"一点不走样地把全部信息传下去"。世界遗产领域内关于"真实性"比较详细的解释见于《奈良真实性文件》③。该文件第十三款指出:"想要多方位地评价文化遗产的真实性,其先决条件是认识和理解遗产产生之初及其随后形成的特征,以及这些特征的意义和信息来源。真实性包括:遗产的形式与设计、材料与实质、利用与作用、传统与技术、位置与环境、精神与感受。有关'真实性'翔实信息的获得和利用,需要充分地了解某项具体文化遗产独特的艺术、历史、社会和科学层面的价值。"文化遗产真实性的保持还在于,"不同的文化和社会都包含着特定的形式和手段,它们以有形或无形的方式构成了某项遗产"。

联合国教科文组织世界遗产中心在实施《保护世界文化与自然遗产公约》的操作指南指出:

"旅游+"视野下江南古镇遗产旅游研究

① 陆志刚.江南水乡历史城镇保护与发展[M].南京:东南大学出版社,2001:70.
② 陈志华.文物建筑保护文集[C].南昌:江西教育出版社,2008:111.
③ 联合国教科文组织世界遗产中心1994年11月在日本奈良召开"世界遗产公约真实性原则会议",来自28个国家的45名与会者讨论了许多与原真性定义和评估有关的综合性议题,发布了《奈良真实性文件》。

依据文化遗产类别及其文化背景,如果遗产的文化价值(申报标准所认可的)的下列特征真实可信,则被认为具有真实性:

- 外形和设计;
- 材料和材质;
- 用途和功能;
- 传统、技术和管理体系;
- 位置和环境;
- 语言和其他形式的非物质遗产;
- 精神和感觉;
- 其他内外因素。①

可见,真实性的认识建立在基础资料客观、详尽的基础上,对历史的详细考证是十分必要的。缺乏充分的文字、图片等基础资料,对于文化遗产的真实价值和意义的认识就无从谈起。古镇假文物的泛滥,要么是因为缺乏详尽的物质的、书面的、口头或图形的信息来源,要么肆意曲解文化遗产的性质、特性和历史。实际上,中国文物古迹保护中长期遵循的"不改变文物原状"的法律原则就与之一脉相承。对于文物古迹的重建,《中华人民共和国文物保护法实施细则》(1992年)第十四条有规定:"纪念建筑物、古建筑等文物已经全部毁损的,不得重新修建;因特殊需要,必须在另地重建或者在原址重建的,应当根据文物保护单位的级别,报原核定公布机关批准。"

(三)发展性原则

《保护世界文化和自然遗产公约》明确规定,世界遗产保护必须遵循"保护为主、抢救第一、合理利用、加强管理"的方针,把"保护为主"放在首位,并不是否定合理利用。联合国《关于乡土建筑遗产的宪章》规定:"乡土建筑是社区自己建造房屋的一种传统的、自然的方式。为了对社会的和环境的约束做出反应,乡土建筑包含必要的变化和不断适应的连续过程。这种传统的幸存物在世界范围内遭受着经济、文化和建筑同一化力量的威胁。如何抵制这

---

① 对于真实性这些指标,《保护世界文化与自然遗产公约》的操作指南解释说:精神和感觉这样的属性在真实性评估中虽不易操作,却是评价一个遗产地特质和场所精神的重要指标,如在社区中保持传统和文化连续性。利用所有这些信息使我们对相关文化遗产在艺术、历史、社会和科学等特定领域的研究更加深入。"信息来源"指所有物质的、书面的、口头或图形的信息来源,从而使理解文化遗产的性质、特性、意义和历史成为可能。在考虑申报遗产的真实性时,缔约国首先要确认所有适用的真实性的重要载体。真实性声明应该评估真实性在每个载体特征上的体现程度。在真实性问题上,考古遗址或历史建筑及街区的重建只有在极个别情况才予以考虑。只有依据完整且详细的记载,不存在任何想象而进行的重建,才可以接受。

些威胁是社区、政府、规划师、建筑师、保护工作者及多学科专家团体必须熟悉的基本问题。"可见,乡土建筑保护也应包含必要的变化和不断适应的连续过程。准确理解真实性与发展性的概念,将有助于更全面地认识文化遗产的价值和意义。

对水乡历史城镇的保护,不能单纯地理解为保存下来不受毁坏就达到了目的,这只能算是一种消极意义上的保护概念。积极意义上的保护应该从现代价值观出发,使历史城镇整体,以及其中的文物古迹的历史价值、艺术价值、科学价值、文化价值、教育价值等不断得到新的升华,从而发挥更大的社会效益和经济效益。也就是说,水乡历史城镇的保护不单使其免于遭受损毁,更多的是要发挥它的科学文化与教育价值,既让今天的人们认识历史,也让人们感悟历史,从而得到新的启发。这就要求保护与改造、更新、利用相结合,称为"展示性原则",即保护与开发相结合、保存与展现相结合的原则。

"展示性原则"也就是发展性原则。江南古镇与时代共生的前提是它必须与社会同步发展。随着经济与社会的变化,新的家庭结构和当代生活方式随之诞生,这就要求有与之相适应的古镇空间格局。作为社会文化财富的水乡历史城镇,面临着改造和再生,使之能够包容现代生活。如果传统的格局不变,当现代生活闯入之后,必然会造成破坏性的使用,留给它的只有"死"路一条——自消自减,倒塌为止。[①]

当然,发展性原则不能违背传统,必须尊重历史,延续文脉。江南水乡古镇是在过去漫长的社会经济发展过程中留下的地理上的痕迹,是逐步形成的传统人居环境的范例,也是易于识别的地方性文化景观。对江南水乡古镇历史环境的保护和再开发必须尊重历史、依循文脉、融合自然,以保护历史景观、改善生活环境、延续传统文化为目标。[②]

二、江南古镇文化遗产的保护举措

在江南古镇文化遗产保护中,既有保存或修复的行为,也有更新的举措。如周庄建立古镇文化旅游创意产业园形成旧民居街区创意文化体验区、画家村艺术街区、非物质文化遗产体验街区和文化创意产业展示设计中心区。南浔建立湖笔文化展示中心、丝绸文化展示中心、富商文化展示中心,以及建成具有古镇风貌的集购物、餐饮、娱乐、休闲等各种功能于一体的综合性街区的晶街时尚休闲中心,这些举措褒贬不一。现实中的保护措施常常因与开发利

---

① 陆志刚.江南水乡历史城镇保护与发展[M].南京:东南大学出版社,2001:70-71.
② 王剑.江南水乡古镇历史文化遗产保护策略研究——以常熟市梅李古镇为例[J].江苏城市规划,2008(6):23-24.

用资源存在矛盾,无法从根本上解决市场经济条件下古镇大规模的开发利用对世界遗产资源环境的破坏。

表 5-1　主要江南古镇文化遗产的保护举措①

保护方式	古镇名称	时　间	主要举措
保存或修复	周庄	20 世纪 70 年代末	保存 14 座建于元、明、清各代的古石桥。800 多户原住民枕河而居,60％以上的民居依旧保存着明清时期的建筑风貌
		1992 年始	保存或修复宋代建筑澄虚道院、明代建筑张厅、清代建筑沈厅、清末建筑叶楚伧故居
	乌镇	1999 年始	投入 1.25 亿元进行古镇保护一期工程,修复古镇历史文化建筑
		2003 年始	投入 10 亿元巨资,进行古镇保护二期工程,全面保存修复乌镇经典明清建筑群,有精美的明清建筑 30 余万平方米,横贯景区东西的西栅老街长度达 1.8 公里
	同里	20 世纪 70 年代末	通过保护、保存完好的明清建筑达 6.5 万平方米,占总建筑面积的 61％
		1998 年	投资 2000 多万元修复始建于明代的"蓬莱仙境";罗星洲、明代宅邸园林耕乐堂、陈去病故居等一系列景点
		1981—1998 年	1981 年 10 月,退思园被列为江苏省文物保护单位,修复工作历时 8 年。1998 年,退思园完成全部修复
		1984—1998 年	恢复了崇本堂、嘉善堂、三桥、文物陈列馆、明清商业街等建筑
		截至 2007 年底	投入 3000 多万元,对退思园、陈去病故居、丽泽女校、崇本堂、嘉荫堂、天放楼、耕乐堂等古建筑进行了重点抢修和保护
	南浔	1982 年始	大批的古民宅、民居、园林等古建筑得以保存
		2001 年	投资 1 亿元,恢复了传统的木器、丝行、米行、轿行等老字号商店,修复刘氏梯号、求恕里、广惠寺
		2014 年	近年来投入近 6.5 亿元进行金宅、小莲庄二期、张静江二期修缮工程,修复庞宅、张氏旧宅建筑群
	甪直	2007 年	恢复沈宅、万盛米行、萧宅等一大批古民宅和历史景观

---

① 笔者根据卞显红等所著《江南水乡古镇保护与旅游开发》相关章节内容,结合乌镇官网、南浔旅游网、同里官网、周庄官网及笔者调查获得的资料,按照文化遗产的保护方式对几大江南古镇的主要举措进行了归类。见卞显红,等.江南水乡古镇保护与旅游开发[M].北京:中国物资出版社,2011:131-160;乌镇官网、南浔旅游网、同里官网、周庄官网等。

保护方式	古镇名称	时 间	主要举措
更新	周庄	2009—2013 年	建立古镇文化旅游创意产业园,形成旧民居街区创意文化体验区、画家村艺术街区、非物质文化遗产体验街区和文化创意产业展示设计中心区
	南浔	2009 年	投资 1 亿多元的新开河项目定位于湖笔文化展示中心、丝绸文化展示中心、富商文化展示中心三大功能区。总投资 1.7 亿元的晶街时尚休闲中心项目位于南浔镇南西街以西,建成具有古镇风貌的集购物、餐饮、娱乐、休闲等多种功能于一体的综合性街区
	新场	2008 年	建成大东方当代艺术家村,号称"亚洲最大画家聚集地"。旨在推动和发展当代中国本土艺术、先锋艺术及中国实验艺术,同时将推动中国当代新海派艺术的重新崛起。占地 3 万平方米,投资 5 亿元。街区首期推出 500 个原创绘画工作室、画廊、展厅等
	甪直	2004 年	总投资 1 亿多元建设集购物、休闲、旅游、娱乐等功能于一体的甪直商业步行街
		2009 年	项目总投资 1.8 亿元,甪直江南水乡文化园占地面积 120 亩,建造仿古建筑 1.2 万平方米,园林景观区 1.25 万平方米和仿古桥 16 座。主要功能分为六大区:公共绿化区、文艺表演区、土特产展示区、文化展示区、园林景观和廊棚水街区。2009 年 5 月竣工对外开放
	朱家角	2006 年	投资 10 亿元正式启动 60 万平方米建筑群的中信泰富朱家角新镇项目。该项目集特色居住、休闲、度假和商业功能于一体。将朱家角从传统的观光旅游景点提升为国内首个"度假茂",以吸引品牌开发商进驻
环境性保护	同里	2007—2008 年	铺设了 1.8 万多米的污水处理主干网,修建了 15 千米沿河驳岸。投入 2000 多万元,在古镇区 4.7 千米长的河流上建设 7 座仿古景观水闸,以调节水流,净化水质。投入 5000 万元建设基础设施。对主要旅游沿线道路、桥梁进行改造,并做到通信、电力、有线电视线三线入地。大规模池塘清淤工作
	乌镇	20 世纪 80 年代末	采用"管线地埋""雨污分流"等先进技术,创造性地实现了对多项基础设施的建设与升级。不但进行了卫生设施的改造,而且还接入了直饮水管线、宽带、卫星电视和无线网络。注重整个景区环境的绿化配套、设置、布点和规模种植

续表

保护方式	古镇名称	时　间	主要举措
环境性保护	周庄	1992 年始	修复 10 座古石桥、5100 米石驳岸、201 处河埠
		2000 年	修建"三线"（电线、电话线、电视天线）下地工程，污水处理工程，改变居民往水中倾倒污水和垃圾的习惯
	南浔	2001 年始	修缮河岸 4000 米，古镇水系的全面治理、消防设施的配套完善、古镇绿化亮化等 3 项工程。古镇水系的全面治理包括源头疏浚、河道清淤、沿途截污、稳定水位、定期换水等综合治理措施
		2013 年	启动 20 公里的综合管网工程，涉及百间楼社区、适园社区、夏家桥社区内的 57 条街道（里弄），告别污水直排
	甪直	2000 年	投资 3000 万元用于境内河道整治；投资 3750 万元实施三线下埋和自来水改造、生活污水截流工程；投资 3000 多万元扩建镇污水处理厂和集中供热厂
信息性保护	西塘	2006 年	建设中国酒文化博物馆、西塘古建筑艺术馆等文化旅游设施。酒文化博物馆是为刘西明先生几辈人收藏的酒文化实物而重建的。设立了青铜器馆、陶器馆、瓷器馆、珍宝馆、品酒区等多个展厅
	周庄	1992 年	建设天孝德民间收藏馆，馆藏文物共计 20 余万件，均收藏流散于长江三角洲地区民间的生活生产用品及部分官宦用品。藏品大类：木器、陶器、瓷器、玉器、石器、青铜锡器、钱币、紫砂、丝绸、绣品、古籍字画、象牙、骨角类杂件等，年代跨度由新石器时代至民国时期

　　值得一提的是，在江南古镇旅游开发的起步阶段，当周边的大多数老镇因大力发展乡镇工业等原因而使城镇的面貌发生较大变化时，周庄镇在当地政府的领导下，对城镇主要景观区域的建设进行类似于冻结保存的方法，这种方法在当时受到的压力是可想而知的，但在后来则受到普遍称赞。随着旅游事业的不断发展，为旅游服务的一些行业如餐饮业、宾馆业及旅游纪念品业等得到快速发展，促进了对沿街房屋的需求，使得这些房屋中的大多数发生了使用功能的变化，即由原来的居住功能转化成商业功能，虽然这使得城镇的整体功能发生了转变，但是却使得大量的沿街建筑得以保存，从而使得城镇的整体风貌完整地保存了下来。①

　　真实性与古镇的旅游开发是一对矛盾。我们必须看到，旅游开发，特别

---

　　① 陆志刚.江南水乡历史城镇保护与发展［M］.南京：东南大学出版社,2001:77-79.

是文化观光产业的发展可以说是一把双刃剑。世界遗产名录地作为独特的旅游资源,为游客提供了良好的休憩、游览机会和高品位的艺术欣赏,同时也给当地带来了巨大的经济效益。但是,这种旅游资源经不起自然侵蚀和人为破坏,迟早会出现日趋衰败的迹象,并直接威胁到旅游业的生存和发展。因此,只有把世界遗产的有效保护放在第一位,旅游资源才能永久吸引游人,旅游业才可能可持续发展。① 江南古镇文化遗产的可持续发展,必须坚持科学发展理念,强调文化遗产资源的开发应不危及文化遗产的真实性、完整性,进行保护性发展才是根本宗旨。

乌镇在归纳其保护方法时用了"迁、拆、修、补、饰"五个字,较好总结了真实性与古镇的旅游开发矛盾的处理办法:"迁",搬迁历史街区内必须迁移的工厂、大型商场、部分现代民居;"拆",拆除不协调建筑;"修",用旧材料和传统工艺修缮破损的老街、旧屋、河岸、桥梁等;"补",恢复或补建部分旧建筑,填补空白,连缀成整体;"饰",各类电线、管道全部地埋铺设,空调等现代设施全部遮掩。

值得说明的是,关于信息性保护问题,喻学才认为,信息性是文化遗产的本质属性。② 任何遗产都是以信息的形式存在并不断地往后世传承。原真性只是因为保存的信息较多、较原始而受到普遍重视。那些原真性不突出的遗产,或者说信息不完全的遗产,并不等于它们没有保护的价值和保护的必要。因为物质载体残毁了,但信息还可以依附其他载体存在。比如,古建筑虽然没有留存至今,但相关历史文献却很完整地保存下来了。春秋时期的城池现在已经绝少留存,但我们可以通过《左传》等先秦历史文献,大体知道那时的城池是如何筑成的。

无论是西塘建设中国酒文化博物馆、西塘古建筑艺术馆等文化旅游设施,还是周庄建设天孝德民间收藏馆,都是信息性保护的一种措施。如周庄人王龙观于1992年秋创办天孝德民间收藏馆,又于2005年春创办位于周庄富贵园内的天富博物馆。天孝德民间收藏馆以恢复民居风格为前提,合理布局体现传统生活方式的藏品,使内外统一。其中家具用料名目繁多:紫檀、黄花梨、鸡翅木、金丝楠木、红木、黄杨、铁力木、榉木、年节柏、楝树、榆木、杉木等。房屋中门窗多达四百五十余扇、门槛七十余道,所用为杉木、楠木、银杏、香樟、红木、槐木、柞木、铁糙等古旧材质,体现了建筑用料的多层次、实用化、装饰强等特点,由此引申出纹饰的多样化:响尾厅有保存完好的明雕落地长窗、雕花捎梁,走廊雕刻有

① 张松.历史城市保护学导论:文化遗产和历史环境保护的一种整体性方法[M].上海:上海科学技术出版社,2001:268.

② 喻学才.遗产保护新思维:信息性保护和经济性保护[J].建筑与文化,2009(6):10.

蟠螭、八仙、三阳开泰、和合二仙等吉祥之物,另有门窗饰盘龙纹、寿字八仙纹、天圆地方满天星纹、一路莲生(连生)纹等。[①]

这些保护是非常必要的。和我国历史长河的丰富积淀相比,能够被遴选出来的进入世界遗产名录的遗产,可谓凤毛麟角。这些遗产不过是信息和载体结合得比较好的少数遗产。为了对子孙负责,我们应该走科学发展之路,保护好更多的文化遗产,而不应把目光盯在上述保存度相对完好、符合世界遗产公约标准的一类遗产而置其他遗产于不顾。[②] 无论周庄还是西塘,这些信息性保护往往因为有民众的参与才得以完成。在遗产保护同时,实现民众参与及文脉延续,对江南古镇遗产旅游的可持续发展具有重大意义。

第四节　江南古镇文化遗产保护方面的问题

一、修旧如旧的提出及实践

古建筑学权威梁思成早年与夫人林徽因一起赴美研究建筑绘画,探索用科学方法整修中国古建筑之路。1928 年,梁思成回国后应东北大学之邀去沈阳创办了建筑系,任系主任和教授。1931 年梁思成举家迁到北平,加入了中国营造学社,这是专门从事中国古代建筑研究的学术机构,他担任法式部主任,从此专心从事中国古代建筑的研究。1932 年,梁思成在《蓟县独乐寺观音阁山门考》中提出:

> 保护之法,首须引起社会注意,使知建筑在文化上之价值,使知阁门在中国文化史上及中国建筑史上之价值,是为保护之治本办法。而此种之认识及觉悟,固非朝夕所能奏效,其根本乃在人民教育程度之提高,此是另一问题,非营造师一人所能为力。[③]

1964 年,梁思成提出了维修历史建筑应以"整旧如旧"为原则的主张。他指出经过维修的古建筑在消除病害、恢复结构安全稳定、延长寿命的同时,要

---

① 天孝德民间收藏馆［EB/OL］.（2015-03-19）［2016-02-10］. http://www. china. com. cn/travel/txt/2015-03/19/content_35099075. htm.
② 喻学才. 遗产保护新思维:信息性保护和经济性保护［J］.建筑与文化,2009(6):11.
③ 梁思成.蓟县独乐寺观音阁山门考［J］.中国营造学社汇刊,1932(民国二十一年),3(2):6-40.

仍能保持其历史风貌,看去仍是一座古建筑,只是经过修缮后显得"老当益壮"而已,"修旧如旧,以求其真"。

阮仪三对修旧如旧的解释是,对于传统建筑,这个法则包括下列原则:能粘补加固的尽量粘补加固;能小修的不大修;尽量使用原有构件;以养护为主。对于传统街巷,旨在保持街区风貌的"原真性"。修旧如旧,其实就是一个原真性的问题。①

巴黎美术学院建筑学教授维奥勒·勒·杜克在 1844 年给巴黎圣母院做修复设计的时候,提出了"全面修复"古建筑的原则。1858 年,又在他的《法国11—16 世纪建筑词汇注释》的"修复"条目里提出,每座建筑物,或者建筑物的每个局部,都应当修复到它原有的风格,不仅在外表上要这样,在结构上也要这样。这种全面修复后来也被称为"风格修复"。维奥勒·勒·杜克从石材商人手里抢救了巴黎圣母院,但是他为追求风格的纯正统一,修理了它无数的创伤,补足了它所有的缺失,改造了它构造上的不合理之处,使它"焕然一新",还加建了一个本来没有而他认为应该有的尖塔。结果,七百年的风雨沧桑从它身上消失了。有人惋惜地说,巴黎圣母院失去了诗意,成了国际博览会上的假古董。他还"设计"修复了皮埃尔丰城堡和卡尔卡松城堡的墙和塔。虽然从建筑师的眼光来看,他的工作很成功,但从文物保护角度看,他过于不尊重原物了。作为一位著名的建筑师,他没有能意识到,文物建筑的属性,首先是文物,其次才是建筑。②

在英国,针对甚嚣尘上的"风格性修复",以普金和拉斯金为代表举起了"反修复"的大旗。拉斯金在他的《建筑的七盏明灯》中鲜明地表示:"在这件重要事件上,请让我们别再自欺欺人,就像不能使死人复活一样,建筑中曾经伟大或美丽的任何东西都不可能复原。我在前面坚持认为是整个建筑生命的东西,亦即只有工人的手和眼才能赋予的那种精神,永远也不会召回。在另一个世纪,也许会赋予另一种精神,那时就成了一幢新建筑;然而其他的手和思想是无法召唤和控制已逝的工人的精神的。""那么让我们不再谈论修复。这件事是个彻头彻尾的谎言。你可以像模仿尸体做人体模型一样,模仿一座建筑;就像你的建筑也可以拥有旧墙的外壳,但是这样做有什么优点我却既看不出,也不关心。然而旧建筑却给毁了,与变成一堆瓦砾或者化为一堆烂泥相比,被毁得更彻底、更无情。"

1877 年,莫里斯、拉斯金、红屋的设计者韦伯等社会知识精英共同创立了

---

① 阮仪三,等.江南古镇历史建筑与历史环境的保护[M].上海:上海人民美术出版社,2010:34-35,94.

② 陈志华.文物建筑保护文集[C].南昌:江西教育出版社,2008:3-4.

英国第一个古迹保护民居组织"古建筑保护协会",不仅推动了广泛的保护运动在英国蓬勃展开,而且声势波及意大利等海外国家。在意大利,关于古迹保护的理论有了更进一步的发展,甚至最终影响了国际性保护宪章的制定。1964 年《国际古迹保护与修复宪章》为此规定:"修复过程是一个高度专业性的工作,其目的旨在保存和展示古迹的美学与历史价值,并以尊重原始材料和确凿文献为依据。一旦出现臆测,必须立即予以停止。此外,即使如此,任何不可避免的添加都必须与该建筑的构成有所区别,并且必须要有现代标记。""各个时代为一古迹之建筑物所做的正当贡献必须予以尊重,因为修复的目的不是追求风格的统一。"后来,《奈良文件》也肯定并强调了文化多样性和文化遗产的多样性,作为人类发展的一个本质的方面,保护和增进我们这个世界文化与遗产的多样性应大力提倡,而且必须从原真性的原则出发,寻找各种文化对自己文化遗产保护的有效方法。

江南古镇的保护通常表述为修旧如旧的方法。2015 年 7 月 30 日,东方早报记者专访阮仪三,当问及"古镇保护工作进行了三十余年,有怎样的变化"这个话题时,阮仪三举了一个反例说明目前一些古镇保护没有真正做到"修旧如旧":"枫泾古镇,正中有三座桥,一看就是钢筋混凝土的,因为石头砌的拱和钢筋的不同,水泥可以做成任何形状。街边的窗格也是统一制造的,窗上没有榫头,一拉就会下来。包括屋顶,过去每户人家的屋顶都不一样,现在被建造得整齐划一。还有非常有水乡特色的水墙门,过去人们走水乡城镇从河滩进屋来,需要几层台阶进入,上了台阶有两间小房供看门人、听差、轿夫等人用。水墙门是水上建筑的重要特点,因为建造在水上所以特别漂亮,而且家家户户都不同,但他们都拆掉了。"①

真正做到"修旧如旧"实属不易。新闻媒体常常报道一些古建筑得到保护修复的消息,报道的文字表述常常有点滑稽:导语中说是贯彻"修旧如旧"的原则,将近结尾时却生动地描绘说:"雕梁画栋,油漆彩饰,金碧辉煌,修葺一新。"这样出发点的"旧"与落脚点的"新"反差太大。②

这方面,欧洲一些地方如意大利的保护举措值得我们深思。位于威尼斯的总督府博物馆群是向公众开放的一系列博物馆,其中的营造博物馆收藏着诸多总督府旧的建筑构件。总督府于 1442 年落成,以后几个世纪中,历经大火等灾难。19 世纪中叶以后,总督府的建筑已颓败到岌岌可危的地步。自1876 年开始,意大利政府设立了一笔基金,开始大规模整修工作,总督府内的公共管理机构一一迁出。当时就发现,底层正立面和上层廊柱中的一些柱子

---

① 陈诗悦,阮仪三.保护古镇不能把河给"扔"了[N].东方早报,2015-07-30.
② 李志坚."修旧如旧"? [J]中国人大,2012(6):54.

的柱头部分问题已很严重。整修中,有42个柱头由复制品替换,另外,建筑物正立面上的一些雕塑也由于损坏严重而原样置换。被替换的原件中,不少是14、15世纪的大师之作。所有这些被替换下来的建筑构件,一件件都完好保存在营造博物馆的几个大房间里,每件原件旁边还附有一张图说明它的原始位置,是哪一面的第几根柱上换下来的。①

二、整体性保护的缺失

谈到古镇保护,通常认为把原住民整体搬迁是保护的一种方式。这其实是很大的误解。联合国《关于乡土建筑遗产的宪章》规定:"乡土建筑遗产是重要的,它是一个社区的文化的根本表现,是该社区与其所在地域的关系的根本表现,同时也是世界文化多样性的表现。"城市的本质,是产生和存在于人类历史发展一定阶段的一种社会形态。"参与"和"活动"是构成城市的重要因素,城市之所以成为一种艺术,最大的特点在于"参与性"——它需要人们在其中穿梭活动。一个城市必须经由人们在其中参与活动才能得到体验,唯有如此,才能使人对这个城市特有的感受涌现出来,城市特色才能由此完整体现。② 况且,城镇保护不同于文物古迹或古董的保存,大多数城镇保护不能以建博物馆的方式来进行,因为里面还居住着大量的居民。让居民有在此安居的信念,是水乡历史城镇的保护需要面临的一大课题。③

以乌镇为例,乌镇原本有许多富庶人家。1949年之前,一些富裕的大户人家躲避战乱,留下大批无主空屋。1953年在公租房政策下,私房收归房管所管理。到2005年,西栅的住宅大约有30%的住户拥有所住房屋的私有产权,70%的住户住在房管所的公房里,且公房户和私房户往往混杂在同一个单体建筑里。西栅改造工程开始之前,乌镇旅游股份有限公司帮助"公房户"取得居住房屋产权,接着又将他们手中的房产收购过来;对"私房户"劝搬,并按照《城镇拆迁条例》进行补偿。④ 西栅改造工程中,原有住户800多户迁往他处。在房屋拆迁过程中,由于当地旅游开发部门和部分住户之间没有达成有效协议,2004年7月,政府对部分房屋进行了强制拆迁,从而引发拆迁纠纷及被拆迁户上访、起诉事件。⑤ 以下便为拆迁过程中一个典型事例:

① 沈建华.不止于"修旧如旧":意大利的文物保护[N].东方早报,2015-03-31.
② 张松.历史城市保护学导论:文化遗产和历史环境保护的一种整体性方法[M].上海:上海科学技术出版社,2001:88.
③ 陆志刚.江南水乡历史城镇保护与发展[M].南京:东南大学出版社,2001:70.
④ 石岩.乌镇案例一个小镇的文化复兴[N].南方周末,2013-05-24.
⑤ 崔晓林.乌镇拆迁:谁的眼泪在流淌[J].时代潮,2005(1):40-41.

　　阮炳根,64 岁,家住乌镇西大街 568 号。从事地质勘探工作,现已退休。据他回忆,2004 年 7 月 26 日那天,只有妻子胥和珍一个人在家,早晨 6 点多钟,妻子出门买菜,回来就发现一些人在拆他们家的房子,一边拆房一边往车上装冰箱和家具,妻子当时就瘫在了院子里。这时跑过来 6 个人,二话不说就把她从院子里抬了出来,后被居委会的同志送到了医院。第二天去找开发公司讨说法,连大门都没进去,后来阮炳根就起诉了旅游开发公司,三个月后才开庭,至今没有任何结果。

　　阮炳根告诉记者,当时他与开发公司没有达成"房屋拆迁安置补偿协议"的原因是,他家的房屋面积是 77.75 平方米,经评估公司定价为 55242 元,而开发公司给的安置房为 113 平方米,评估价格为 121318 元,他拿不出需要补交的 66076 元。另外,他家的房子是具有 200 多年历史的老建筑,有保护价值,不能说拆就拆了。提起目前的境况,胥和珍的声音有些哽咽:"天冷了,我们的厚衣服都是孩子给买的,还有别人送的,房子没了,只好到儿子家去住。"阮炳根说,那一天,他家和另外五家居民一样,一天之内失去了住宅和家里的一切,而至今没有任何说法。①

　　整体性保护的缺失不是江南古镇的个别现象。古镇是人类生活繁衍的地方,在历史和文化意义上是活态的、延续的,本质上不同于"古文化遗址、古墓葬"这类文化遗产。如果将古镇看作没有今人"在场"的逝去文化的空间或载体,把活态聚落"静止化""物化",就会在某种程度上导致在现实的保护过程中重"物"而不重"人",忽略保护城市(街区)和村镇也应该保护其间的人的社会生活与个人生活,从而导致保护过程中屡屡出现与住民的"利益冲突"。②况且,文化遗产保护如果不是以人为本,以"自上而下"的模式展开,有时不为当地居民理解,政府一方主导,难免事倍功半。③

　　因此,注重整体性保护是非常重要的。要认识到城市是空间场域与人类活动场所的统一。城市正是通过集中物质和文化的力量,加速了人类交往的速度,并将它的产品变成可以储存和复制的形式。通过它的纪念性建筑、文字记载、有序的风俗和交往联系,城市扩大了所有人类活动的范围,并使这些

①　崔晓林.乌镇拆迁:谁的眼泪在流淌[J].时代潮,2005(1):40-41.

②　陈艳.古镇遗产研究:回顾与反思——兼论中国"名城名镇名村"保护与研究[J].东南文化,2013(5):31.

③　王剑.江南水乡古镇历史文化遗产保护策略研究——以常熟市梅李古镇为例[J].江苏城市规划,2008(6):23-24.

活动承上启下,继往开来。城市通过它的许多储存设施(如建筑物、保管库、档案、纪念性建筑、石碑、书籍),能够把它复杂的文化一代代地往下传,因为它不但集中了传递和扩大这一遗产所需的物质手段,而且也集中了人的智慧和力量。这一点一直是城市给我们的最大的贡献。① 故此,在对江南古镇的保护方式上,要更多地协调"器物层"的保护与空间构成制度、空间样式与人的社会生活的对应关系,避免对古镇进行简单粗暴的"改造"。②

三、破坏性重建的问题

早在 20 世纪 70 年代初,英国规划师 W. 鲍尔在《城市的发展过程》中批评了当时的两种错误观点,导致在规划过程中城市设计的作用常常被误解。有些人认为城市设计只是美的控制,主要是负责建筑物的外观,这是一种陈词滥调,另一些人转向另一极端,希望为整个城市做三维空间的设计。照他们的想法,城镇应该进行彻底改建。在过去一个世纪里,特别在过去 30 年间,相当一部分的城市改革工作和纠正工作如清除贫民窟、建立示范住房、城市建筑装饰、扩大郊区,所谓的"城市更新",只是表面上换上一种新的形式,实际上继续进行着同样无目的的集中并破坏有机机能,结果又需治疗挽救。③

近年来我国城市旧城改建规模渐大,且大多采取"大拆大建,推倒重来"的方式,有重蹈国外城市更新覆辙的倾向,加之在思想观念上还没有引起足够重视,有学者甚至宣称:"拿出魄力,忍痛牺牲一点,彻底改变整个旧城破旧的面貌。"而此举恰恰正是出现城市特色危机的直接原因之一。④ 对于古镇来说,破坏性重建的思路一直存在,不少地方的彻底改建无疑破坏了其潜在的整体性,成为了历史的赝品,消除了它在时间中形成的种种痕迹。目前古镇改造脱离了历史源起的空间关系,一座座再建的现代"假古董",也是一种"建设性破坏"。它混淆了真文化遗产与伪文化复制品的界线,损害了历史遗产的独特性。多数仿古建筑、人造景观都是模仿,甚至抄袭传统建筑而建造的,这种抄袭行为明显违反《文物保护法》已经全部毁坏的文物不得重新修建的

---

① [美]刘易斯·芒福德. 城市发展史[M]. 宋俊岭,倪文彦,译. 北京:中国建筑工业出版社,2005:580.

② 陈艳认为,当前在对城市(街区)和村镇文化的保护方式上,更多地注重对"器物层"的保护和表现,而忽略了空间构成制度、空间样式与人的社会生活的对应关系。同时,也由于缺乏对前人应有的尊重,导致对老城、老镇简单粗暴的"改造",务必使其彻底"换新颜""展新姿"。见陈艳.古镇遗产研究:回顾与反思——兼论中国"名城名镇名村"保护与研究[J].东南文化,2013(5):31.

③ [美]刘易斯·芒福德. 城市发展史[M]. 宋俊岭,倪文彦,译. 北京:中国建筑工业出版社,2005:572.

④ 张松. 历史城市保护学导论:文化遗产和历史环境保护的一种整体性方法[M].上海:上海科学技术出版社,2001:3.

精神。同时"假古董"的盛行,也阻碍了新建筑的创造和建筑文化的发展。有人以为"假古董"这种建筑形式就是"既有时代气息、又有民族特色"的代表,是新建筑的创作方向。这完全是一个误区。①

第二次世界大战后恢复建设初期,德国一些地方拆毁了古建筑,造成很大损失。他们很快意识到其危害,着手搞好规划,协调保护与发展的关系。古城雷根斯堡有2000多年历史,11—12世纪鼎盛时期城堡范围有1.7万平方公里。将城内75％的古建筑列为保护对象。从整体上搞好交通、公用设施的发展规划,分区维护改造,严格维持原有风貌。20世纪70年代到80年代初以7000万马克用于古城保护。这些费用除来自政府的城市发展促进费外,还从建筑物所有人、文物保护组织基金、福利住宅基金和贷款等多方面筹集。②

因此,如何处理好保护与发展的关系,的确是江南古镇面临的一项重大课题。如情境再生和景观重塑,虽然是针对修复类历史建筑的两种有效方法,但绝不能成为制造假古董或无原则地重建和复建古建筑的借口。情景再生,指的是经详细考证研究,使用原材料,严格地按传统的形制、技术和工艺等,创造出能承载历史场景、传递历史信息的物质和文化空间,属于修复的性质。景观重塑,则重在对历史景观意境的再现,属重建的性质,要求重建的建筑与传统风貌协调,重建过程中可以使用新材料和新技术。此外,在历史街区的实践中,情景再生和景观重塑还承担着"传承史息"并与一般历史建筑"永续共存"的责任。也就是说,必须充分重视文化空间的人文信息和重修历史建筑的技术内涵,它涉及历史建筑的意匠(如选址、空间关系、形制与构成、历史建筑或历史景观的艺术审美、历史建筑的工艺特征),以及历史建筑或历史景观的使用感觉(如视觉、触觉、嗅觉等),它们是全方位的、综合性的。③

随着江南古镇旅游的深入发展,历史建筑的更新与改造已成为今后古镇发展的必然趋势。然而并不是所有历史建筑都能以这样的理由进行所谓的"复原"的,因此需进行科学的论证。

阮仪三在《江南古镇历史建筑与历史环境的保护》一书中,举了西塘西园的景观重塑例子:

> 西塘传说中的老西园,它实际已不存在了。现西塘镇上有两个

---

① 张松.历史城市保护学导论:文化遗产和历史环境保护的一种整体性方法[M].上海:上海科学技术出版社,2001:77.

② 中国市长协会.德国城市建设与管理[M].北京:中国城市出版社,1993:110-111.

③ 阮仪三,等.江南古镇历史建筑与历史环境的保护[M].上海:上海人民美术出版社,2010:92.

"西园"，即"大西园"和"小西园"。1990年3月，经镇十届一次人民代表会议讨论，决定勘察新址（镇西善西公路西侧）筹建公园。为纪念爱国诗人柳亚子先生昔日西塘之行，乃以"西园"命名公园，是为所谓的"大西园"。入园处小桥流水，石狮门厅，园内环绕砖砌花格游廊、水榭、曲桥、假山、凉亭、人工瀑布，南端有接待室、小卖部和茶室。"小西园"者，即近年新辟为景点的位于苏家弄的西园，也就是本设计拟改造和扩建的部分。园林北部为一两进民居，第一进原为布庄，临街的门面上还有字迹可辨。第二进已毁，现为二层砖混住宅，风貌极不协调。西园的入口在苏家弄中部，入园后向南，有曲廊连通南部厅堂经仪门、楼厅等，又与南面的民居建筑相通。其南部的民居，现尚有人居住，由于产权、人口等情况不同，原有建筑已被分割成数块。而被称作"园"者，仅有一池面积不大的水面，以及一处低矮的小山、简单的种植等。

为确保保护区内的历史文化遗产、传统建筑不受损害，景观重塑方案红线内的厅堂建筑，全部得以保留，北部沿西街和苏家弄以西南的传统厅堂采用整治和修缮的办法，拟扩建红线南面的一座三层建筑，可暂保留，并留有以后发展的余地。假山、爬山廊与过街楼犬牙交错，打破三层的大尺度，并连通园子东西两部分。拆除了东面拟扩建部分的几处不协调的建筑（如浴室、锅炉房等），并将这部分范围作为新建园林区用地新建的厅堂，可按传统式样新造，或采用易地保护的办法，将其他地方无条件保护的民居厅堂移建过来，一方面丰富了本区的建筑景观，另一方面也起到了集中保护的作用，两全其美。

这类历史建筑的情境再生和景观重塑，阮仪三认为应该同时具备以下几个条件。第一，真实、有据。建筑本身及其背景文化空间必须在历史上真实存在，有文献或口碑的记载并仍在街区或古镇村落中传播不辍，且在街区发展鼎盛期有过一定的影响。第二，典型、主流。其文化内涵有相当的代表性或重要性，是街区的主流文化或典型文化。第三，原生、原创。其文化空间必须是原生态的，也就是说，历史街区、古镇、古村落等是其原创地，且有传承人，借鉴和移植都不可取。第四，必要、可行。其文化空间必须借助物质空间才能充分展示，且有展示的必要。[①]

① 阮仪三,等.江南古镇历史建筑与历史环境的保护[M].上海:上海人民美术出版社,2010:86-92.

第六章　江南古镇传统商业市场的现代转向

第一节　江南古镇商业化过程中的争议

一、江南古镇的"过度商业化"现象

商业化通常被视为旅游可持续发展的绊脚石,古镇旅游正是因其与现代文明隔离所保留的传统环境迎合了现代旅游者求异的心理。古镇发展的商业化尤其是过度商业化,不仅使古镇失去原有的特色,而且冲击着我国的传统文化。①

在江南古镇旅游早期发展过程中,商业成为当地居民参与开发的主要形式,包括将自家私有老宅辟成店面或民宿,用来出租或自己经营等。21 世纪初,在江南古镇旅游开发热潮涌动的时候,据王云才等研究,西塘 51.9%、乌镇 44.18%和南浔 43.7%的居民以各种形式参与到旅游业中,主要经营商店、开设家庭旅馆、开发古镇特色产品、出租房屋给外地人经营旅游服务业等。②据周庄镇工商分局的统计,1998 年,周庄的店铺还只有 250 家,到 2002 年就达到了 667 家。在短短 4 年中,周庄镇有 377 栋民居被破墙开肚,从住宅变成了店铺。③ 宋瑞在 2007 年调查中从周庄古镇保护委员会获悉,当年周庄古镇有店铺 450 家。④ 而据葛军莲的统计,古镇内大多游客步行的街道(包括福洪街、蚬江街、北市街、南市街、南湖街、中市街、后港街、西湾街、城隍埭、全福路等 11 条)共有 585 家商铺。古镇内,15.8%的门面是居民用房,只有 4%的门

---

①　李倩,吴小根,汤澍. 古镇旅游开发及其商业化现象初探[J].旅游学刊,2006(12):54.
②　王云才,李飞,陈田. 江南水乡古镇城市化倾向及其可持续发展对策——以乌镇、西塘、南浔三镇为例[J].长江流域资源与环境,2007,16(6):700.
③　吴丹丹. 周庄:古镇的商业化求解[N].中国经济导报,2012-05-17.
④　宋瑞. 利益相关者视角下的古村镇旅游发展[M].北京:中国社会科学出版社,2013:48.

面是面向居民的商铺,7%的门面是面向居民与游客的商铺,73.2%的门面是面向游客的商铺。卞显红在2011年又做了一次调查,在周庄900处房产中,80%为镇集体所有,几乎全部被出租或开店。周庄可谓户户开店、家家经商,进入古镇仿佛进入一个步行街,就连慕名前往的游客也淹没在这个巨大的商海之中。

张春荣是周庄镇北市街的老住户,他家的两层小楼原来是住宅,后来改成了饭店。原来这条街上没有几家店铺,这些店铺都是后来破墙开的,很多人在开了店后都租给外地人经营,一年的租金也可以挣三四万元。在经济利益的驱动下,古镇内的店铺如雨后春笋般冒出来。走在周庄古镇内,小街的两侧房子几乎都改成了店铺,店铺中间零星夹杂着几个景点。①

张春荣的例子可以说是古镇商业发展的写照。对于江南古镇这种商业发展格局,一些学者持反对态度。古镇商业化的表现,通常有以下几种。第一,沿街的门面转化为面向旅游者的商铺。商业功能的转化是由旅游推动的,大量商铺的顾客群体发生转变,面向旅游者的店铺数量比例很大,甚至超过面向本地居民的店铺数量,商铺商品的供给远远超过当地居民的购买力。历史城镇完全失去生活性城镇的特性,这是与城市遗产保护的理念相悖的。②第二,旅游商品同质化。有游客抱怨:"漫步在小镇,感觉饭店比景点多,商店比住家多,特产比渡船多,很难让人静心地游览自然景观,更谈不上细细品味,拍的照片俨然一张张集体照。"③旅游商品同质化严重,手工艺品减少,大规模生产的产品充斥市场。④卞显红调查发现,周庄几百家商店中,卖土特产"万三蹄"的就有60多家,每年销售量不下100万只。有200余家店铺出售古玩、工艺品、字画、食品、百货,商品同质化严重。⑤这种情况其实一直存在。据笔者2016年的实地观察,卖土特产"万三蹄"的仍有30多家。第三,地方传统文化逐渐被现代商业文化侵蚀。王云才等对乌镇、西塘、南浔三镇的调研表明,古镇的传统文化因子正逐步淡出,传统民俗如走三桥、桐乡花鼓戏、乌镇拳船等大都变为招徕、取悦游客的商业行为,而不再是古镇居民传统活动的有机组成部分。⑥在旅游旺季,旅游设施超负荷运行,商业的繁荣掩盖了古镇文化的内涵,冲淡了古镇原真文化的氛围,误导游客对古镇景观的原真认

---

①③ 吴丹丹.周庄:古镇的商业化求解[N].中国经济导报,2012-05-17.

② 李倩,吴小根,汤澍.古镇旅游开发及其商业化现象初探[J].旅游学刊,2006(12):54;保继刚,苏晓波.历史城镇的旅游商业化研究[J].地理学报,2004(3):428.

④ 保继刚,苏晓波.历史城镇的旅游商业化研究[J].地理学报,2004(3):428.

⑤ 卞显红,等.江南水乡古镇保护与旅游开发[M].北京:中国物资出版社,2011:216.

⑥ 王云才,李飞,陈田.江南水乡古镇城市化倾向及其可持续发展对策——以乌镇、西塘、南浔三镇为例[J].长江流域资源与环境,2007(6):700.

知与体验。第四,旅游商业化的极端表现是本地居民的大举外迁,古镇原有淳朴的生活气息逐渐消失。

以上这些表现,均是旅游发展将地方文化资源当作商品进行生产和消费时,未能处理好文化遗产保护与旅游发展的关系产生的不良后果。若经济的发展以文化的流失为代价,造成文化不可逆转的破坏时,即商业化的发展超过"度"的限制时,旅游开发便成为一种文化资本向经济资本的单向转化过程,从而陷入"过度商业化"的泥淖,这是旅游商业化的极端表现。①

二、江南古镇的"商业休克"现象

学者反对古镇商业化的声音虽然微弱,但也不乏有人。然而有学者从另一个角度出发探讨江南古镇的商业状况,认为其并非"过度商业化",而是一种"商业休克"现象。

如果说遗产地的核心价值在于其对过去文化传统与场景的真实再现,那么江南古镇的商业文化就是过去文化传统与场景的一个重要组成部分。从这个意义上说,古镇的商业发展问题并非是"过度商业化",而是"商业休克"现象。所谓"商业休克"是指在旅游商业开发过程中,因社会发展、经济增长或旅游者观念及需求转变等市场因素引起商品越来越不受旅游者欢迎,旅游者只看不买致使商品销量严重下滑或商品流通暂停的商业不景气现象。可以说,古镇的商业问题是一个结构性问题,表现在:①业态布局零散无规律,无法满足旅游者方向性的目的选择需求;②商品体系层次单一,宝贵的文化资源未能转化成让人珍惜的文化产品;③经营模式缺乏竞争,不出特色,同质化遏制了旅游者的购买欲望。②

目前大多数古镇商铺多为居民私人所有,然后转租给外来经营者,自己收取租金,这种模式不利于商业的自由竞争。当地也没有大规模的商业地产开发,没有正规的开发公司进行开发管理,多数商铺为私人祖业。或者当开发来临时,为了短期利益人们盲目跟从和复制,基本上没有形成古镇特有的旅游者到此就必吃、必游、必玩、必买的商品。产品没有挖掘出旅游者对于古镇旅游的深层消费欲望,导致旅游者产生了只看不买的心境,古镇内店铺出现了商商皆在而业业皆衰的现象。

特别值得一提的是,一些古镇在经过多年限商后,商业衰退导致旅游者减少。一些古镇逐渐认识到,商业是一个古镇的生命力之所在,纵使古城的

---

① 李倩,吴小根,汤澍.古镇旅游开发及其商业化现象初探[J].旅游学刊,2006(12):54.
② 李素梅.浅谈我国古镇旅游开发"商业休克"现象——以松潘古镇旅游业态分析为例[J].当代旅游,2013(8):21-22.

历史不会丢失其原有吸引力，商业衰退终究会让古镇香消玉殒。① 以同里为例，采用规划商业街的办法，使传统业态与现代业态相结合，通过商业旅游规划，从宏观的区域经济发展态势出发，对本地区未来的经济形态和规模进行预测，并估算更新改造的成本效益和资金投入组合问题，对历史地段的可持续发展进行操作性尝试。② 同里古街业态布局上打造"历史有根、文化有脉、商业有魂、经营有道、品牌有名"的历史古迹商贸旅游特色区，突出地方特色，提升旅游品质。③ 像同里古镇这样，就是意识到限商造成的商业衰退，通过规划再造，重新让各种商业业态恢复活力。

第二节　江南古镇的商业原貌与发展进程

一、宋代以来江南市镇的商业繁荣

(一)作为财赋重地的江南市镇是农工商繁荣的印证

江南市镇自古商业繁荣，历来是"财赋重地"，是全国重要的中间市场、集散中心与贸易中心，研究这段历史，对于我们认识今天的江南古镇商业大有裨益。正如北宋的李觏所言："国之所宝，租税也。"税收是古代国家财政收入的主要来源。

> 夏后氏五十而贡，殷人七十而助，周人百亩而彻，其实皆什一也。

也就是说，无论是夏、殷、周，其税率都是 10%。夏朝的"贡法"规定，农民耕种官家土地，应上缴粮食的 10%，之后的商朝、周朝也继承了这一规定。

宋朱熹注"夏后氏五十而贡"，认为"夏时一夫受田五十亩，而每夫计其五亩之入以为贡……其实皆什一者，贡法固以十分之一为常数。"即夏时一个劳动力耕种五十亩田，每年终了，按五十亩的实际收获量征收实物，税率大概为十分之一。这是一种按产量课征的实物税。

商朝的"助法"，强迫农民无偿提供劳役，是一种借民力助耕公田的劳役租赋制度。一个劳动力耕种七十亩为私田，另外为官府贵族无偿耕种七亩公田。西周时期，为了增加国家收入，中央政府的经常性税收已发展到"九赋"。其中邦中之赋、四郊之赋、邦甸之赋、家削之赋、邦县之赋和邦都之赋，属农业税性质，并根据土地距离京城远近的不同而采用不同的税率。而关市之赋、山泽之赋和币余之赋，是对商人出入关卡的货物和存放货物的房屋课征，实际上已具有现代工商税的性质。

秦建立中央集权国家后，在全国范围统一税赋制度。但直到隋朝之前，税制方面基本上是"重农抑商"。隋朝实行租调制，减免田赋徭役，着力鼓励工商发展，去除山泽之禁，免去入市税及盐铁等税，大大促进了工商业发展。在唐代，随着非经济强制的弱化，重农抑商的传统得以破除，商税正式成为一项国税，工商税收占国家财政收入份额不断增大，我国古代税收和税制发展到更高阶段。

宋代大大拓宽了赋税领域，发布了规范商业税的《商税则例》，设立了专管商税的机构"商税务"和专管外贸及进口关税的"市舶司"。工商税收成为国家大税，在政府财政收入中开始占据重要地位。商品经济发达的江南地区，自然就成为国家税收收入的主要来源。

樊树志在《江南市镇传统的变革》一书中指出，当时政府财政收入主要仰赖于两浙路，而两浙路的税粮大半出于苏、湖、常、嘉四州。到了明代，这种趋势更加明显。出生于苏州府昆山县的大学士顾鼎臣说，"苏、松、常、镇、杭、嘉、湖七府，供输甲天下"，乃"东南财赋重地"。(《顾文康公集》)

这首先是由于江南是典型的鱼米之乡，作为全国重要的粮食生产基地，粮税收入占全国比重极高。根据明代万历六年(1578 年)的确切统计，当时全国的夏麦秋粮税约为 2664 万石，仅苏、松、常、镇与浙江布政司就约占了 551 万石。而按照清代嘉庆二十五年(1820 年)的政府统计，江南地区的苏、松、常、太、嘉、湖及杭、镇七府一州的额征米粮约为 315 万石，所占全国税粮的份额高于明代的一倍。[①] 韩愈曾有"赋出天下而江南居十九"的论述。明代大学士丘浚(1418—1495)在《大学衍义补》中进一步指出："以今观之，浙东西又居江南十九"，"而苏、松、常、嘉、湖五郡，又居两浙十九也"。依照丘浚的判断，苏、松、常、嘉、湖五郡税赋约占全国税赋的七成以上。

清代前期的上海人叶梦珠从地域面积与税赋之比给江南地区的税赋缴

---

① 冯贤亮.明清江南地区的环境变动与社会控制[M].上海:上海人民出版社,2002:40.

纳名次做了一个排列。他认为:"吾乡赋税,甲于天下。苏州一府,赢于浙江全省;松属地方,抵苏十分之三,而赋额乃半于苏,则是江南之赋税,莫重于苏、松,而松为尤甚。"(《阅世编》)也就是说,松江府的面积只有苏州府的30%,但是税赋却是苏州府的50%。

　　税赋的这种差异不仅存在于江南地区内部,也存在于江南地区与其他地区之间。明代后期有人曾做了这样一个比较:苏州府共1州7县,额田仅9万顷,岁征额粮达270万石,带耗共税粮350万石;而淮安府2州9县,额田达18万顷,岁征额粮只有36万石。松江府只领有3县,岁输税粮则有120多万石;北直隶八府18州117县,岁输税粮也不过120万石。赋税的轻重悬殊与地区差异,由此可见一斑。① 北直隶是明朝为与直隶于南京地区的南直隶相区别而对直隶京师的地区称呼,包括现今北京市、天津市、河北省大部和河南省、山东省的小部分地区。可见税赋的南北差异之大。从前人的分析看,江南地区的税赋相对数在全国的比重,应该是松江居首,苏州为次,浙江第三。

　　是什么造成这种赋税的地区差别呢? 明代有人分析了江南赋税沉重的地区差别,认为江南各府征赋税的高低与水利有着极为密切的关系。以苏、松、常、镇四府而言,苏州通水多,赋税最重;松江府面积虽仅及苏州的一半,但又远高于常州,也是水利便利不如苏州但要好于常州。② 虽然在税赋轻重排列上,这个看法与叶梦珠的并不一致,但是这种思路显然有很大的参考价值。冯贤亮认为,尽管国家对江南的赋税征取与当地农田水利发展有很大的关系,但农业发展带来的商业经济繁荣,则是更为主要的因素。③

　　明代江南市镇,不仅水利发达,为鱼米之乡,而且种桑养蚕,还种植棉花,由此带来丝织、棉纺业的发展。此外,江南其他手工业制品也为世人所瞩目。湖州的毛笔、宜兴的茶叶与茶壶,以及流行于江南的"三白酒"等,都被国家纳入了征赋清单。④农业与手工业的发达,也带来商品交易的繁荣。江南市镇自宋代以来逐渐成为商业贸易中心,商税也就成为国家税收的主要来源。

　　据《同里志》记载,同里在宋代时,"民物丰阜,商贩骈集,百工之事咸具"。到了明代,同里镇的规模已经相当可观了:"明初地方五里,居民千余家,室宇丛密,街巷逶迤,市物沸腾,可仿州郡。故局务税额逾于县市。"乌青镇由隔河相对的湖州府乌程县乌墩镇和嘉兴府崇德县青镇组成,地处太湖流域南部水陆交通要道,商品流通极为活跃,市场交易量庞大。南宋前期鼎盛时,年商税额超过4万贯,后虽有所减少,仍有3万余贯。南宋中后期,镇江府的施渚、万岁等镇的年商税额都在5000贯以上。⑤ 魏塘、横林、四安、湖㳇等镇,年商税

---

①②③④　冯贤亮.明清江南地区的环境变动与社会控制[M].上海:上海人民出版社,2002:40.

⑤　梅新林.江南城市化进程与文化转型研究[M].杭州:浙江大学出版社,2005:37.

额均在万贯以上,其中魏塘镇在南宋中期鼎盛时一度在 3 万贯以上。这些镇市的居民数量,估计也在近千户或千余户之间。[①] 斯波义信认为,不管南宋税率如何低下,湖州府管下尤其是东乡的市镇商税收入却增加了 10 倍有余,这是民众富裕与流通发展的有力证据。[②] 江南市镇作为税赋重地,从另一方面印证了其经济的发达状态,尤其是商品经济的发达程度。在明清时期,江南市镇既是地方的政治中心,也是贸易繁荣的经济中心。这是同时期江南农业经济日趋商品化的直接结果。[③]

(二)作为中间市场与贸易中心的江南市镇具有汇聚商品流通的重要功能

包伟民有一个观点:市镇的存在与繁荣并不取决于市镇本身的手工业发达,而是取决于交易的发达。[④] 这不是否认明清以来江南农村的传统市镇拥有一定规模的手工业生产,而是说,第一,从本质上讲,市镇的存在与繁荣并不决定于它本身的手工业职能,而决定于它的商业职能。市镇手工业即便存在,在其包括周围农村生产总产量中所占的比重也是很有限的。第二,市镇所拥有的手工业,一般都属于手工业生产后期加工即辅助性质的行业,如棉布业之染坊、踹坊,粮业之碾米,等等。手工业产品的主体,总是"由千百户小农户生产出来的",在农村而不是在镇区。所以,市镇繁荣的实质,是由于为农村服务的贸易的发达,江南市镇实际上是江南农村的商业中心。

费孝通在《江村经济》一书中写道:

> 贸易区域的大小决定于运输系统——人员及货物流动所需的费用和时间。消费者直接购买货物的初级市场局限于这样一个区域,即买者不需要花很多时间以致妨碍他的其他活动便可在其中买到货物。

他举例说,在这个村里我们可以看出来,有两个初级购销区域。住在河 B 的桥附近的人们不会到河 A 的桥附近的商店去买东西。例如,理发店、肉店、杂货店和庙宇都分设在两个地区,大致与航船活动分工范围相当。但银匠、鞋匠和药店坐落在河 A 的西桥附近,是村内道路系统的中心。这些行业在村里各自只有这一家店。从这个意义上说,这个村子也是一个初级市场。[⑤]

---

① 梅新林.江南城市化进程与文化转型研究[M].杭州:浙江大学出版社,2005:37.
② [日]斯波义信.宋代江南经济史研究[M].苏州:江苏人民出版社,2012:371.
③ 包伟民.江南市镇及其近代命运:1840—1949[M].北京:知识出版社,1998:35.
④ 包伟民.江南市镇及其近代命运:1840—1949[M].北京:知识出版社,1998:38.
⑤ 费孝通.江村经济——中国农民的生活[M].北京:商务印书馆,2002:216-217.

明清时期江南农村地区商品经济虽然发育比较早,但乡村中已经出现小商店、杂货店,一般仅供本村居民日常之需,只供应油盐酱醋及生活必需品,对邻近地区并无辐射能力。在宋朝,乡村草市之类的集市有进一步发展。盛德乡"以境内富盛地方为扼要地,各村居民咸赴市富盛,远者不过三里……"农户上市,不过十几分钟的路程。① 南宋人的记载说:"今夫十家之聚,必有米盐之市。"乡民在这些米盐之市互通有无,交易的虽然仅仅是"圭黍勺合之利",但这种交易在当时已被视为"世道之常",已经是乡村生活中不可缺少的了。② 光绪《南昌县志》记载:"南昌村居稠密,每七八里或三数里辄有墟市。每市所属,皆数千户,大者近万余户,而市肆多者不过数百。"墟市市肆多者不过数百,要满足数千户甚至万余户百姓的需求显然不够。

因此,农村商品经济交换的需要催生了中级市场。费孝通对于中级市场的定义是:"中级市场就是初级市场的零售商用批发价格购买货物的地方。"中级市场的商业功能,主要是在基层市场的基础之上,沟通与上一级即中心市场之间的商业流通,市镇执行的主要就是中级市场的功能。通过市镇交易,可以在更大程度上满足人们的需要,因此市镇具有聚商贾、通货财、便日用、利民生等作用。市镇在聚集农产品的同时,还需负责供应农村一切居处日用之资,因而商业门类比较齐全。③ 因此,城镇成为消费者初级购买的中心。

每个贸易区域的中心是一个镇,它与村庄的主要区别是,城镇人口的主要职业是非农业工作。镇是农民与外界进行交换的中心。农民从城镇的中间商人那里购买工业品并向那里的收购行家出售他们的产品。城镇的发展取决于它吸引顾客的多少。④ 尤其是一些市镇,规模日益扩大,开始成为中心市场,如乌墩镇、新市镇、南浔镇已经远远超过一般县城的规模。这些超过农村规模的城市形成梯次状的组织已较完备。⑤

总之,江南市镇的出现及繁荣,是千万户农民及居民的交易需要拉动的。只要农村经济存在,尽管经营专业的改易可能会引起相应商业部门此盛彼衰的消长变迁,市镇作为农村商贸中心的机能就不会消失,其为一定区域内农户日常生活服务的各类基本商业活动也必将存在。⑥

---

① 包伟民.江南市镇及其近代命运:1840—1949[M].北京:知识出版社,1998:42.
② 吴泰.宋朝史话[M].北京:北京出版社,1987:224.
③ 包伟民.江南市镇及其近代命运:1840—1949[M].北京:知识出版社,1998:45.
④ 费孝通.江村经济——中国农民的生活[M].北京:商务印书馆,2002:217.
⑤ [日]斯波义信.宋代江南经济史研究[M].苏州:江苏人民出版社,2012:371.
⑥ 包伟民.江南市镇及其近代命运:1840—1949[M].北京:知识出版社,1998:184.

(三)专业市镇的出现使得一些江南市镇成为全国商品集散中心

专业市场的形成与发展,往往与专业化生产有密切的关系。如同里产的大米,在江南一带很有名。清嘉庆十六年(1811年),镇上"米市在四圩,官牙七十二家,商贾四集"。(《同里志》)新中国成立前,上海《新闻日报》上的经济行情版,每天都要刊登同里的大米价格。据老人回忆,同里镇上的大小米行最多时有72家之多。当时同里每年向上海输出的白粳米达40万石,陈米达20万石,粮食收获季节,每天有100多条农船从四乡载着大米和稻谷来到镇上,把一条市河塞得满满的。①

生产的专业化与江南市镇各地资源禀赋有关。如苏州市镇广种桑麻,桑麻收入完全可与粮食收入相匹敌。乾隆《苏州府志》记载了长洲、吴县、吴江、昆山、常熟、崇明六县以栽桑为业的情况:

> 明洪武初,六县(长洲、吴县、吴江、昆山、常熟、崇明)栽桑一十五万一千七百零七株,蓝靛七千三百六十七斤有奇。弘治十六年,农桑二十四万九百零三株,科丝一万一千五百三十二两五钱一分,折绢六百四十四。又人丁丝绢一万二千五百五十四各有奇。

高启的《养蚕词》写的就是家家户户种桑养蚕、纺织成丝的盛况:

> 东家西家罢来往,
> 晴日深窗风雨响。
> 三眠蚕起食叶多,
> 陌头桑树空枝柯。
> 新妇守箔女执筐,
> 头发不梳一月忙。
> 三姑祭后今年好,
> 满簇如云茧成早。
> 檐前蝶车急作丝,
> 又是夏税相催时。

生产的专业化需要流通来实现。以广种桑麻为主的江南市镇,自然会形

---

① 朱通华.乡镇工业与小城镇[M].北京:中国展望出版社,1985:101.

成桑麻的加工及销售产业链。

> 环太湖诸山，乡人比户蚕桑为务。立夏后买现成三眠蚕于湖以南之诸乡村。小满乍来，蚕妇煮茧治车缫丝，昼夜操作。茧丝既出，各负至城，卖与郡城隍庙前之收丝客。每岁四月始聚市，至晚蚕成而散，谓之卖新丝。(《清嘉录》)

环太湖各市镇从湖南以南乡村收购已经入眠的蚕，纺成丝，到市镇的城隍庙前卖给收丝客，从四月开始，一直到晚蚕出为止，叫作卖新丝。清代，杭嘉湖一带市镇蚕丝买卖兴盛。乌镇的七里丝(辑里丝)尤为出名。

> 丝有头蚕、二蚕两时，由东路、南路、西路、北路四乡所出，西路为上，所谓七里丝也。北次之。蚕毕时，各处大郡商客投行收买。平时则有震泽、盛泽、双林等镇各处机户，零买经纬自织。又有贸丝，诣各镇卖于机户，谓之贩子。本镇(乌镇)四乡产丝不少，缘无机户，故价每减于各镇也。(《乌青文献》)

震泽、盛泽、双林等镇发展出专业丝织户，乌镇四乡产丝但不自织，其丝零卖给震泽、盛泽、双林等镇专业丝织户，批发给其他各镇机户，价格有很大差异。五口通商以后，乌青镇的辑里丝通过市镇网络，聚集到上海出口。

> (乌青镇向无经行)各乡所产细丝(一名运丝)，均由震泽经行向本镇丝行抄取，发车户成经，转售于上海洋庄(洋行)，为出口货，名辑里经。(《乌青镇志》)

它的渠道架构是，各乡生产细丝，由震泽镇的经行加工，然后销往上海的洋行出口。与一般市镇的集贸市场不同，专业市镇的市场具有专门性，市场交易以批发为主，从而形成专门性商品批发市场。这种专门性的批发市场可以将专门化生产的产品扩散到四面八方，从而使得再生产成为可能。它也加剧了社会分工，形成广泛社会协作网络体系。如南浔镇就成为湖丝的集散地，"每当新丝生成，商贾辐辏，而苏杭两织造皆至此收焉"，不仅邻近的市镇有商人前来收购，连苏州织造、杭州织造这样的朝廷特派机构也慕名前来收购，这是一个方面。另一方面，南浔镇及其周边地区虽然精于缫丝，但蚕茧原料不足,需要通过市镇网络供应。①

正是由于这一原因,使得江南市镇的结构显现出不同的特点。由于棉织业的兴起,江南的一些地方开始专事棉业,出现了与丝业相分离的态势。如松江府"自木棉之利兴,不尽力于蚕事"。棉织业的兴起给松江等地带来了新的发展机遇。先进的捍、弹、纺、织技术传入本地后,更使棉花的种植得到了普及,并进一步扩大了土地的利用范围。明代松江境内"官民军灶垦田凡二百万亩,大半植棉,当不止百万亩"。而上海县也产棉花,此外嘉定、昆山、太仓等地,也是广植棉花。②

另如绍兴地区,就形成了柯桥、皋埠、东浦三处为酒业专业市镇,下方桥为丝业专业市镇,平水为茶业专业市镇,这几个市镇形成一个大致四方形的中间市场结构。③

明清时期,长江中下游地区最发达的排名前三位的专业市镇,分别是陶瓷业市镇、茶业市镇、造纸业市镇,它们均居全国相同产业的前列。江南地区排名前三位的专业市镇,则是丝织业市镇、棉纺织业市镇、粮食贸易专业市镇,它们的经济实力在全国也是名列前茅。④ 一些江南市镇在全国市场体系中占有重要位置,成为商品集散中心,它不仅是丝、绸、棉、布、茶等江南地方产品对外销售的批发中心,也是内地商品和海外商品来江南地区发售的转运和分销中心。

二、江南市镇的商业类型与形式

宋代以来,商品经济的持续繁荣,人民生活和生产的方方面面都实现了商品化,促使各类市场都有发展,江南市镇商业类型众多。

兴起于南宋后期的上海镇"襟江带海,舟车辐辏","有市舶,有榷场,有酒库,有军隘、官署、儒塾,佛仙宫……馆鳞次而栉比"。如秀州的青龙镇,其中心街区"有治,有学,有狱,有库,有仓,有务,有茶场、酒坊、水陆巡司,镇市有坊三十六,桥三十"。(弘治《上海县志》)

斯波义信对宋代湖州市镇商业的研究同样揭示了那个时代市镇的商业画轴:

① 樊树志.江南市镇传统的变革[M].上海:复旦大学出版社,2005.
② 冯贤亮.明清江南地区的环境变动与社会控制[M].上海:上海人民出版社,2002:47.
③ 李国祁.清代杭嘉湖宁绍五府的市镇结构及其演变初稿:1796—1911[J].中山文化学术季刊,1981(27):313-318.
④ 任放.明清长江中游市镇经济研究[M].武汉:武汉大学出版社,2003:228.

州城设有都税务、都酒务、醋务、造船场、铁作院、合同茶场、织绫务、义仓等,樗蒲绫、鱼脯、漆器、吴草、打银、油车、石灰、提子等产业也集中在湖州。元代长兴县在东岳行宫的《施主提名》中记载着五熟行、香烛行、银行等22个行会的名称,即使只有这一资料,也可类推州城职业的分化及组织的细密。①

如清代吴江县同里镇的竹器贩卖,"饭箩洗帚作在姚家湾、宋家浜,居民男女,多制竹器为业,四处变卖。近在市镇,远则入城,并有贩卖取利者。"黎里镇之白蜜交易尤为著名:"凡食物药饵之属,需用甚繁。里人多业此者,故各省驰名,称为'黎川白蜜'。"(《同里志》)清代长洲县浒墅镇的草席十分出名。"席出各乡村。吴中草席自昔著名天下。浒墅乡村妇女织席者十之八九。……席草之市,席机之匠,惟浒墅有之。南津、北津、通安等桥,席市每日千百成群。凡四方商贾,皆贩于此。而宾旅过(浒墅)关者,亦必买焉。"(《浒墅关志》)作为商业性聚落,江南市镇"商贾辐辏、百货骈阗",商业类型与形式广泛多样。

三、近代江南市镇的商业衰退

1842年8月28日,英国军队逼迫清政府在南京签订《南京条约》,规定了英国人可以携带家眷等"寄居大等沿海之广州、福州、厦门、宁波、上海五处港口,贸易通商无碍;且大英国君主派设领事、管事等官住该五处城邑,专理商贾事宜"。② 上海被迫开放。随着通商口岸的开辟,以上海为代表的一批近代城市相继兴起,改变了传统发展格局,引发了市镇地位和功能的变化。③ 上海地处中国海岸线中点和长江入海口,本身农产品丰富,周围又盛产丝、茶等特产,并拥有广阔内地腹地,水陆交通均极便利。对外开放以后上海原有经济迅即被卷入世界资本主义市场的旋涡。④

在以苏州为中心的传统商品经济体系和以上海为中心的近代经济体系对江南市镇的影响是不同的。上海开埠后,形成了一个以上海为中心的水上运输体系。这样一个近代化水上运输体系,是以上海为中心,贯万里长江,联广阔腹地,串沿海口岸,系南北贸易,倾销列强商品于内地,汇聚我国资源向

① [日]斯波义信.宋代江南经济史研究[M].江苏:江苏人民出版社,2012:372.
② 王铁崖.中外旧约章汇编[M].第一册.上海:上海三联书店.1957:31.
③ 戴鞍钢.近代上海与江浙城镇——以航运网络为中心[M]//梅新林.江南城市化进程与文化转型研究.杭州:浙江大学出版社,2005:121.
④ 张仲礼.近代上海城市研究[M].上海:上海人民出版社,2004:44.

国外。① 然而,以上海为中心的长江三角洲航运网络的架构,是以区域内众多大中小城镇为支点的。沿海沿江的宁波、南通、镇江等城市与内河沿线的苏州、杭州、无锡、常州、嘉兴、湖州及众多市镇一起,组合成长江三角洲江河海衔接、覆盖面广的航运网络,并因此促进了上海与长江三角洲各地城乡的经济联系和互补互动。②

以湖州为例,湖州丝业巨镇南浔从 19 世纪后期起,逐渐成为上海市场的生丝供应地。"道光以后,湖丝出洋,其始运至广东,其继运至上海销售。南浔七里所产之丝尤著名,出产既富,经商上海者乃日众。"(《南浔志》)在近代上海开埠后的最初几年,经南浔运往上海的辑里生丝,在上海生丝出口额中占了半数之多。当时一批南浔丝商以上海开埠为契机,利用地缘与业缘的优势,贩丝沪上,崛起于上海。南浔的生丝自开埠后即占领了欧洲市场,如果以1843 年出口欧洲之生丝为 100 的话,到 1845 年即增加到 724;到 1848 年进一步增为 1252;到 1860 年更增至 3798。③ 随着经济实力的增强,商人的活动能力日益增强,其在南浔社会中的作用也日益突出。青浦县的朱家角镇因邻近上海,成为周边地区沟通上海市场的中转点,"商贾贸易甲于他镇"(《青浦县志》)。据 1909 年乡土调查资料载,浙江嘉兴、海盐、沈荡、平湖、乍浦、石门、桐乡、屠甸等地所产蚕丝、棉花、茶叶、土布等农副产品,都有很大部分直接销往上海。折返时运回各类日用工业品,"闵行为沪南通衢,各货以上海为来源,杭、嘉、湖等属为去路,通过居多"④。

以上海为中心的贸易体系的构建,拉动了江南市镇经济的发展。它为密集的人口和消费市场提供了条件,于是各地商人、商帮纷纷瞄准江南,商品流通渠道畅通,水陆交通线上人们日夜奔忙,群星灿烂的市镇点缀在江南大地上,它的内在深层动力正是江南卷入全球化后产业结构的调整。⑤

传统手工业生产规模小、效率低和抗风险能力弱的固有局限,在近代城市机器工业生产面前暴露无遗;简单化的商品流通和市场机制,根本无力与以活跃的金融业与资本流通、迅捷的信息交流、多方位的服务体系、大规模的近代交通运输业为基础的近代城市贸易体系展开竞争,导致部分市镇由原来

---

① 张仲礼.近代上海城市研究[M].上海:上海人民出版社,2004:195.

② 戴鞍钢.近代上海与江浙城镇——以航运网络为中心[M]//梅新林.江南城市化进程与文化转型研究.杭州:浙江大学出版社,2005:121.

③ 钟华.20 世纪 30 年代南浔镇的社会状况——以 1932 年南浔调查为讨论中心[M]//梅新林.江南城市化进程与文化转型研究.杭州:浙江大学出版社,2005:199.

④ 钟华.20 世纪 30 年代南浔镇的社会状况——以 1932 年南浔调查为讨论中心[M]//梅新林.江南城市化进程与文化转型研究.杭州:浙江大学出版社,2005:144.

⑤ 陈学文.略论明清江南城市化[M]//梅新林.江南城市化进程与文化转型研究.杭州:浙江大学出版社,2005:48.

相对独立的农村经济中心转变为近代城市工商业原料供应和产品销售的基层集散地。[①]

由于江南市镇融入了世界分工体系,在江南棉区中心地带,棉业扩大,土布业消退,棉花在市镇商贸活动中的地位逐渐凸显,在一定程度上成为支撑市镇经济的主要内容。1911年的调查资料显示,嘉定土产棉花为大宗,布、豆次之;松江郡城出产则以花、米、布三项为大宗;在闵行、庄行、南桥、青浦、太仓、浏河、罗店、周浦、南翔等镇,棉花已成其土产中居多数的主要产品。嘉定钱门塘镇居民尚以花、布为生。光绪年间,"沪上设有纺织等厂,女工被夺,几无抱布入市者",到1930年前后,已是"贸易以花、米为大宗"。到20世纪20年代,南翔镇土布业"遂不如前,大宗贸易为棉花、蚕豆、米、麦、土布、鲜茧、竹、木、油饼、洋纱,鱼腥、虾、蟹、蔬、笋之属亦饶"。娄塘镇"从前布市最盛,近年减色",其"贸易品之主要物为棉花、纱、布、杂粮"。经济结构变化导致商业衰退。民国初年,嘉定真如镇贸易以花、布为主,商业则"日形式微"。1930年前后,嘉定石冈门镇"以花、布、六陈为贸易物,市况今逊于昔"。[②]

然而,也有一些市镇,在这种新整合中没有融入这个分工体系。如朱泾镇由于没有纳入上海经济发展体系中,其传统的发展商品经济的优势在重新整合中逐渐丧失。朱泾镇在从商品经济向市场经济的转化中逐步被边缘化。但上海毕竟是得中国近代风气之先,且朱泾距上海很近,朱泾还是在社会经济的表层上受到上海的一定影响,而这种影响和辐射是有限和具有选择性的,上海对朱泾的辐射并没有改变朱泾的深层社会经济结构。朱泾由于交易的分散性、偶然性和小流量,不具有市场专业化扩张的潜力,大都依然保持着传统的流转方式、物质外貌和落后的技术水平。[③] 这样,不同的市镇就走向差异化的发展道路,造成了一些市镇的衰落。

融入国际市场后,由于1930年后国际市场的萧条,中国丝绸业急剧衰退,丝价、绸价惨跌,这对于以丝绵为中心的江南市镇来说,无疑是致命的打击。清初松江人叶梦珠在《阅世编》中记录道:"前朝标布盛行,富商巨贾,操重资而来市者,白银动辄数以万计,多或数十万两,少亦以万计。"到了清朝后,"标客巨商罕至,近来多者所挟不过万金,少者或二三千金,利亦微矣"。

据樊树志考证,由于国际市场变化,1932年南浔镇农家无利可图,养蚕户、养蚕数大减,仅及1930年的一半,其后减少更甚,迫使农民掘去桑树,改种其他作物。往昔丝业盛时,南浔镇物阜民殷,农村经济超乎其他地区之上;30

① 陈国灿.论江南农村市镇的近代转型[J].浙江学刊,2004(5):97.
② 包伟民.江南市镇及其近代命运:1840—1949[M].北京:知识出版社,1998:172.
③ 安涛.论近代江南市镇衰落的原因[J].历史教学(高校版),2007(7):37.

年代蚕桑缫丝收入下降，丝价低落，销路骤减，经济水平下降至双林镇、菱湖镇之下。南浔镇四乡农业经济中商品化程度的急剧衰退，自然经济浓度日益加深，这种经济的倒退，使支撑南浔镇持续数百年繁荣局面的经济命脉——湖丝贸易受到沉重打击，从此一蹶不振。此后的南浔镇虽然看来仍是一个庞然大物，但内里却空虚了，从昔日具有举足轻重地位的湖丝贸易的全国性市场，沦为局促一隅的地区性商业码头。[①]

从当时国货与外货的竞争情况看。由于高中档的外货垄断着上海的市场，在很大程度上压抑着民族工业的发展，迫使民族工业生产技术要求不高、适应低消费水平需要的低档产品来谋求出路。例如，上海工业中规模最大的棉纺织业，由于受外资纱厂的压迫，全面抗战前上海纱厂的各类产品中，低档的粗纱、粗布一直占有极大的比重，外资纱厂则凭借其在投资规模、生产技术、产品档次上的优势，垄断着上海的纱、布市场。据全面抗战前上海中国经济统计研究所的调查，1935 年上海和苏浙皖地区民族资本棉纺织业的棉纱产量中，以广大农村手工棉纺织业为主要市场的粗纱占 92.4%，细纱仅占 7.6%；棉布产量中的粗、细布比重也是同样的情况，前者占 89.7%，后者仅占 10.3%。如果同在华外资棉纺织业相比，民族资本棉纺织业产品市场占有率的劣势地位就更为明显。上海为代表的民族工业在与外资的竞争中落败，无疑在很大程度上影响了原料产地的江南市镇经济，近代江南市镇的衰落也就不可避免。

四、现代江南古镇商业的复兴

新中国成立后，经历了"文化大革命"的冲击，江南古镇的很多文化遗产在一夜之间消失殆尽。如同里镇在"文革"中遭遇浩劫，抄家、武斗、停产，不仅经济建设遭遇停滞，文物和许多景点也遭到严重破坏。

后来，随着经济建设的飞速发展，大量的水乡历史城镇已经丧失了其原先所拥有的"小桥流水人家"恬静、纯朴的特色，而"面貌一新"。[②] 仍以同里为例，新中国成立后走过了一段曲折的发展道路，体现了两个方面的变化：一是传统的文化特色，前些年不是有所发展，而是有所削弱；二是从主要是商业性的、消费性的集镇，逐步发展成为具有一定工业基础，商业、建筑业、服务业、交通运输业、教育卫生事业等各方面共同发展的多功能集镇。

到 1984 年，同里镇的工业可以分为四种类型。①农副产品加工，主要是

---

①　樊树志.南浔镇与湖丝贸易[J].学术月刊,1988(6):74.

②　陆志刚.江南水乡历史城镇保护与发展[M].南京:东南大学出版社,2001:15.

油厂、米厂。农副产品加工产值998万元，占全镇工业产值的36.3%。②农机具和农用物资生产。主要有农机厂（求精机械厂）、电机厂、同里公社农机厂、公社砖瓦厂。这部分工业产值共441万元，占15.3%。③大工业生产配件和原料。主要有石棉厂、晶体管厂、淀粉厂、化工厂、丝织厂、光学仪器厂和求精机械厂的一部分，这部分产值共796万元，占27.7%。④日用工业品。主要有锁厂、服装厂、皮鞋厂等，由县百货公司收购外销。这部分工业产值为138万元，占4.8%。可见，当年江南古镇的风采尽失，同里成为农副产品加工基地，以及为大工业生产提供配件和原料，完全失去以往特色，其商业、服务业日渐衰落。①

同样情况也在其他古镇重演。在改革开放初期乡镇企业大发展之时，在"要想富、先修路""汽车一响、黄金万两"的热潮下，江南河网平原上的大小村镇都鼓足了破旧立新的干劲，纷纷拆桥拓街、填河筑路，以期筑巢引凤。一大批具有鲜明水乡特色的古镇在这场城乡运动中遭受了风貌格局上的巨大破坏，如前州、偃桥、芦墟等。②

早年，费孝通在研究江村经济的时候，就已经发现，在市场经济条件下，城市虽然交通便利，物流发达，物品流动速度快，但是对于广大农村来说，还是需要一个为其发展服务的小城镇，小城镇是介于村与城之间的农村经济、政治、文化中心。

> 如果我们的国家只有大城市、中城市，没有小城镇，农村的政治中心、经济中心就没有腿。……依我看，城镇，首先要解决发展方向问题，要好好地搞集体所有制，搞服务行业，搞手工业，搞饮食业。……有些城镇，什么照相的，理发的，洗澡的，娱乐场所一搞，治安就好了。③

他开展小城镇研究的第一步，是从具体的小城镇入手的。采取解剖麻雀的方法，把吴江县作为解剖对象，并提出"类别、层次、兴衰、布局、发展"的十字研究提纲。

在调查研究的基础上，他总结吴江县有五种不同类型的小城镇。①震泽镇，即以农副产品和工业品集散为主要特点的农村经济中心。乡村滋养着震泽镇，同时又受到震泽镇反哺，谓之"乡脚"。没有乡脚，镇的经济就会因营养

① 朱通华.乡镇工业与小城镇[M].北京:中国展望出版社,1985:103-104.
② 阮仪三.江南水乡古镇的保护与合理发展[J].文汇报,2008-06-22.
③ 费孝通.论小城镇及其他[M].天津:天津人民出版社,1985:58.

无源而枯竭；没有镇，乡脚经济也就会因流通阻塞而停滞。②盛泽镇，这个镇出口的丝绸占全国丝绸出口量的 1/10，可见它是一个丝织工业的中心，是具有专门化工业的小城镇。③松陵镇，它是吴江县的政治中心。④同里镇，过去可以说是一个消费、享乐型的小城镇，现在正在改造成为一个富有水乡景色的游览区。⑤平望镇，属于水陆交通干线的交叉点。

对于同里这样的小镇，费孝通专门提出：

> 对于小城镇的建设，如像吴江县同里镇怎么发展？能否旧中出新，推陈出新？做起来要花很多脑筋。所以我们要抓几个点，研究研究，这不是小问题，需要我们动脑筋。①

费孝通将研究的主要方向聚焦在乡镇工业发展上，但他同时注意到了商业的重要作用。传统集镇以商贸功能为存在基础，商业市场空间是传统集镇的主要功能性空间，也是公共空间的重要组成部分，是市场交易活动持续、经常性发生的场所和环境支持，展现着集镇经济、文化、形象与特征。②"党的十一届三中全会以前，由于农村经济的单一化，商品流通趋向国营化、封闭式的单渠道，集镇上的商业萧条下来，集镇本身也就日渐衰落。乡镇工业在党的十一届三中全会以来的蓬勃发展，奠定了集镇发展的经济基础，由于工业原料的采购和成品的销售，急切要求流通渠道的支持。"③由此可见，费孝通有关发展乡镇企业的设想，其实是一个主张以工商业下乡，以现代市场力量重建乡土，进而把农民从土地上解放出来的宏大构思。这可能是中国的工业化进程不同于西方工业化模式的根本区别，也是适合中国国情的可行道路。他的主张，最终促成了 20 世纪 80 年代中国农村星火燎原的乡镇企业和小城镇发展的热潮。

自此，江苏在改革开放后建立了著名的"苏南模式"，浙江建立了著名的"温州模式"。乡镇工业大发展促使半自给自足的商品经济向更大规模的市场经济转化。随着工业的发展，商业开始重拾以往的墟、集、市的发展道路。就连乡镇工业发展不如苏南的苏北一带，商品经济也开始繁荣起来。1983年，苏北农村小集镇的形态有三种。①县城。一般都建设得比较好，功能也比较多。像丰县县城城关镇，其市政建设的规模、水平，相较于苏南的一般小城镇并不逊色。②乡镇。由于经济状况不同，规模大小不一，功能多少不等，

①　费孝通.论小城镇及其他[M].天津：天津人民出版社，1985：60.
②　范文艺.从商之道：变迁中的旅游小城镇商业市场[J].浙江工商大学学报，2010(6)：74.
③　费孝通.论小城镇及其他[M].天津：天津人民出版社，1985：79.

乡镇之间的差别很大。③集。赶集时人山人海，散集后冷冷清清。苏北的"集"和小集镇，主要特征是停留在一个区域内商品交换、商品集散的传统职能上。但在农村商品生产的推动下，集市也出现了一些明显的变化：一是"集"越赶越大。如邳县 47 个农村小集镇中，有 44 个集市规模由小转大，其中万人以上大集占 40%。二是国营商店和供销社把生意做到了集市上，改变了传统集市只进行农副产品交换的状况，工业品的成交额大大高于农副产品成交额。三是商品流通和交换突破了行政区划的界限。如睢宁县大李集不少交易者是来自京、津、冀、川、鲁、皖等省市。①

从另一角度看，费孝通先生将集镇归入乡村社会的范畴，使小城镇的发展在涵盖传统集镇的前提下与现代化和城镇化有了对话的口径。② 20 世纪 80 年代末 90 年代初，旅游小城镇开始出现。1986 年，同济大学为周庄制定的保护规划中明确提出"保护古镇，开发新区，发展旅游，振兴经济"的十六字方针，这在当时明显是与热火朝天的乡镇改革反其道而行之，顶着前所未有的反对和质疑压力，开创了江南古镇保护的先河。继周庄保护取得初步成功之后，西塘、乌镇、同里、甪直、南浔等古镇相继确定了总体规划和保护规划，并开始投身于积极的保护实践。这些古镇的保护，在把握江南水乡共性的基础上抓住各自特点，形成独特韵味。③ 在发展模式呈现多样化、多条道路选择的驱动下，再学习国外自 20 世纪 80 年代兴起的旅游小城镇研究，小城镇于 90 年代中后期得以勃发。④ 20 世纪 90 年代，江南古镇作为一类旅游区一经推出，立刻显示出强大的吸引力，古镇周庄在旅游黄金周日游客量曾达到 3 万多人次，年旅游收入则曾达到 4.2 亿元人民币。⑤

历史推进到 21 世纪，改革开放后的中国面临着保护与发展两大主题。一方面，现代经济的发展带来了城镇化进程的加快，水乡历史城镇因其平和的生活魅力而具有平衡人们因竞争而紧张的社会心理的作用，从而赢得现代人的青睐；另一方面，水乡历史城镇却因其落后的市政设施、衰败的建筑环境跟不上现代社会的发展而无法与新时代的生活需求相适应。⑥ 江南古镇旅游的发展给当地经济带来了福音，为经济滞后区的居民提高生活质量带来希望。但是，许多历史文化遗产一开展旅游活动，大量的历史遗产就会受到干扰，甚至遭到毁灭性的破坏。⑦ 其中，江南古镇的商业化问题就是一个矛盾的焦点，

① 朱通华.乡镇工业与小城镇[M].北京:中国展望出版社,1985:75-77.
②④ 范文艺.从商之道:变迁中的旅游小城镇商业市场[J].浙江工商大学学报,2010(6):74.
③ 阮仪三.江南水乡古镇的保护与合理发展[N].文汇报,2008-06-22.
⑤ 李建国.江南古镇旅游开发基础分析[J].湖州职业技术学院学报,2005(4):68.
⑥ 陆志刚.江南水乡历史城镇保护与发展[M].南京:东南大学出版社,2001:86.
⑦ 严国泰.历史城镇旅游规划理论与实务[M].北京:中国旅游出版社,2005:8.

解决商业化带来的诸多矛盾十分棘手,牵涉到当地政府、开发公司、游客及当地居民的利益,古镇的可持续发展一时间被推到风口浪尖。

第三节　江南古镇的限商行为

一、江南古镇的限商禁令

21 世纪初,由于学者对古镇商业化的反对,以及媒体的介入,最终导致江南古镇发布了一系列限商禁令。一些古镇纷纷给出治理商业化的"药方",具体措施包括:减少商户、限制开店,集中布局,产权置换后统一招租,制定限商制度等(见表 6-1)。

表 6-1　不同古镇限制商业化举措

古镇限制商业化举措	不同古镇的案例
减少商户、限制开店	周庄古镇在 2003 年与 2007 年开展减商、限商活动。2003 年通过整治,2004 年 1 月 1 日起限制古镇区经营真丝类商品;2007 年 7 月整治商业店铺,将古镇上经营的 20 多家万三蹄店搬出古镇核心区,关闭集体产权的万三蹄店。对私有民房等采取优惠政策,2007 年搬出古镇,搬进周边配套区的,提供 25 平方米门房,免掉当年 1 万元的租金 新场古镇居民不搬迁,老街商店不允许增加
集中布局	同里古镇修建明清街,专门从事商业活动
产权置换后统一招租	乌镇通过产权置换,老街居民迁出原来房子,统一规划后再招商,防止"自己破墙开店、转租开店、满街开店"的现象
制定限商制度	锦溪古镇制定《锦溪古镇保护暂行办法》 周庄古镇制定《周庄镇人民政府关于贯彻执行〈周庄古镇保护暂行办法〉若干规定》《关于限制古镇区经营真丝类商品的通知》

二、不同古镇限商的路径选择与成效

(一)周庄限商:政府与经营户的冲突

周庄历史上就是个商业重镇,因河成街,前店后坊或者上店下坊的格局,正是区别于同里等其他江南古镇的特色所在。21 世纪初,周庄古镇区的万三蹄店和丝绸店等商业门店迅速增多,商业味太重现象引发了游客异议。自

2003 年开始,为保护"原汁原味"的周庄风情,周庄拉开"减商"活动序幕。

2003 年 6 月 16 日,周庄镇向商业经营业主及有关部门下发了《关于限制周庄古镇区经营真丝类商品的通知》。这个通知明确,为进一步弘扬古镇优秀的历史文化,更多地展现水乡文化特色,减少古镇区商业氛围,决定在古镇区停止新批、新开各类饭店、万三蹄售卖店、茶水店的基础上,进一步限制古镇区经营各类真丝类商品。限制经营时间从 2004 年 1 月 1 日起执行。自发文之日起,工商部门不再新批古镇区限制经营范围内商店的营业执照,对目前古镇区内从事限制经营各类真丝类商品的店铺,在 2004 年营业执照年检时取消经营范围内所限制的内容和商品,对无证经营和超范围经营各类真丝商品的,工商部门负责查处。

2004 年,周庄又出台了《关于限制古镇区经营真丝类商品的通知》,先从公房出租户入手,让建设管理所要求其下属的 25 户真丝经营户转行或歇业。通知明确指出:

> 各公房经营户:为进一步弘扬古镇优秀的历史文化,更多地展现水乡文化特色,减少古镇区商业氛围,根据周政发〔2003〕44 号文件的要求,决定对古镇区经营各类真丝类商品进行限制。具体为:一、古镇区限制经营的商品是指包括真丝领带、围巾、服装等在内的各类真丝类商品;二、真丝类商品限制经营范围是:中市街、城隍埭、蚬江街、北市街、南湖街、西湾街、后港街、福洪街、南市街、蚬园弄等在古镇区内的公房店铺;三、古镇区各类真丝类商品限制经营时间为:2004 年 3 月 10 日止。望所有公房经营户接到通知后,及早停止进货、处理库存,或转产经营具有周庄水乡浓郁地方特色的民间民俗商品。逾期不执行的公房经营户,我所将收回其所租赁公房。

2004 年 2 月 19 日,周庄镇建设管理所有关人员突然对承租的 25 家真丝经营业主口头告知:为减少古镇区商业氛围,希望业主尽快转行或撤离古镇。25 户经营户对此表示强烈反对,无法接受转行或歇业的现实。他们提出底线要求,即使转行或歇业,政府部门也得给他们一段适应时间,以便他们把损失降到最低。如果这个最低要求得不到满足,经营户只能选择走"民告官"的路。[1]

2005 年 3 月,周庄又出台了《周庄古镇保护暂行办法实施细则》,将古镇

① 姚萍娟,小建.从 25 个丝绸户的遭遇看古镇周庄的保护[N].江南时报,2004-03-18.

"旅游+"视野下江南古镇遗产旅游研究

区的"万三蹄"销售店从 24 家减少到 15 家。在各类媒体上,镇政府反复表明此举是"壮士断腕",实质上是强行推动制度变迁,众多的居民及经营户为此付出了代价。事实上,当地政府已发现问题,类似"减商"的措施虽然一直在艰难地进行着,但成效并不明显。

(二)乌镇限商举措之一:买断原住民民居产权

乌镇在东栅与西栅的开发中,对原住民经商问题处理有所不同。东栅景区构建了"古镇现代社区"的构想:在不破坏"形"和"神"的前提下,让古镇景区适当"现代化"。保留了两百多户原住居民,重新铺设了排污管道,公家出资为居民家庭安装抽水马桶,还在整个街区设置现代化的消防设施。对于原住民的开店经商问题,乌镇专门开辟新建的旅游商品交易区,无偿提供给老街居民设摊。这些措施在最大程度上避免了历史街区商铺林立、千店一面的尴尬局面。①

2003 年,在政府的大力支持下,乌镇融资 10 亿元对西栅实施保护开发,保护工程是东栅景区的三倍多。与东栅保留原住民不同的是,西栅一开始就买断了原住民所有的民居产权,精心规划成"理想中的水乡"。其具体做法是,将所有的原住民迁出古镇,在古镇外围修建新的居住区,古镇管理公司再以员工聘任、店铺承租经营的方式,让符合条件的原住民继续在古镇从事旅游经营活动,这样可以从根本上对原住民的经商加以控制。西栅所有的宾馆服务员、作坊营业员,包括铁匠、鞋匠,全部是招募而来,他们都靠旅游公司发工资生存,变成纯粹的雇员。② 整个西栅重新规划,在原有老建筑的基础上,对于古镇的布局、功能区一一做出细致规划。

让原住民迁出景区,势必影响到当地居民的利益,影响到原住民的产权与生计,所遇到的阻力是巨大的,在当时引起了很大的争论。但是,乌镇旅游开发公司董事长陈向宏坚持认为:"这一步是走对了,因为乌镇本身的历史建筑并不出色,好在风貌不错,我们选择做风貌是明智的。为了整体的风貌,我们不仅把所有的管线埋到地下,还把景区里所有店铺的产权都拿了过来。"③

景区原住户迁出,产生了古镇"空心化"问题,古镇原有生活气息逐渐消失,原住民文化难以为继。在古镇保护问题探讨中,原住民的外迁是一个有争议的问题。

———————————

　① 王士杰. 回眸乌镇:古镇保护与旅游开发[EB/OL]. 桐乡通讯网络版. http://txtx. tx. gov. cn/txtx/newsreport/ShowArticle. asp? ArticleID=384.

　② 朱丹. 西栅:不喧嚣的商业气质[J]. 浙商,2013(6):52.

　③ 商周刊编辑部."乌镇总设计师"陈向宏[J]. 商周刊,2014(24):69.

主张"空心化"的专家认为,保住了建筑就是保住了古镇的全部,即将原来生活在古镇的居民全盘迁出,再对古镇、古宅、古街进行修缮,派管理人员、讲解人员等进驻。一些新闻报道甚至把古镇居民外迁视作一种古村镇遗产保护手段。如山西平遥据称为了更好地保护古城,在过去十几年间,通过逐步实施城内居民外迁,让这座具有 2700 多年历史的古城继续散发活力。从1997 年开始,平遥就实施了居民搬迁,到现在已经搬迁出去 3 万余人。截至目前,古城内已有近一半居民迁到城外居住,大多数政府机关、单位也迁到城外办公,原住人口从申遗之前的 6 万人降到现今 3 万人左右。①

"反空心化"的专家则认为,"空心化"将丧失老百姓为古镇营造传统韵味的机会,不仅容易出现"千城一面"之景象,还会导致原有的文化韵味丧失。在非物质遗产环境和生态的整体保护中,非物质遗产司不赞成古镇古村落改造时赶走原住民变成空心遗址的做法。② 应从非物质遗产的角度加强对非物质遗产传统街区和村落的保护,非物质文化遗产的人、技、艺、物是一个不可分割的整体,这些因素共同依附于人的生产生活方式。因此,像意大利等一些国家很早就提出,在保护遗产的时候,必须同时保护原住民的生活方式,必须强调整体的保护。

阮仪三在《古城笔记》一书中,对乌镇的保护与开发成绩做了很大的肯定,同时也指出原住民外迁带来的问题,他写道:

> 在西栅利用一些大宅,内部做了大胆的更新改造,增加了许多新的功能,恢复了多处名人故居和图书馆、博物馆等场所,基础设施全面更新,对旅游管理也引入了新的机制,成为一块新的古意浓郁的水乡旅游休闲地段。唯一的缺憾是在修缮时迁走了居民,当时给予了较好的条件,修完后,老居民不再回来了。古镇在更新改造中创造原居民的生活就业条件上存在疏漏,这是缺乏经验的,教人责难,据说最近已采取了不少措施,居民陆续迁回了。

他继而提出,"古镇保护的关键是人",这是我们在江南古镇保护与开发中必须记住的一个重要原则。

控制商业发展,也带来游客方面的矛盾。2014 年 8 月,华声在线以"乌镇

---

① 刘翔霄,孙亮全.山西平遥为保护古城文化遗产外迁近半数居民[N].中国古镇保护网,2014-01-06.

② 于小薇.非物质遗产司副司长:不赞成古镇改造赶走原住民变成空心遗址[EB/OL].(2014-08-21)[2015-07-13].http://www.ce.cn/culture/gd/201408/20/t20140820_3391051.shtml.

景区陷打人风波,旅游开发公司何来禁商强权"为标题,报道了发生在乌镇商业街的一起打人事件。

2014 年 8 月 16 日中午,一对北京夫妻在乌镇景区旅游时,遭到保安莫名殴打。夫妻俩因为下雨,购买了景区内民宅商户的雨披,保安要求他们退还时,双方发生肢体冲突。其中丈夫的头部被保安打破,夫妻报警求助。乌镇旅游开发公司董事长陈向宏曾在接受采访时表示,乌镇景区规划伊始,为了不让古镇变成纷繁嘈杂的小商品市场,公司不允许当地百姓自由开店。在景区内,有专门的执法队伍沿街查处违规经营商户。一旦发现违规行为,将进行规劝和制止。虽然打人事件很快以双方和解告终,但事件引发的舆情危机却并没有停息。①

公开报道资料显示,乌镇旅游开发管理委员会在游客必经之路上划出了一个禁商区,明令禁止住在景区内的居民开店营业,并专门组织了一个执法队伍,查处街上的违规经营商户。从早上 8 时到下午 4 时半,是乌镇景区的开放时间,在这期间,乌镇景区的管理者禁止沿街居民摆摊经商,甚至把东西卖给街坊邻居也属"违规"。②

此次打人事件虽已因双方和解而告终,乌镇旅游开发公司方面并未就这一结果在其官方平台进行任何说明,但事件引发的舆情危机却并未平息。因此事涉及乌镇景区管理乱象,旅游公司违法执法、强权禁商等多方话题,引起了国内媒体的强烈评议和网络舆论的大肆质疑。限定时间 2014 年 8 月 16 日到 8 月 22 日,在百度新闻中搜索关键词"游客乌镇",可得到 199 篇相关新闻报道。人民网、新华网、光明观察、中国日报、商都网、中国经济网、法制晚报、新浪、腾讯、网易、凤凰等多家主流媒体和门户网站对此进行了评论和报道。设置相同时间相同关键词,新浪微博中可搜索到 3906 条结果。其中中国经营报、法制日报、北京晚报、和讯网、微博头条、旅游新媒体观察等国内等知名媒体都对此事进行了评论性传播和报道。截至 8 月 22 日 17 时,相关微博话题"北京游客乌镇被打"达到 667 万阅读量。③

中国青年网池墨的文章就此次乌镇打人事件提出了三大疑问。禁商理应是政府相关监管部门的职能,怎么变成了旅游开发公司的分内事? 禁商本该由专门的执法队伍来执行,保安多管什么闲事? 禁商应该是管理经营者,怎么变成了殴打消费者? 该文章指出,作为由地方政府组建的企业,乌镇旅

①② 华声在线.乌镇景区陷打人风波,旅游开发公司何来禁商强权[EB/OL].(2014-08-19) [2015-07-13].http://www.voc.com.cn/article/201408/201408191657068079001.html.

③ 清华大学新闻研究中心.北京游客乌镇被打背后景区管理乱象[J].旅游新媒体观察周刊(内参),2014(6):5.

游开发公司的身份是"半商半官",因此,其也就具有了一些政府监管部门的职能,文章认为这显然是喧宾夺主,鸠占鹊巢。乌镇禁商的背后,其实是利益之争,是乌镇旅游开发公司凭借其拥有绝对的市场领导权和支配权与民争利。①

华声在线报道指出,因为与当地居民争利、给游客带来不便等因素,乌镇的禁商令制造了大量的潜在矛盾,而这些矛盾随时都有可能成为再次引爆舆情危机的导火索,值得警惕。②

(三)同里的限商:商业集中布局,再现古镇繁华

同里早在明代中前期商业已相当繁荣。明代诗人吴骥在《南市晓烟》一诗中写道:

> 地带三吴远近至,桥通一水东西分。白粲连艘何济济,青蚨满篚常欣欣。

凭着此处水路交通的便利,货船麇集,商品繁多,更有饭馆酒楼,一片热闹景象,而且贸易规模也十分可观。到了清代,镇区进一步充实,除原濠潭和其西侧的磕头坟、荷花荡和其北侧的周家坟这几片荒地外,几乎没有其他成片空地,并逐渐向周边地区扩展。史载:"同里在清代居民日增,市镇日扩,原里仁桥凌芦丛生的荷花荡,填塞筑屋,形成闹市。新填地由此而得名。"同里古街坊建街已有130多年历史,由新填地(明清街)、竹行埭、东埭及暮湾尚休闲街区组成。清代中期这里已是店铺林立,富庶繁荣。明清街的中段毁于民国二十一年(1932年)的一场大火。明清街原来逶迤至东溪桥畔,现只存中川桥至叶家墙门一段。

同里在发展旅游过程中,一面为景区的商业发展腾挪空间;一面特别邀请同济大学建筑与城市规划学院教授对每个片区、每一条街道制定了详细业态发展规划,并在江苏省内首推行政联审制度,将审批"关口"前移,规范古镇景区业态发展,确保各街道实现差异化。此外,针对民居客栈、餐饮业蓬勃发展但品质良莠不齐的情况,同里还特别成立同里镇商会民居客栈分会和旅游餐饮行业协会,加强管理和引导,着力提升相关品质。

① 池墨.乌镇禁商的几点疑问[EB/OL].(2014-08-18)[2015-07-13].http://pinglun.youth.cn/w2tt/201408/t20140818_5641592.htm.

② 华声在线.乌镇景区陷打人风波,旅游开发公司何来禁商强权[EB/OL].(2014-08-19)[2015-07-13]http://www.voc.com.cn/article/201408/201408191657068079001.html.

早在 1996 年,为了避免旅游开发所带来的商业气息过浓的现象,同里镇政府投入 1000 多万元在原新填地老街的基础上,整修了一条明清街,专门从事商业经营活动。明清街整修后正式拓展开街,街全长 800 多米。保留了江南特有的上街、下街,两街并行的格局,保留了下店上宅、前店后坊的建筑格局。街口增设仿古街坊,入口处匾额由著名学者费孝通题书"明清遗风"。街中段是世德堂,1997 年开放为旅游景点,2002 年改为宾馆,是食宿一体的古式宾馆。此外还有香格酒楼等 6 家饭店及民居客栈,在明清街上食宿,犹如回到昔日。

1996 年 10 月,同里古街坊建成。整个街坊集旅游、购物、餐饮、娱乐、休闲众多功能于一身。业态布局上以老字号商铺、传统食品、街居小作坊、民间工艺品、酒店、茶楼为主体,形成历史古迹商贸旅游特色区,以地方特色经营,吸引八方游客,商品以地方特产为主,各类商铺 200 多家,成为"旅游者必到、苏州人常到"的商贸旅游特色街区,年接待海内外游客 600 余万人次。①

第四节 江南古镇商业化评析

一、江南古镇传统商业市场的现代转向命题

遗产旅游的产生与人们的怀旧心理密切相关。② 正如赫里森(Hewison)所言,缅怀过去的狂热兴趣的兴起直接促进了遗产旅游业的产生。他分析英国遗产旅游时指出,怀旧在英国非常盛行,几乎每个城市、城镇都在鼓励建设博物馆和遗址中心,几乎每两个星期会有新的博物馆出现。③ 遗产旅游营销者正是看到了原真性的市场,往往创造出旅游者喜欢看到的过去的样子,对过去的东西进行现代演绎。④

而人们去古镇旅游,究竟是寻觅那些不可重建的老宅,重温一段流逝的往日时光,回味从前生活环境的安逸闲情,还是通过旅游获得全方位体验,在食住行游购娱方面都得到享受? 陆志刚在《江南水乡历史城镇保护与发展》

① 胡斌.苏州同里古街坊:古镇里的"中国特色商业街"[N].中国商报,2013-07-26.
② 张朝枝,马凌,王晓晓,等.符号化的"原真"与遗产地商业化——基于乌镇、周庄的案例研究[J].旅游科学,2008(5):60.
③ Hewison R. The heritage industry:Britain in a climate of decline[M]. London:Methuen,1987.
④ 马凌.本真性理论在旅游研究中的作用[J].旅游学刊,2007(10):79.

中认为,人们来古镇就是为了一睹与现代都市繁华完全不同的另外一种人生:

> 有时候,那些临水而筑的老房子会让你恍然想起"尘埃落定"这
> 4个字。一切都是笃定而殷实的。乍眼望去的朴实,与细节处不经
> 意流露的精致审美观安然并存。临街老屋的门常常是开着的,门前
> 坐着屋主,或者对面坐着邻居。走在街上,你就能看到后两进厅堂
> 小天井里种的花草与树木。在这里,破门而入不是件尴尬而失礼的
> 事,它让人联想到"来者都是客"的古意。在第一进或者第二进的小
> 天井里,屋檐下面挂着自家用上好的鲜肉腌制成的咸肉,有的上面
> 还盖着油纸,以防雨淋。井栏圈的四周有青嫩的草粒与水珠,头上
> 的屋檐则伸展开来,圈出一方狭小、方正的蓝蓝天幕。①

当传统小镇演变成旅游小镇以后,随着旅游者日益增多,当地人纷纷将
住宅改造成为店铺,一些当地人甚至迁出古镇,外来经营者涌入,从而对遗产
地产生深远而普遍的影响,包括人口结构、居民生活、文化氛围、文化价值、空
间格局等诸多方面。特别是在旅游商业活动密集地区,从业人口的变化直接
影响了当地社会的空间结构和文化气氛,大量外来商户进驻将会对遗产地造
成潜在的文化冲击。② 人们将江南水乡古镇的传统意境的泯灭归结于商业化
的结果。

但从古镇限商的实践来看,限商导致的"商业休克"与利益冲突,正在成
为旅游小城镇发展的阻碍。近年来,随着居民参与旅游的呼声渐高,乌镇、周
庄对居民的经商从原来的限制、减少发展到现在的默许。居民发动的诱致型
制度变迁逐渐得到政府的认可。究其原因,主要是政府和发展公司要顾及老
百姓在旅游发展中受益的问题。③ 一些古镇开始认识到旅游的发展要从经济
上惠及百姓。旅游产品的开发尽可能多地让原住民参与进来,吸纳更多的原
住民就业。如乌镇在解决无证民宿方面,已经开始转变思路。乌镇景区内有
近百家家庭旅馆,缓解了景区的住宿压力,也促进了古镇旅游发展,但由于这
些家庭旅馆大部分规模有限,无法办理相关证照,也带来了卫生、消防、治安
上的隐患。2013 年,在乌镇国际旅游区管委会牵头下,"乌镇人家"旅馆业协
会成立,首批 70 多家家庭旅馆被纳入协会管理。每家会员旅馆外面,都安装

---

① 陆志刚.江南水乡历史城镇保护与发展[M].南京:东南大学出版社,2001:22.
② 邵甬,张兰,顿明明.世界文化遗产丽江古城的保护和社会发展——世界文化遗产丽江古城
保护规划[M]//理想空间——世界遗产研究与保护.上海:同济大学出版社,2004:52-55.
③ 吴丹丹.周庄:古镇的商业化求解[N].中国经济导报,2012-05-17.

了家庭旅馆的统一品牌"乌镇人家"灯箱。协会还在网站上对"乌镇人家"品牌进行包装宣传。与周庄一样,乌镇居民发动的诱致型制度变迁也逐渐得到政府的默许。古镇政府通过行业协会管理的方式,促进这些民居客栈的规范化管理。

实际上,在大众旅游背景下,传统集镇成为旅游小城镇必然面临传统与现代商业的碰撞。在这一过程中集镇成为旅游目的地、集市成为旅游资源,为旅游者提供了场所和较为完善的综合服务设施。传统商业市场在当代大众消费空间背景下的转换和变迁,展现着以商贸为基础功能的传统集镇的社会变迁,由此成为相关研究领域中一个具有深刻意义的透视点。①

二、商业活动对古镇遗产旅游的推动作用

从历史上看,我国城镇的出现,可以追溯到人类社会的早期,伴随着农业社会和手工业社会的形成与发展,零售和批发的集市贸易随之出现,并在城镇出现了市场、商店和商业街,足见商业活动一直是城市的重要功能之一。②商业活动对古镇遗产旅游的推动作用表现在以下几个方面。

第一,从旅游资源与目的地系统构成来看。商业是构成旅游目的地系统的吸引物与设施之一。旅游者对购物环境要素的感知会影响情绪和顾客价值。消费者在旅游过程中进行旅游购物,是旅游体验的重要环节,顾客在设定的购物场所和人员服务中,能更近地接触、感受旅游地文化和人文内涵,同时通过搜寻和讨价还价的行为形成属于自己的旅游经历,因而旅游购物体验受到顾客的喜爱。③

第二,商业购物对商品感知价值的影响。旅游购物过程中的顾客价值由旅游体验价值和商品感知价值两部分构成。商品感知价值是在传统购物过程中就存在的一种顾客价值,而旅游体验价值则是旅游购物过程中产生的一种特殊的顾客价值。旅游体验价值合理地解释了旅游者只游不购但又满意而归的现象,而商品感知价值对旅游体验价值具有增强作用,最后共同影响了旅游者的满意度和购买意向。④旅游小镇作为旅游目的地,旅游购物对旅游者满意度的影响也是如此。

---

① 范文艺.从商之道:变迁中的旅游小城镇商业市场[J].浙江工商大学学报,2010(6):74.
② 李素梅.浅谈我国古城镇旅游开发"商业休克"现象——以松潘古城旅游业态分析为例[J].当代旅游,2013(8):20.
③ 黄鹂,李启庚,贾国庆.旅游购物体验要素对顾客价值及其满意和购买意向的影响[J].旅游学刊,2009(2):41.
④ 黄鹂,李启庚,贾国庆.旅游购物体验要素对顾客价值及其满意和购买意向的影响[J].旅游学刊,2009(2):45.

第三,商业业态的整合与优化的作用。如果把每个古镇看作一个景区。那么,景区旅游商业业态的布局和结构完善,商业业态类型齐全丰富,也是旅游景区得到发展的支撑要素,以及旅游产业链的价值能够充分发挥的关键。不同时间段的商业业态互为补充,旅游者的吃、住、行、游、购、娱需求得到全面满足,旅游产业链的长度就可以从时间、空间两个方面得到延伸,从而提升综合价值。可见,商业的发展对于旅游景区发展有推动作用,如果商业规划合理,就会成为景区的密不可分的一部分,为景区旅游提供完善配套,并且会形成另一种新的旅游资源。[①]

第四,从文化资本角度看。古镇文化遗产作为文化资本,在一定条件下转换成经济资本,是一种必然现象。布迪厄认为,人们普遍倾向于认为在经济场域中,个人追求金钱物质利益,而在非经济领域中,个人的行为是非功利性的。布迪厄认为这是一种虚假的谎言,资本依赖于它在其中起作用的场,并以多少是昂贵的转换为代价,这种转换是它在有关场中产生功效的先决条件。行为者在不同的场域中追逐不同的符号资本。资本可以表现为三种基本的形态:①经济资本,这种资本可以立即并且直接转换成金钱,它是以财产权的形式被制度化的;②文化资本,这种资本在某些条件下能转换成经济资本,它是以教育资格的形式被制度化的;③社会资本,它是以社会义务组成的,这种资本在一定条件下也可以转换成经济资本,它是以某种高贵头衔的形式被制度化的。[②] 旅游开发本身就是一个高度市场化的商业活动。[③] 那些把江南古镇的文化遗产看作非功利性的,以此保持其"原真性"显然是经不起实践考验的。古镇遗产资源作为文化资源又为现代小城镇旅游业所采用,体现了乡域经济、文化和社会生活的商业市场在由传统到现代、由小农经济为背景到以当代全国旅游市场为背景的过程中发生着变迁,表现为传统集镇物质形态的保留与更新,商业经营主体综合了各种复合群体和兼业群体,商业业态交织着传统与现代的共存。[④] 正是这种传统与现代的共存,才能迎合旅游者的购物需求,完全传统不加改造的商业业态只是呈现给旅游者一个古镇的"木乃伊",并不能实现旅游者价值。而完全现代化,摧毁传统的商业业态又会成为一种假古董,同样不能实现旅游者价值。对于古镇来说,建筑、环境、街区、文化是其基础要素,而与之相生相融的商业业态则是其生命力之所

① 李素梅.浅谈我国古城镇旅游开发"商业休克"现象——以松潘古城旅游业态分析为例[J].当代旅游,2013(8):20.

② [法]布迪厄.文化资本与社会资本[M]//包亚明.布尔迪厄访谈录·文化资本与社会炼金术.上海:上海人民出版社,1997:192.

③ 李倩,吴小根,汤澍.古镇旅游开发及其商业化现象初探[J].旅游学刊,2006(12):54.

④ 范文艺.从商之道:变迁中的旅游小城镇商业市场[J].浙江工商大学学报,2010(6):79.

在。只有使古镇的传统商业与现代商业对话，文化与商业结合，才能延续江南古镇活力。商业活动带来了物流、客流、资金流和信息流，是古城镇发展活力、延续生命力的关键因素。①

三、商业与文化的互动与适度商业化

古镇的商业化，其实不光是古镇的商业发展失控问题，它还涉及商业与文化的互融互动问题。在古镇旅游的开发过程中，一些古镇的规划对历史地段发展趋势的判断更多地立足于经济指标，市场法则具有的盲目性使得商业因素的投入规模和发展速度往往难以控制，造成文化不可逆转的破坏。② 地方政府在操作中容易流露出商业气息浓郁的色彩，有意无意地忽视历史建筑作为"原住民"应当享有的权利和待遇。况且过于注重经济效益，造成大量商业功能或者旅游人流在历史街区的高度集聚，对其保护带来不利影响。③ 现实生活中，无论由哪个部门组织编制的规划，都存在一定的局限性，反映了地方政府在注重商业旅游发展与彰显和保护历史文化在着力点上的差异，正是这个分力导致遗产旅游的健康发展只发挥了有限成效。④

理想状态应该是，地方政府在发展商业旅游过程中，应该将其所获得的经济收益在减去消费及对其他相关产业的投资后，剩余的相当一部分资金将反馈于文化资本，用于古镇的修复和保护，并通过挖掘传统文化而实现地方文化的繁荣和复兴，从而形成经济—文化发展的良性互动。这一过程即为古镇旅游的适度商业化发展。⑤

依笔者的理解，适度商业化作为古镇在发展旅游小镇过程中，同时兼顾商业旅游发展与历史及地方文化的繁荣和复兴的一条普遍路径，是值得研究与倡导的。它要求我们在进行古镇遗产旅游开发时既要保护与发展文化资本，也要克服商业休克，通过旅游规划，使得当代商业业态在实现旅游者满意和传统商业市场现代化转型的背景下逐渐进入乡域社会。适度商业化可以作为实现集镇地域社会从传统到现代的过程转换，成为城镇化和旅游业升级背景下传统集镇的一条特色道路。⑥

---

① 李素梅.浅谈我国古城镇旅游开发"商业休克"现象——以松潘古城旅游业态分析为例[J].当代旅游,2013(8):20.

②⑤ 李倩,吴小根,汤澍.古镇旅游开发及其商业化现象初探[J].旅游学刊,2006(12):54.

③④ 郭湘闽.从"离散"走向"综合"——以商业和旅游为动力的历史地段更新机制分析.城市问题,2005(3):5.

⑥ 范文艺.从商之道:变迁中的旅游小城镇商业市场[J].浙江工商大学学报,2010(6):74,78.

第七章　江南古镇文化遗产旅游与传播的融合

第一节　文化遗产旅游、保护与传播的关系

一、文化遗产旅游与文化遗产传播的关系

人是传播动物。我们在一生中始终触及传播或被传播所触及。我们利用它作为个人的雷达,既观察有什么新事物,也寻求涉及我们同周围社会的关系的指引,与此同时向别人证实我们的同一性和我们对关系的了解。我们利用传播作为自己的管理工具,用于做出决定,说服和操纵别人。① 可见,人类传播活动是个社会信息流动的过程。从外在方面看,传播是人类社会一种普遍的现象、活动或行为;而从内在方面看,则是信息的流动过程。在人类传播活动中,既不存在没有信息的传播,也不存在脱离传播的信息。我们必须把传播与信息当作一个不可分割的整体来考察。②

传播有人际传播、组织传播与大众传播之分。对于大众传播,丹尼斯·麦奎尔引用杰诺维茨 1968 年的定义说③:

> 大众传播由一些机构和技术所构成,专业化群体凭借这些机构和技术,通过技术手段如报刊、广播、电影,等等,向为数众多、各不相同而又分布广泛的受众传播符号的内容。

---

① [美]威尔伯·施拉姆,威廉·波特.传播学概论[M].李启,周立方,译.北京:中央编译出版社,1983:22.
② 李彬.传播学引论(增补版)[M].2版.北京:新华出版社,2003:16.
③ [英]丹尼斯·麦奎尔,[瑞典]斯文·温德尔.大众传播模式论[M].祝建华,武伟,译.上海:上海译文出版社,1987:7.

大众传播中的"发送者"始终是一个有组织的群体的一部分,也常常是一个除传播以外还有其他多种功能的机构的成员。"接收者"始终是某些个人,但经常会被发送组织看作一个具有某种普遍特性的群体或集体。传递渠道不再由社会关系、表达工具和感受器官所组成,而是被以先进技术为基础的分发设施和系统所代替。[①]

文化遗产与传播密不可分。文化遗产是不同的历史阶段人类先进文化和先进生产力的结晶,文化遗产穿越时空的经历,也是文化遗产在不同历史阶段传承和传播的过程。文化遗产传播,简而言之是指所有以文化遗产为传播内容的信息流动过程。文化遗产传播的核心内涵是:①它是文化遗产价值在人与人之间的相互影响过程;②这种信息的流动是反复进行的;③文化遗产传播效果是文化遗产价值的组成部分。在这个传播过程中,存在着被动传播和主动传播、自在传播和自觉传播的差别。自在传播和自觉传播是针对传播主体而言的,遗产的自在传播是自然过程,自觉传播是社会过程。在文化遗产史上,自在传播和自觉传播此消彼长,见证了遗产和人类关系的亲疏远近。在自觉传播下,又分被动传播和主动传播两条路。主动传播,是对遗产本体价值的传播,以获取认同为目的;被动传播,是在传播者的主观意图下,遗产的本体价值被扩大、丰富、绑架、置换,形成文化遗产的增殖和重构。[②]

故此,可以这样界定"文化遗产传播":它是基于文化遗产的真实性和完整性,以保护和传承文化遗产为目的,有政府、大众媒介、市场等组织机构和社会力量及社会公众广泛参与的自觉传播过程。

对于文化遗产旅游与文化遗产传播的关系来讲,如果依照可持续发展的原则发展文化遗产旅游,则文化遗产旅游与文化遗产保护之间可以获得平衡。如果文化遗产保护意识淡薄,在发展旅游时竭泽而渔,文化遗产旅游也有可能与其他旅游一样,对旅游地造成破坏,这时就需要文化遗产传播的介入。反过来说,即使文化遗产旅游与文化遗产保护处在良性循环的轨道中,也需要文化遗产传播的信息传输与沟通,原因如下:

第一,文化遗产传播有利于提升旅游地形象。

在当代信息革命冲击之下,传媒类型已被大大拓展,传媒力量现已渗透到社会各个角落。遗产旅游地通过各类传播媒体对遗产旅游地意象进行操控和传播,实实在在地影响着遗产在社会公众(特别是潜在旅游者)心目中的

---

① [英]丹尼斯·麦奎尔,[瑞典]斯文·温德尔.大众传播模式论[M].祝建华,武伟,译.上海:上海译文出版社,1987:7.

② 刘琼.中国文化遗产传播曲线变化:由被动传播到主动传播[J].艺术评论,2012(8):92.

形象和内涵。①

以"大运河遗产小道"的概念提出及实践落地为例，它是文化遗产传播与旅游发展相互融合的一大重要标志。大运河遗产小道沿着大运河，总长达2000余公里。它北起北京白浮泉，中途西经河南洛阳（隋唐通济渠），东经山东南旺（原会通河），南抵宁波。此条线路不仅沟通中国南北达两千余年，而且以宁波和洛阳为节点，分别沟通了陆上丝绸之路和中国海上丝绸之路，小道是这条线路上的拓展和延伸。它把大运河沿岸的现有道路简单地串通起来，人们在小道上只能步行和骑行。

大运河遗产小道不是一条简单的旅游路线，人们本来对此没有概念，是大众媒体首先提出的②，此举吸引了更广泛的社会力量加入，加速了大运河的申遗进程。那么，媒介适于在这个过程的哪个环节发挥作用呢？罗杰斯的阶段论说明，媒介的信息传播与新事物的采用和传播之间有着密切关系。在古代社会，创新事物靠口头传播引起人们的注意，是在没有大众传播的情况下被人采用的。今天，有关创新的信息在创新被采用之前就能传播出去。但是，正如罗杰斯所指出的那样，采用的第一个阶段是得知一项创新。那么，一项变革的广泛流传显然首先需要让人了解创新的消息。大众媒介可以加速和扩大创新信息的传播，从而促进社会变革。③

在实践中，"大运河遗产小道"由最初的大运河单一理念，演变归纳为可以借鉴推广到其他文化遗产旅游与传播的"遗产小道"，即"遗产小道"不再仅针对大运河文化遗产或者线性文化遗产进行体验，而强调其作为文化遗产传播与保护的一种通用方法。2012年，大运河遗产小道杭州示范段的建立，证明了作为方法的遗产小道对于文化遗产旅游、传播与保护的可行性。④

第二，文化遗产传播引发公众参与，有利于旅游地政府、原住民与公众间共建与共享旅游目的地。

文化遗产传播需要各类社会群体和组织、机构、公众的广泛参与和互动。公众是文化遗产传播的最终主体，也是文化遗产传播的最终对象。这里包括两层含义：首先，权威传播主体通过各种渠道对公众进行文化遗产传播，对公

---

① 周永博，沈敏，魏向东，等.遗产旅游地意象媒介传播机制——苏州园林与江南古镇的比较研究[J].旅游学刊，2012(10):103.

② 齐欣.大运河究竟有多长[N].人民日报，2009-03-03;齐欣.运河文明再发现[J].华夏地理，2009(3):61.

③ [美]梅尔文·L.德弗勒埃，弗雷特·E.丹尼斯.大众传播通论[M].颜建军，王怡红，张跃宏，等译.北京:华夏出版社，1989:331.

④ 齐欣，靳秒，黄小芳."遗产小道"方法及在中国大运河文化遗产上的应用——以大运河遗产小道杭州示范段为例[C].2013年中国水利学会水利史研究会学术年会暨中国大运河水利遗产保护与利用战略论坛，2013-11-30.

众产生影响,这时公众是文化遗产传播的对象;其次,受到传播影响的公众反过来进行与文化遗产传播有关的活动,这时公众是文化遗产传播的主体。

文化遗产的有效价值传播,归根结底还是要依靠公众的力量,带动公众文化遗产传播意识的觉醒就显得尤为重要。在这一过程中,传播的主体将经历从以政府、专业组织为主,到以公众为主的转变,传播的方式也经历由被动传播到自觉传播为主的转变。

第三,文化遗产传播使得文化遗产旅游由景区旅游向全域旅游方向转化。

全域旅游应是利益机制的再建,服务于全民共享的目的,其本质就是发展的均衡、公平与普惠,以"共享"取代"独享",以"多赢"取代"输赢"。[①] 利益机制的再建,需要制度建设,当然也需要通过传播沟通达成共识。

大运河遗产小道突破了景区概念,本身就是个全域旅游的概念。倡导这样的旅游地形象自然可以获得很好的市场反响与形象效应,如因地制宜,不破坏运河风貌,尊重大运河作为文化遗产的真实性、完整性和共同价值,遵循划定的风貌区或历史路线,对各个遗产点的真实历史文化信息予以最大限度的提取保留。大运河遗产小道与目前广泛存在的景观导向的旅游产品有着重大区别。[②]

随着中国经济融入全球经济,我们必须建立地球村的发展理念。国家旅游局发布的《中国旅游发展报告 2016》显示,自 2012 年起,中国对全球旅游收入的贡献年均超过 13％。《福布斯》称,中国旅游者成为全球规模最大且带来利润最多的旅游者大军,是全世界争夺的主要客源。在这种情况下,把一个区域整体作为功能完整的旅游目的地来建设,离不开区域资源禀赋及在全球的市场定位。市场定位其实就是一种传播策略,没有传播,市场定位就是一句空话。

二、文化遗产保护与文化遗产传播关系

文化遗产旅游与文化遗产传播相互增益,而且,文化遗产保护与文化遗产传播也存在相互增益关系。

(一)传播与保护如影随形

文化遗产的价值往往体现在两个方面,一方面是其承载的历史意义和人

---

① 张苗荧.共建共享构筑旅游发展新模式[N].中国旅游报,2016-06-06.
② 齐欣,靳秒,黄小芳."遗产小道"方法及在中国大运河文化遗产上的应用——以大运河遗产小道杭州示范段为例[C].2013 年中国水利学会水利史研究会学术年会暨中国大运河水利遗产保护与利用战略论坛,2013-11-30.

文精神,另一方面是长期以来公众的喜爱和关注。因此,提升这种关注和喜爱,就是增值的途径所在,传播在这两个方面都会提升文化遗产价值。

萨尔瓦多·穆尼奥斯·比尼亚斯认为,保护对象之所以成为保护对象,不是因为其是文化的、艺术的、历史的,或苍老的,而是因为其具有的象征物功能,或作为民族史证物的功能。在具有象征意义的网络中,只有很小一部分真正有助于其转化为保护对象,具体包括高文化的意义、具有群体识别性的意义、思想性意义及情感意义。① 传播可以提升与改变其承载的历史意义。正如大运河遗产小道不是一条现有成型的旅游路线,它通过媒体的传播,将这种时尚的、低碳的、带有探索和个人实现概念的全新理念深入骑行者心中,从而形成文化遗产的价值。

(二)有效的传播有助于全民参与保护

如上所述,文化遗产的传播分成被动传播和主动传播两条路径。文化遗产传播体系的建立可以充分调动各种传播主体,协调各种传播系统,使媒体与政府相关部门、专业机构形成有效的互动,为媒体提供更多专业化的文化遗产信息和可供报道的资源。这样,大众媒体可以对文化遗产形成持续的关注,进而从被动传播变为主动传播,发挥大众媒体在文化遗产传播体系中应有的平台和桥梁作用。②

通过有效的传播、潜移默化的教育,民众的遗产保护意识被唤醒,开始真正理解物质文化遗产的可贵之处,自觉保护自己的民族文化遗产,③而不再只是研究者在学斋里主张的保护。

(三)要充分重视传播对于保护的双刃剑作用

传播对于保护的双刃剑作用在非物质文化遗产方面表现特别显著。一般来说,物质文化遗产是历史上一定社会的产物,是历史的化石,是不能再生的。但非物质文化遗产恰恰与之相反,它必须不断地再生才能延续它的存在。如果不再产生、不再传承,它就消失了。所以非物质文化遗产只有在使用中、传承中才能存在,它是活的历史传统,被称为"活的文化财产""活的人类财富"。④ 非物质文化遗产作为一种活态文化,只有在动态的传播过程中才

---

① [西]萨尔瓦多·穆尼奥斯·比尼亚斯.当代保护理论[M].张鹏,等译.上海:同济大学出版社,2012:45.

② 刘慧.文化遗产传播体系构建研究[D].厦门:厦门大学,2014.

③ 张文静.非物质文化遗产保护的传播模式初探[J].新西部.2012(Z5):107.

④ 苏东海.无形遗产的五个基本问题[C]//《博物馆学论文集》丛书编委会.博物馆学论文集.西安:陕西人民出版社,2006:23.

能够保持生机,实现非物质文化遗产的保护及传承。①

从传播方式来看,传统的研究方式主要是通过古籍文献,即文字描述的表现手法来展现。通过出土的文物、遗址等具体的实物对研究者及受众人群提供可供研究或了解的相关知识。随着现代技术的发展,媒体的运用可使听觉、视觉融为一体。如果能够及时捕捉到一些珍贵的非物质文化遗产的影像资料,这样可以弥补文字所带来的视觉缺失、声音缺失,为研究者提供更多视角的研究课题,也可提高受众人群的兴趣。②　而且,从非物质文化遗产传播的实践来看,通过围绕着非物质文化遗产进行的旅游资源开发及舞台演出等产业化运作,能够为非物质文化遗产保护筹集相应的资金,这是传播对保护的正向作用。

但是,对于非物质文化遗产来说,传播与保护也存在矛盾。首先,非物质文化遗产具有地域性,由于媒体的选择性传播,在甲地非常受欢迎的非物质遗产样式可能在乙地无人问津。作为受众广泛的大众传媒,其报道内容肯定要考虑全体受众的接受态度。因此,在涉及非物质遗产的时候,往往是地域性不强的样式得到了强势媒体关注,而那些具有极大的独特性、传承范围较小、急需引起公众注意加以保护的样式反而被媒体冷落。③　其次,非物质文化遗产传播中由于参与人的地位不均衡容易造成信息传递不畅、解构不当的问题。在传播过程中,项目的市场运作人成为非物质文化遗产表现元素、表现形式的决定者,非物质文化遗产的传承人反而在市场上居于弱势地位。过度产业化的传播模式还会对非物质文化遗产进行不恰当的信息传递与解构。这些都是传播与保护的反向作用。如何抑制或扭转其反向作用而增强其正向作用,正是我们需要研究的严峻课题。

第二节　"旅游+"视野下的江南古镇文化遗产传播

一、影视传播

无论是保护还是抢救物质文化遗产和非物质文化遗产,都需要有相关记

---

①　刘菲.文化符号与非物质文化遗产传播研究[J].东岳论丛,2014(7):147.

②　张文静.非物质文化遗产保护的传播模式初探[J].新西部,2012(Z5):107.

③　戚永哲,于凤静.大众传播与非物质文化遗产保护的冲突及研究——以岫岩满族地区非物质遗产保护为例[J].民间文化论坛,2009(3):49.

录保存载体及相关联动措施。早前对于正濒临消失的文化，我们苦于缺乏形象手段做记录；对于已经消失的文化没有形象资料做研究参考，无法得知其本来面貌和具体的发展变迁历程，只能利用仅存的文字记载，以及通过文物遗迹做大致的联想、推究。①

鉴于当代大众文化已与现代通信手段产生了不可分割的联系，电影的诞生标志着一个关键的文化转折点的到来。电影带来的不仅仅是一种新的传播技术，还意味着新的艺术形式。电影不是由电码传送的，而是通过人们熟悉的摄影技术和叙事方式来表现的。它奇妙地将技术、商业性娱乐、艺术和景观融为一体，深深根植于城市的娱乐中。②

随着电影等媒体技术的飞速发展，用影像手段来记录事物或生活已成为常态。人类学专家已将影视手段用于他们的田野实践中，影视语言可做长时间声画兼备的录制，以及直观、逼真的表现手法等特点，是文字、图像等传播媒介无法比拟的。影视的最大特点是它可以以动态的、富有表现力的影像，再现文化遗产原型。与以往的文字记录相比，影视手段所提供给我们的信息更为完整和全面，同时影视的另一重要特点是它具有不折不扣的现场性和当时性，它可以将现场发生的一切，原原本本地记录下来，而且可以直观地提供给众多观众并广泛宣传。③

影视传播在具有本真性、活态性特点的非物质文化遗产保护中尤为有效。无论是口头传统，还是传统表演艺术、风俗活动、礼仪、节庆，以及有关自然界和宇宙的民间传统知识和实践、传统手工艺技能等，都可用影像将整个技艺过程、演出过程，从宏观到细节、从整体到部分如实地记录下来，其声画结合的动态画面，相比文字、图片、录音更直观、更形象，也更真实。④ 目前影视传播在文化遗产保护工作中的使用情况主要有以下几类。

（一）记录式"毛片"

在我国文化遗产的保护工作中，记录式"毛片"多用在文化遗产普查工作的记录、建档中。建档时，按照档案法的要求，除了对属于文化遗产组成部分的代表性实物、图片等档案材料进行搜集和整理，影视资料也是其中的重要组成部分。"毛片"是指最原始的素材，是构成一个单一主题的一组不同镜头

---

① 任洪增.记录与传承——人类学纪录片的功用探析[J].电影评介,2012(23):1.

② ［美］丹尼尔·杰·切特罗姆.传播媒介与美国人的思想[M].曹静生,黄艾禾,译.中国广播电视出版社,1991:31-32.

③ 姜蔚丽.影视手段在挖掘整理民间艺术文化遗产中的意义和作用[J].兰台世界,2009(20):54.

④ 任洪增.记录与传承——人类学纪录片的功用探析[J].电影评介,2012(23):2.

的组合,这类影像在所有类别中是最原始、最接近拍摄事象本身的影像记录。

《中华人民共和国文物保护法》第十五条规定:"各级文物保护单位,分别由省、自治区、直辖市人民政府和市、县级人民政府划定必要的保护范围,做出标志说明,建立记录档案,并区别情况分别设置专门机构或者专人负责管理。全国重点文物保护单位的保护范围和记录档案,由省、自治区、直辖市人民政府文物行政部门报国务院文物行政部门备案。"第三十六条规定:"博物馆、图书馆和其他文物收藏单位对收藏的文物,必须区分文物等级,设置藏品档案,建立严格的管理制度,并报主管的文物行政部门备案。"《中华人民共和国非物质文化遗产法》第三条也指出:"国家对非物质文化遗产采取认定、记录、建档等措施予以保存,对体现中华民族优秀传统文化,具有历史、文学、艺术、科学价值的非物质文化遗产采取传承、传播等措施予以保护。"无论是物质文化遗产还是非物质文化遗产,这里的"记录",不仅包括登记造册的文字记录,也包括通过摄影、摄像、录音等手段记录下来的影视记录。

在这类影片的拍摄中,要求把真实性和完整性原则置于首位。拍摄的人物、事件、环境务必真实;信息尽量保证完整性,无论是对文物的发现与展示,还是表演过程、制作过程、仪式的进行过程,都要全程记录,还要对重要的细节工序、动作招式、工具、道具及所在的文化空间进行完整的拍摄和记录。在后期剪辑中,可剪去素材中的冗杂部分,如一些不连贯的镜头,并以文化遗产本身的自然结构性来进行剪辑,展示出文化遗产内涵和本来面目。

(二)纪录片

纪录片具有长于记录动态的事象,具备真实、客观和形象的表述能力,能够淋漓尽致地再现文化遗产的鲜活,达到生动逼真的效果。与文字记录和口头描述相比,纪录片优势独特。纪录片对于非物质文化遗产保护具有较大优势。与具体、有形的物质文化遗产相比,非物质文化遗产常常以鲜活的形态出现,以声音(民谣)、动作(舞蹈)和技艺(工艺)等为表现手法,依附于特定的民族、特定的人而存在,主要依靠个人或群体身口相授,代代传承以保持一种非物质形态。如纪录片在拍摄民间歌舞时,它能够把舞者的形体动作、面部表情等视觉形象记录下来,同时也可以将歌声、鼓点节拍及环境自然声等听觉形象连续不断地、完整地记录下来。[1]

纪录片发展史上,出现过两种截然对立的创作理念:直接电影和真理电影。持直接电影观点的人认为,在实际拍摄中,要完全保持旁观者的身份,不

---

① 任洪增.记录与传承——人类学纪录片的功用探析[J].电影评介,2012(23):1.

随意介入,坚持最低程度的剪辑。而持真理电影观念的人认为,真实有时隐藏在背后,需要以参与者的身份促进事件的发生。纪录片在对非物质文化遗产的传播过程中,存在着跟直接电影和真理电影同样的目的,就是对文化事象的内在本真意义进行追寻。①

国家主流媒体、影像公司、公共文化机构、艺术团体等拍摄的电视专题片、纪录片往往以持真理电影观念为主,有明确的导演立意和主题,重在阐释与解读文化遗产本身,带有主题鲜明的情感、艺术、学术倾向。如《梦里水乡,人文天府——文化系列电视片〈江南〉》用大文化的视野,将抒情、叙述与思辩融为一体,展示江南的园林、山水、风俗、饮食、民居、市井、工艺、戏曲等。其中,《江南水乡古镇——周庄、同里、乌镇》展示了古镇一幅幅生动且雅致的人文镜像,蕴含大量古镇文化遗产的介绍。相比记录式"毛片",纪录片虽失去了前者所拥有原始素材的巨大兼容性,但其最大价值却在于不失审美的科普性、教育性与人文性,对我国的文化遗产保护工作有着重大意义。

(三)宣传片

这类影视作品多为政府、商家宣传所用,将文化遗产丰富多彩的表现形式置于宣传片中,间接使文化遗产得到宣传。如旅游宣传片、旅游微电影、旅游广告等,不仅促进了相关产业的发展,也为文化遗产增添了生命力与活力,提高了知名度。

郭丽青通过对景德镇宣传片的制作研究,认为宣传片可分为以下几类:①宣传短片,该类短片意在扩大城市知名度,提高城市美誉度,塑造城市综合形象;②科教视频,该类通常是展现古镇的文化遗产,突出古镇的历史和文化积淀;③有关人物的采访视频,展现了古镇学者的精神面貌;④旅游宣传片。②

无论是哪种宣传片,这些作品在题材上多选择有地方特色、表现形式活泼、易于影视呈现的元素;宣传片拍摄应该是真实的,不是表演性质的,所以拍摄有一定的偶然性;要保证整个画面流畅,有意境,呈现内容完整而清晰。无论是画面、文字、音乐,还是镜头的切换都非常讲究,既满足观众的猎奇心理、带来审美的愉悦,还激发他们的消费欲望,由此达到宣传目的。

旅游者的最终目的是追求遗产文化的真实体验,因此宣传片必须围绕这种需求而展开传播,力求将遗产旅游目的地文化真实地展现在旅游者面前。宣传片或旅游广告创意应该或多或少地反映传统审美趣味,介入民俗元素的视觉表现,借助传统文化的魅力,实现遗产旅游的诉求。

① 张捧.非物质文化遗产的影像化研究综述[J].新闻世界,2010(10X):132.
② 郭丽青.景德镇宣传片的制作探索[J].旅游纵览(行业版),2012(6):142.

实际上,江南古镇很多宣传片制作出来后效果却不尽如人意。如本书在文化遗产旅游营销章节所揭示的,存在诸如宣传目的不清晰、城市定位不准确、缺乏感染力等问题。解决这些问题,除了需要对古镇营销战略进行研究外,从传播角度分析,还需要提升"信息质"的层面。所谓"信息质"包括三个方面:①信息的新鲜、独特性,这是基本层面;②信息的理性深度,即能够对同质同类信息进行深刻理性分析,提出有分量的主体观点,这属于信息质的较高层面;③信息的感染力,能够激起观众情感、心灵的共鸣,有力地影响、感染观众,这属于信息质的最高层面。形象宣传片应该"以人为本",能与受众进行心灵沟通,只有感染力够强,宣传片所彰显的信息和城市精神才能让人印象深刻。①

(四)影视片

目前这类影片数量还不是太多,但处于乐观的上升趋势。影视片通过影视手段,对于非物质文化遗产传播特别有效,它可以将具有浓郁的民族和地域特色的非物质遗产"活"形态,包括民众的生活方式、历史发展及民族或群体特有的民俗气质,等等,完整、真实地记录下来,使非物质文化在有形的影像中得以展现,从而成为见证民众生存状态和生活文化的"活态文献"。②

如非物质遗产电影《皮影王》于 2008 年 6 月在浙江海宁市举行了全国首映。皮影戏已有 2200 多年的历史,是我国宝贵的优秀文化遗产。早在春秋战国时期就诞生于民间,西汉时期进入宫廷,到唐代发展到顶峰。宋室南迁临安(杭州)后,南北两种文化相互融合渗透,形成了独具一格的江南皮影戏。它广泛流传于杭嘉湖一带,被称为"百戏之祖"。嘉兴海宁的皮影戏源于南宋,是江南皮影戏的典型代表。《皮影王》通过电影折射出中国皮影戏历史的悠久、艺术的精湛和丰富。影片通过声乐、唱腔的支撑,光影、音像的完美结合,展现出国家级非物质遗产"海宁皮影戏"的辉煌。电影中皮影王对皮影的痴迷、艺术的执着被刻画得淋漓尽致。

另外像《似水年华》对于古镇乌镇的宣传作用也是不言而喻的。《似水年华》是新人文剧的代表作之一,呈现出的令人着迷的美学面貌,以及咏叹调式的诗意爱情,可以说是新人文剧里炉火纯青的典范。《似水年华》浓郁的现代人文气息与诗化叙事风格的完美结合,将电视观众带入了一份如梦如幻的情感体验,宛如一盅木盖虚掩的陈酒,幽幽瑟瑟的酒香弥漫在水乡古镇的无名

---

① 郭丽青.景德镇宣传片的制作探索[J].旅游纵览(行业版),2012(6):142.
② 陈一平,张丽丹.影视资源与非物质文化遗产的保护和传承——以杭州地区为例的审视及构想[J].浙江传媒学院学报,2009(4):58.

径巷,叫人自醉心脾。① 乌镇因《似水年华》的热播而驰名神州大地。从营销战役的角度而言,乌镇在挑战同类型古镇文化遗产旅游的营销战中凭借《似水年华》胜出一局。

将文化遗产作为故事载体、故事内容的影片,对于宣传文化遗产其实是一个非常有效的方法。它让传统的文化遗产在现代语境下获得新的活力,找到了新的发展契合点。特别是对于非物质文化遗产,由于它本身蕴涵了丰富的民族技艺、历史文化,可以让影片更具艺术特色与人文气息,同时非物质文化遗产独特的艺术表现形式也会给电影表现手法的革新提供新的思路。②

二、旅游演艺传播

国内旅游演艺的研究始于主题公园演艺活动,其名称还有主题公园文娱表演、旅游演出、旅游表演、(景区)舞台表演等不同提法,近几年,旅游演艺的提法才得到较普遍的认同。

立足于受众,旅游演艺是以异地观众为主要观赏对象的演艺活动。③ 立足于传播者,旅游演艺则是指在旅游目的地进行的、能够充分凸显地域文化特色或民俗风情的文艺表演节目和演出活动。比较全面的观点认为,旅游演艺是指在旅游景区现场及旅游地其他演出场所内进行的、以表现该地区历史文化或民俗风情为主要内容,且以旅游者为主要欣赏者的表演、演出活动。④ 与传统演出相比,旅游演艺有其独特的特点:长期的驻场演出,演出地点大多在室外或旅游地的剧院中,其观众主要是旅游者,演出时间基本都是在晚间休闲时段,演出内容可以分为三大类型,即山水实景演出型、民族风情展示型与文化遗产演绎型。

(一)旅游演艺传播的兴起

20世纪80年代旅游演艺开始出现,其主要代表是陕西省歌舞剧院古典艺术剧团在西安推出的《仿唐乐舞》;1995年7月,华侨城旗下的中国民俗文化村推出《中国百艺晚会》;随之,世界之窗于1995年12月推出《欧洲之夜》;宋城景区于1997年3月推出《宋城千古情》。一系列的旅游文化演艺节目陆续开始公演,我国旅游文化演艺行业逐渐步入了繁荣发展的时期。2004年大型山水实景演出《印象·刘三姐》在桂林阳朔推出。《印象·刘三姐》演绎了

---

① 谢谐.岁月匆匆过,年华似水流——电视剧《似水年华》赏析[J].艺海,2014(3):98.
② 胡翰中.乌镇"零"营销[J].广告大观,2003(9):34.
③ 朱立新.中国当代的旅游演艺[J].社科纵横,2010(4):96-99.
④ 方世敏,杨静.国内旅游演艺研究综述[J].旅游论坛,2011(4):153.

刘三姐和阿牛哥的动人爱情故事,诠释了人与自然的和谐关系。仅在 2009 年就演出了 497 场,观众达 130 万人,演出收入逾 2.6 亿元,成为国内文化产业成功运作的典范。《印象·刘三姐》的成功标志着我国旅游演艺大潮的到来,由此引发了国内大型实景演出及旅游演艺产业发展的热潮。

近年来,伴随着旅游演艺产品市场的持续升温和大发展,类似于印象系列、宋城千古情、横店影视城等成功的演艺产品已悄然带动新兴的旅游市场,成为旅游业引人注目的新景观,也使得旅游演艺在旅游业中的地位日益增高。①

(二)旅游演艺市场的挖掘

但是旅游演艺发展并非一帆风顺。旅游演艺曾经被各界寄予了厚望,尤其是在"印象系列"大火之后,短时间内各地旅游演出项目纷纷上马。仅海南一省就有 11 个旅游驻场演出剧场。然而,调查发现,这 11 个旅游驻场演出剧场中,有 5 家亏损,2 家停休业,真正盈利的只有 4 家。凭借张艺谋的金字招牌,《印象·海南岛》在亮相之初被寄予打破地方旅游发展瓶颈,改变海南旅游南重北轻市场格局的厚望。然而,就是这么一项被"铁三角"张艺谋、王潮歌、樊跃打了满分的作品,却没有绽放它的辉煌,问世至今平均上座率仅为四成,远远低于预期,日均门票收入仅 29 万元。②

目前,旅游演艺市场由于内容同质化严重、竞争加剧、市场不景气等因素,观众数量不断下滑,江南古镇如何挖掘演艺市场是一个值得研究的课题。在题材选择上,要避免"绑架"地方传说、生搬地域历史。除了诠释古镇的历史与文化,更要注重节目本身的特色和吸引力。要研究旅游演艺如何吸引回头客问题,要全面系统地发展山水实景演出型、民族风情展示型、文化遗产演绎型产品,使旅游者在富有文化内涵和深度参与的旅游活动中不断获得新鲜感。这方面的探讨,具体见第八章第四节的相关内容。

三、展示传播

展示传播是指在特定的时间和场所,对信息及其载体进行公开的演绎或陈列,以供人们观览、欣赏的信息交流与传递活动。就传播特性而言,展示传播最显著的特征就是信息传递过程中的现场感。各种实物,如作品、装置、商品等,通过特定的展览空间与观众进行面对面的即时信息传递,形成眼见为

---

① 崔俊超.十一年沉浮,文化旅游演艺路在何方[EB/OL].(2015-09-30)[2015-10-25].http://mt.sohu.com/20150930/n422454169.shtml.
② 刘稚亚.文化消费在旅游演艺市场的机遇和挑战[J].经济,2015(8):110-112.

实的震撼力。①

（一）古镇全球化的展示传播

近年来，江南古镇的展示传播迅速发展，并呈现国际化的趋势。在 2010
年的上海世博会上，周庄作为唯一参展的水乡古镇举办了"水洗出来的诗画
水乡"特别案例展，向全球展示了周庄成功的古镇保护与开发经验，并创造性
地在世博园区举办"百年世博梦·别样水乡情"周庄国际旅游节特别演出及
世博村系列活动，引发中外参展代表及海内外媒体的广泛关注。2015 中国智
慧城市国际博览会有近百家单位参展，乌镇专门在该展会上开辟"乌镇馆"参
展。乌镇还专门建立乌镇互联网国际会展中心，该中心位于乌镇西栅景区西
北部，总建筑面积约 6 万平方米。乌镇互联网国际会展中心既是世界互联网
大会召开的主要场馆，也是今后乌镇景区承接会议、会展的主要场所。

（二）展示传播形式多样

从展示传播形式看，展示在种类、功能上已有很大的拓展，从博物展览到
商品展销、项目洽谈，再到遗产文化、艺术展示等，传播的社会应用范畴越来
越广。如 2015 年 4 月 16 日，周庄在北京玉渊潭公园办了一台"周庄生活·乡
愁记忆"主题影展。展出的作品围绕这一主题，展现了周庄的水乡风光、历史
古迹、民俗风情等风土人情。参与此次展览的 130 幅作品，由国际著名摄影家
简庆福领衔，北京、江苏及周庄本土多位摄影家共同拍摄参展。摄影家们用
其独特的视角和镜头语言展现了周庄的自然风光、历史古迹、民俗风貌等，让
人们对"周庄生活·乡愁记忆"有了更深入的了解。

在展示传播中，一些古镇还创造性地运用文学作品中的生活场景再现以
往风貌。如利用鲁迅文学作品中反映的生活场景来再现绍兴水乡的特征，是
安昌古镇开发的一种手段。"乌蓬船"是用双手双脚划的小船，划船的船老大
有时会头带"毡帽"，因为鲁迅小说及散文的影响力，"乌蓬船"和"毡帽"已经
成为绍兴地方的象征。这种以前是渔民用来捕鱼及生活运输用的小船，如今
在安昌镇成为用来载运游客的游览船。安昌镇引进以前不曾有的乌蓬游览
船，很明显是为了强调绍兴及水乡的特征。另外，因为鲁迅的《社戏》，江南水
乡的社戏、演戏的万年台及其中的水台已经广为人知，所以，安昌在重建城隍

"旅游＋"视野下江南古镇遗产旅游研究

---

① 姜申，鲁晓波．展示传播在文化遗产数字化中的交互性及其应用——以敦煌文化的当代传播
为例[J]．现代传播（中国传媒大学学报），2013（8）：19．

庙时,把以前在庙内的万年台复建在街河旁成为水台,更彰显了独特的水乡风情。①

(三)非物质遗产展会特色显著

自古镇启动非物质遗产保护工作以来,传统节日、传统手工艺的宣传展示活动,已让非物质遗产保护理念深入人心。非物质遗产展会是通过非物质遗产项目的展示展演,呈现传统技艺的丰富与精湛,引导大众审美范式的更新,有效拓展文化产品的市场前景。相比一般的商品博览会,非物质遗产展会的特点是:地域特色鲜明、制作技艺高端、大师现场展示、产品货真价实。②

2015年6月13日是我国的第十个"文化遗产日",塘栖镇连续两天举行优秀非物质遗产项目活态展示,其内容包括亭趾高跷、掮炉子、永泰花狮、南苑西安滚灯队、鸬鸟鳌鱼灯、闲林流星、长乐草龙、旱船表演、马灯、仓前拳灯、中泰狮子等。室外展位展示和销售的内容更加丰富,有米塑、风筝、剪纸、竹刻、核桃雕刻、线塑、龙头雕刻、虎头鞋、历本袋、笛箫制作、竹偶人、纸伞、手工扇面画、织带、雕版印刷、张小泉剪刀煅制技艺、天竺筷制作技艺、捏塑工艺、梨膏糖等。在展示现场还有表演活动,如法根糕点的蒙眼切云片糕表演;刺绣·古琴馆有刺绣展示和现场古琴斫制展示。游客可以参与传统美食米糕、细沙羊尾、蜜饯制作的体验活动。

在展示传播中,用来展示的文化往往经过精心挑选。近年来呈现的一个现象是江南古镇往往运用"被挑选的"文化,强化文化传统。在水乡古镇的保护和有效利用中,并不是以全部和整体的文化为对象的,被刻意强调的是那些容易引起传统的"水乡"或者传统的"古镇"联想的一面,以及那些容易感觉华丽或者精美的一面。一些"被挑选的"文化,固然能表现水乡氛围及地域文化的一些特征,但其中也有很多并不完全归属于某个古镇自身地方文化的内容。其中有过去曾经有过的民俗,也有新创造的民俗,但这种新民俗也被打上"传统"的包装,因为要把"新的镇"变为"古的镇",就需要强化其传统性和正统性的一面。③

四、博物馆传播

博物馆自诞生以来,就承担着文化遗产保护的重要使命。江南古镇在探

---

①③　陈志勤.展示、表演与文化的选择——水乡古镇的形象再造[C]//2010年中国艺术人类学论坛暨国际学术会议——非物质文化遗产保护与艺术人类学研究论文集,2010:520-521.

②　支云秀.展会在非物质遗产保护中的作用[C]//黄先友.中国非物质文化遗产保护黄山论坛论文集.合肥:安徽教育出版社,2013:3030.

索运用博物馆保护、传播非物质文化遗产方面也积累了一些经验,建立起多种形式、组织、机构来保护和利用文化遗产资源,包括文物保护单位、博物馆、生态园、历史文化名镇等,构成了江南古镇文化遗产保护、传播的综合体系。

(一)博物馆整体规划的非物质遗产传播体系

对于无形文化遗产的保护,博物馆具有特殊的优越条件和基础:①博物馆实物藏品本身就承载着各种信息,收藏和保护藏品,实质上也就是收藏、保护了藏品中所蕴藏的各种信息;②声、光、电、信息技术等在博物馆收藏、展示中的运用已经有一定的基础,博物馆的数字化改造也已经开始,这些都是可以使非物质文化遗产得到保护、收藏、展示的基础;③博物馆经过长期的运行和发展,本身具有一套保护、保存文化遗产的科学设置和运行机构,根据非物质文化遗产保护的需要,进行适当的调整,即可适应有形与无形文化保护的要求;④博物馆已经形成了经验丰富、具有专业知识的文化遗产保护的专业队伍;⑤社会和博物馆界对文化遗产的认识和理解日渐清晰,博物馆在无形文化遗产保护工作中的地位和作用日渐明确。因此,博物馆将成为对非物质文化遗产进行科学保护及永久收藏不可替代的重要机构。①

一些江南古镇运用博物馆进行非物质遗产传播体系的构建,产生了较好效果。如南浔古镇采取了整体规划策略,围绕湖笔制作技艺、双林绫绢织造技艺和辑里湖丝制作技艺这3项国家级非物质遗产项目,先后建造了中国湖笔文化馆、辑里湖丝馆和双林绫绢展示馆。中国湖笔文化馆集传承保护和宣传展示功能于一体,主要涵盖了湖笔历史、湖笔民俗、湖笔名人、湖笔名品和湖笔技艺等内容。湖笔文化馆共有两层,一层大厅设大屏幕水面投影机和大型湖笔展墙,两侧是善琏湖笔的历史发展画卷,分设湖笔的历史、湖笔的别称、湖笔的文选、湖笔的原料、湖笔与名人、湖笔传统制作器具、湖笔制作技艺八大工序、湖笔世家、湖笔名品、湖笔老字号、湖笔民俗等展厅。为了更好地展示、宣传双林绫绢织造技艺,一直承担着双林绫绢织造技艺传承与保护重任的双林绫绢厂(现湖州云鹤双林绫绢有限公司)设立双林绫绢织造技艺展示传承馆,开设原始织造技艺手工作坊,挽救濒临失传的原始手工工艺。为了保护辑里湖丝制作技艺,在南当区政府、南当古镇保护委员会、南当镇政府等部门的共同支持下,当地在南浔镇史馆内投资680余万元建成了辑里湖丝馆,该馆设有情缘世博、天虫之歌、流金岁月、崛起上海、魅力南浔5个展厅,还陈列了养蚕、丝业经营状况、丝绸制品及获奖情况。目前馆内共展出实物165

① 陈远璋.博物馆与无形文化遗产保护的探索[C]//广西博物馆文集:第三辑.南宁:广西人民出版社,2006.

件、图片 510 张,并有多媒体音像设施和现场动态演示等,再现了辑里湖丝制作技艺的历史渊源、传承谱系、技艺流程、相关实物、项目成果等内容。

(二)生态博物馆传播方式

传统的博物馆是将文化遗产搬移到一个特定的博物馆建筑中,远离了所有者,远离了所处环境,冻结在特定的时空里。生态博物馆则是将某一社区、某一村寨、某一街区等特定区域整体作为博物馆,包括其生产环境、生活环境、人文环境和自然环境。国际博物馆协会自然历史委员会为生态博物馆下的定义是:生态博物馆是一个通过科学的、教育的,或以一般的话来说,即所谓文化的方式,来管理、研究和开发某一社区所有遗产(包括自然和文化环境)的机构。

杨杰在研究龙潭古镇文化遗产保护时提出,建立生态博物馆是保护古镇文化遗产的最优途径。[①] 它不仅有效地平衡了经济相对落后但文化遗产丰富而独特的少数民族聚居的古镇关于经济发展诉求与民族文化遗产保护目标之间的尖锐矛盾,还侧重强调了"文化自觉"在文化遗产保护中的重要性。

如遗产价值比较突出的同里,可以采用这种方式。而乌镇的东栅与西栅,本身实施不同的定位,使得乌镇的遗产保护由于古镇空心化而受到质疑,假如对东栅采用生态博物馆方式予以保护传播,就是一种遗产保护方式的创新。为什么江南古镇不能以这种方式进行创新? 一方面,可能取决于固有的观念与思路;另一方面,生态博物馆的传播保护方式要求较高,会妨碍古镇的商业化,所以归根到底是营销观念的问题。

五、学校教育传播

学校在保护与传承非物质文化遗产方面有独特的优势:经费稳定、组织严密,有较强的认知能力和执行能力,学校又是青少年最集中的地方,在我国,在校生占适学青少年的 95% 以上,在学校开展非物质文化遗产传承工作,人员集中,继承人的选择面广,工作更加方便。[②]

(一)利用古镇文化遗产资源开展文化体验活动

教育是人类特有的传承文化的能动性活动,具有选择、传递、创造文化的特定功能,在人的教化与培育上始终扮演着重要的角色。开展保护教育活

---

① 杨杰.建立生态博物馆:龙潭古镇文化遗产保护的最优模式[J].重庆科技学院学报(社会科学版),2013(1):170-171.

② 何荣任.非物质文化遗产的学校教育模式[J].今日南国(中旬刊),2010(12):42.

动,可以使人们认识到保护文化遗产的意义,形成自觉行为。同时,教育是发展科学技术和培养人才的基础,开展学校教育传播,有助于为文化遗产保护与传承培养专业人才。

如南浔实验小学与浙江图书馆嘉业藏书楼签订合作协议,嘉业藏书楼授权南浔实验小学可在合作期限内,在藏书楼管理部内开展教育学习活动。协议中明确指出,在合作期限内,嘉业堂藏书楼将开放雕版库房、印刷室和装订室,提供讲解服务,南浔实验小学学生可在教师带领下,开展相关体验活动。

(二)非物质文化遗产进入中小学综合实践课程

学校教育传播目前已经成为非物质文化遗产传播的一种主要途径。究其原因,我国多年以来传统艺术的传承历史已经表明,作坊式的师徒相传模式过于脆弱,因此完全依赖民间自发力量进行传承是有风险的,必须依赖一定的体制才能确保传统艺术的稳定传承。传统艺术传承下去的有效途径,是回归传承的原貌,即通过大众传播与精英教育的结合,培育传统艺术的生存土壤即广泛的受众市场,以及杰出的艺术人才,这也是当务之急。[1]

一些江南古镇从小学就开始进行非物质文化遗产传播。雕版印刷是一项传统的艺术工艺,也是目前世界上最古老的印刷术之一,它通过在梨木板上刻字,用纸将所刻内容印到纸上的方法,来完成一本书的印刷过程。南浔实验小学三年级学生从 2014 年 12 月至 2015 年 4 月历时 5 个月开展了"雕版印刷"这项综合实践活动。学生自己查找资料并收集整理,学校把学生动手印刷的作品装订成线装书,在班级黑板报和学校橱窗进行展出;在学校走廊上挂上美化装裱好的雕版印刷图画;邀请全校师生参观"雕版印刷"作品展,在校园里刮起一股普及"雕版印刷"的良好风气;并把采集到的录像、照片、采访笔记、活动感想等资料制作成微课展板,在学校及小区里进行展览推广,让更多的学生和南浔人民了解祖国和家乡的传统文化。

设置综合实践活动课是我国基础教育从单一学科课程体系向学科和活动共同组成的新课程体系的结构性变革,实现了基础教育阶段单纯结论教育向过程教育的转变。学校把"雕版印刷"作为综合实践活动的一个主题,正是推进新课程改革、转变学生学习方式的重要尝试。

(三)古镇成为学生研学旅游的目的地

2013 年发布的《国民旅游休闲纲要(2013—2020 年)》提出了"逐步推行

---

① 梁广寒.传播与教育:中国传统艺术传承模式探析[J].文化遗产,2009(3):20.

中小学生研学旅行"的设想,"鼓励学校组织学生进行寓教于游的课外实践活动,健全学校旅游责任保险制度"。2014 年国务院 31 号文件第一次提出要建立不同学习阶段乡情教育内涵的研学旅行体系,将研学旅游纳入中小学生日常德育、美育、体育教育范畴,作为青少年爱国主义和革命传统教育、国情教育的重要载体。31 号文件指出,不同学习阶段的研学旅游重点不同:小学阶段以乡土乡情为主,初中阶段以县情市情为主,高中阶段以省情国情为主。

古镇可以联合中小学教育机构,推出以乡土乡情为主的研学旅游。如德清已经探索出将古镇文化遗产与学生研学旅游结合的路径。整合了莫干山水、孟頫故里、英溪源头、防风湿地、新市古镇 5 条路线,开展"走读德清非物质遗产"年度系列活动。提出"五个十"要求,即"探寻十个特色村落,寻访十幢传统民居,走进十所文化礼堂,传习十个非物质遗产项目,评选十件优秀作品",让广大青少年学生近距离接触与研究物质和非物质文化遗产。在后续活动中,德清还联合学校发动全县中小学生开展以"寻找身边的非物质文化遗产"为主题的活动,"我是民俗解说家"非物质遗产宣传活动,发出《保护我们身边的非物质文化遗产倡议书》,开设非物质遗产项目传习课等。

六、数字化新媒体传播

新媒体是报刊、广播、电视等传统媒体之后发展起来的新的媒体形态。狭义的新媒体包括网络媒体、手机媒体、数字电视等;广义的新媒体是指利用数字技术、网络技术,通过互联网、宽带局域网、无线通信网、卫星等渠道,以及计算机、手机、数字电视机等终端,向用户提供信息和娱乐服务的传播形态。严格地说,我们所说的新媒体应该称为数字化新媒体。

传统媒体在文化遗产旅游地意象传播中虽占据较大优势,但也存在致命缺陷:电视广播、报纸杂志等传统媒体由于信息来源集中、传播平台单一等先天不足,所传播遗产旅游地意象信息往往无法形成对遗产内涵的多元表达和充分诠释,无法深入挖掘遗产旅游地的文化价值和体验特征,从而使遗产旅游地意象的文脉吸引力很难被受众直接感知。

数字媒介的技术特性决定了当今社会文化中的图像表意正在不断强化,而文字审美则日渐式微。技术化的图像表意与视觉覆盖的文化产品的互为因果,正在成为新媒体开辟的技术审美与视觉消费的文化走向,无论是文学艺术生产,还是大众文化消费,都摆脱不掉这样的技术媒介背景,今天我们要面对的正是这个由新媒体开启的"阅文化"超越"读文化"的时代。[①] 与传统媒

---

① 欧阳友权.新媒体的技术审美与视觉消费[J].中州学刊,2013(2):155.

体相比,以互联网和移动互联网为基础的旅游网站、网络论坛、社交网站、视频网站、手机媒体及其他个人信息平台(微信、微博)等新媒体在文化遗产旅游地意象传播中具有互动性、即时性和独立性等优势。这使得新媒体在遗产旅游地意象的文脉属性传播方面发挥重要作用,成为传统媒体的有力补充。①

(一)移动应用

移动应用产品是整个移动互联网营销的核心,个人或企业通过制定移动应用产品获取受众、了解受众、获得宣传推广的渠道。企业定制移动应用作为产品与品牌延伸,同时还是品牌、企业的推广渠道的扩充。

优秀的产品是获取用户注意、引起用户兴趣的关键,非物质文化在移动互联网中的传播载体多以移动应用产品为主,其他传播载体为辅,多维手法运用展示与推广。如中央美术学院制作的《中国古典家具》,通过详细介绍5款典型明清家具(分别是圈椅、翘头案、架子床、衣架及格架,每款明清家具分别从总体家具介绍、榫卯结构、装饰纹样、上漆工艺、木质材料及返回首页这六个部分),呈现中国明清时期家具工艺、装饰、结构。通过交互形式,引起受众主动参与,对中国古典家具进行文化宣传。再如,无锡的惠山泥人驰名中外。让惠山泥人在移动互联网平台中建立展示与传播平台,一方面全面介绍惠山泥人产品的背景、历史、工艺、大师等;另一方面可以根据惠山泥人与博物馆等文化机构的相关专题展览、活动进行推荐。惠山泥人的阿福产品通常按对售卖,寓意吉祥,结合婚恋主题进行营销活动,获得目标受众认同。②

移动应用的开发,若能准确针对细分市场,往往能够收到很好的传播效果。"西塘古镇导游"这款智能语音导游系统,是专为喜欢自由行的旅游爱好者设计的。其功能包括:导游——独创的步行和行车导游双模式选择,通过GPS定位精准播报每个景点的历史文化和内涵;攻略——详细的景点门票、交通、住宿、商店等实用信息;线路——提供景区内旅游线路;游记——记录游客游玩的足迹并分享给好友;文摘——大量的文摘供游客更详细地了解景区。对于自由行的旅游爱好者来说,这个应用系统可以大大节省时间与精力成本。

移动应用的开发,有时往往伴随着一个产业的成长。在乌镇,首届世界互联网大会召开后,桐乡市政府便开始谋划互联网与行业结合的创新发展。2015年12月7日,乌镇正式上线全国首家互联网医院,并推出乌镇互联网医

---

① 周永博,等.遗产旅游地意象媒介传播机制——苏州园林与江南古镇的比较研究[J].旅游学刊,2012(10):107.
② 彭绮梦.基于移动互联网平台的无锡惠山泥人营销传播研究[D].无锡:江南大学,2014.

院官网与乌镇互联网医院 APP,为全国患者提供以复诊为核心的诊疗服务。未来,乌镇互联网医院以乌镇为中心,通过互联网连接全国的医院、医生、老百姓、药品体系和医保,建立起一个新型的智慧健康医疗服务平台。乌镇互联网医院正式运营后年接诊量将达数千万人次,并通过带动上下游产业链,在桐乡与乌镇汇聚成巨大的产业规模。[①]

（二）自媒体"微"渠道

自媒体"微"渠道包括微博、播客、微信、微电影、微广告等。这些微渠道成本较低,传播受众更为精准,受众到达率高。

1. 播客

播客与博客都是个人通过互联网发布信息的方式,并且都需要借助于第三方提供的托管服务,进行信息发布和管理。播客的主要特点就有较大的自主性和便利性。播客几乎包含了语言符号和非语言符号所有的符号系统,所以比博客更能充分地展现自我。博客与播客的主要区别在于,博客所传播的内容以文字和图片信息为主,而播客传递的则是音频和视频信息。播客所具有的便利性与自主性,极大地改变了人们对信息的接收方式。

播客作品更新速度非常快,每个播客作品下面都设有评论专栏,每个人都可以将自己的体会写上去。在每一次的传播反馈过程中,受传者都根据自己的意义空间解释播客作品及评论。

成功运用播客实现传播效应,不得不提周庄在 2014 年成功打造"声活有声"电台的案例。在融入生活的旅游概念下,周庄牵手喜马拉雅电台全年邀请 40 位线上知名播客,对周庄的人文、故事、生活进行完善的声音诠释,制作发布数百期节目。

2. 微信

微信公众平台的建立,有利于建立移动端受众的沟通桥梁,进行实时信息推送,向目标受众进行精准传播。如北京故宫博物院的微信服务号"微故宫"与订阅号"故宫淘宝",一方面通过服务号向受众提供展讯、参观指南等资讯服务,另一方面通过订阅号向用户推送故宫文化创意礼品网上商店的相关信息,引导受众进入新浪微博与淘宝网店。

2014 年,西塘、周庄等纷纷推出公众微信号。在 2015 中国智慧城市国际博览会上,乌镇官方微信号"乌镇发布"正式上线,并在北京发出首条微信。"乌镇发布"是一个集传递旅游信息、提供咨询服务、发布政务信息、展示乌镇

---

① 　张瑞洁,钱姬霞.被互联网包裹着的智慧古镇[N].南湖晚报.2015-12-17.

魅力的综合性平台。"乌镇发布"有"今日乌镇""走进乌镇"及"游在乌镇"三个栏目。在"游在乌镇"这个菜单栏里,不但有清晰的导航路线地图,还能搜索到附近酒店、餐饮、购物等详情。"今日乌镇"一栏里,有不断更新的本地资讯。"走进乌镇"包括乌镇概况、美图欣赏与乌镇特产等内容。

2015年,周庄开启"直通智慧旅游"的快速模式。"智连古镇"由微信与"番茄来了""九柚时空"联合推出,其首站即落地周庄古镇,景区内110家客栈正式接入该系统。以往人们入住周庄客栈,必须先去前台办理入住登记,遇上出游高峰期,更是要经历漫长的排队等待。"智连古镇"所提供的入口服务界面中,呈现给入住用户自由选择。用户只需选择相应的客栈Wi-Fi名称点击链接,并在接下来的服务确认界面点击"微信连Wi-Fi",即可免费上网,并自助办理入住等事宜。这套系统体现了多赢的理念,满足了游客需求,客栈方也可大大提高效率,运营商可以获得更多流量。

(三)数字化传播技术

文化遗产数字化传播常见的形式有:虚拟现实场景、文物全景交互式控制、数字幻影成像装置、主题性综合媒体展示等。数字化传播为物质文化遗产传播找到了新的形式,特别是为非物质文化遗产保护找到新的途径。如非物质遗产中的传统手工艺,以往保护基本上停留在对其制作工艺进行拍照、记录、物品收藏等简单的工作层面上,这些都会使记录在其中的非物质文化遗产受到损伤,其信息也会在一定程度上失真。数字化存储技术也为传统手工艺的保护提供了新的保护手段。它可以把一些传统手工艺的档案资料如前期手稿、照片、制作工艺的影像等,通过数字化处理,将其保存在实体介质中,如光盘、数字磁盘等,之后再用先进的三维建模等技术,将文物的图形结构保存。另外,多媒体网络数据库对非物质文化的完整保存也有着重要提升作用,通过数据库的保存和处理,可以使文物信息有序,方便人们对其进行检索。[①] 江南古镇数字化传播的运用大体有以下几类。

1. 开发主题游戏

数字游戏已经在青少年生活中占有相当大的比重。在国外开发的《使命召唤10:幽灵》的游戏里,地图设定在我国江南的湖边小镇,展示建筑环境为我国江南小镇,凉亭回廊风景秀丽。这款游戏的魅力让很多外国玩家深深折服。而以文化遗产内容为主题的游戏,不但可以给游戏企业带来游戏的品质提升,形成新的消费点和盈利点,而且可以使文化遗产知识和信息得到更有

---

① 王琳,钟蕾.数字化在传统手工艺类非物质文化遗产保护与传播中的应用[J].艺术与设计(理论),2013(9):121.

广度和深度的传播。

古镇日益意识到文化遗产知识传播的主要对象——青少年的重要性，开发主题游戏主要是针对这个人群。2014年，上海巨人网络与天津海泰集团、北京凤凰城集团共同投资超20亿元在天津滨海新区兴建游戏主题古镇。这也是国内第一个专门用于游戏制作的实景基地。游戏古镇除了为国内外游戏开发商提供便利外，未来还可以开辟游戏主题旅游和相关影视拍摄等配套服务。巨人旗下网游《江湖》在该古镇中进行多处实地取景，城楼、国战等游戏标志性元素均从古镇采集，游戏视觉设计、同名微电影也在古镇实地取景拍摄。

青少年的吸收能力强。通过游戏设计，只有掌握更全面的文化遗产背景知识，对人物、事件进行深入研究，才能把握游戏进程，获得最终胜利，才会潜移默化促成青少年对文化遗产知识的了解和研究兴趣。目前，众多的游戏公司已经认识到了此类游戏的市场前景。如法国的战略探险游戏《太阳王宫殿的阴谋》，以1685年路易十四时代的凡尔赛宫为背景，利用3D和虚拟漫游技术再现了当时的宫殿建筑、家具、油画作品、工艺品、30多个生活在宫殿中的人物、音乐等，加上游戏中的地图、文献等辅助功能，让青少年在寻宝探秘的同时了解法国的历史、文化和艺术。

目前江南古镇开发的主题游戏比较稀少。在《全民小镇》中，虽然有江南古镇的元素，但对于准确地展示和传播文化遗产信息方面显然不够。《全民小镇》的玩家可以通过点击"商店"按钮，选择"四叶草"的界面，选择主题建筑和装饰。如"江南水乡"，里面不仅有江南风格的古老建筑，还包含石亭、荷叶、水塘、老树、木船等元素配件。玩家还能搭配主题以外的装饰或建筑，打造出拥有自我特色的江南水乡。尽管通过《全民小镇》游戏，人们可以认识江南古镇，并且搭建自己心目中的江南古镇，却不是真正意义的文化遗产游戏。只有基于文化遗产信息被准确传播和展示这一前提，在游戏的策划和设计中准确地展示和传播文化遗产信息，才能完美而有效地将游戏与文化遗产传播相结合。

2.虚拟现实

虚拟现实是通过计算机模拟尽量接近真实现场的幻象，通过各种技术增强普通计算机的表现能力，包括显示给予人立体感的三维视觉幻象、围绕在整个环境的环绕式投映影像、三维立体声音定位等给观众造成一种"沉浸式"的感受，让他们感觉看到、听见的一切比想象中的真实环境更加真实。通过虚拟现实技术中的现场感和交互性为人们提供了更为充分的发挥自身主动性的行为空间，现场感能够给人们带来足够的创作气氛，让人们如同身临其境一般,能够很好地激发人们的创作灵感,带动人们的创作动力。①

为了加强旅游业宣传手段的多样性和宣传效果,将虚拟现实技术用于特色景点展示,往往可以给特色景点一个身临其境的展示机会,让游客、投资者对特色景点有更真切的感受。近年来,虚拟现实不仅是信息领域科技工作者和产业界研究、开发和应用的热点,也是多种媒体竞相报道的热点,其目标是创建一个由多维信息构成的和谐人机环境,并且在一定程度上满足一些没有到过该旅游地的旅游者的游览及审美需求。②

虚拟现实在非物质文化遗产传播与保护方面也有很大空间。如通过虚拟现实的再现,提供给大众虚拟体验制作陶瓷技艺的过程。在三维虚拟环境里,方案设计中有一整套场景需要的材料和工具,每个阶段都有一个简短的视频来对艺术作品的制作过程及所需要执行的操作进行提示,引导体验者熟悉场景主题和虚拟环境。这样,三维环境就有了互动性,并允许用户选择各种热点引发的事件,如主体的可视化、活化等互动栏目。通过这种交互方式,从而让没有虚拟现实环境体验经验的人可以快速熟悉并掌握该虚拟现实界面。③

在意大利,卢凯西小镇以大理石和青铜雕塑技法为主体,通过构建体验式交互场景平台来传播这一技艺。整个平台的功能分为制作流程模拟和用户自由选择操作两个环节。英国手工艺品网站上展示了传统篮子制作工艺,鼓励网络受众上传照片展示自己制作的篮子作品,以传统手工艺技能为平台进行非物质文化遗产的双向互动。在传统的传播过程中,传播者决定着整个传播过程,决定着信息内容的数量与质量、流量与流向,从而牢牢掌握传播话语权。而在传统篮子手工技艺的制作网站上,我们可以看出传统意义的传播者与受众的概念被打破,任何个体都可以通过网站来获取篮子的技艺信息,无形中拓展了非物质文化遗产的传播范围。④

我国近年来在非物质文化遗产传播方面也广泛运用了虚拟现实技术。如走马镇作为重庆首个"中国曲艺之乡",被重庆文化局命名为"民间文学之乡",其"走马民间故事"被列入首批国家级非物质文化遗产名录。走马古镇为了保护和传播走马非物质文化遗产,利用网络技术、虚拟现实技术将"走马民间故事会"搬上虚拟网络,充分利用现代高科技如电影、电视、动漫、虚拟现

---

①③　王冬,郑春辉.非物质文化遗产的新媒体保护及传播方法研究——以陶瓷工艺为例[J].传播与版权,2015(3):180-181.

②　徐伟,等.基于Ogre的虚拟三河古镇漫游系统[A].全国第19届计算机技术与应用(CACIS)学术会议论文集(上册),2008:44.

④　郑春辉,朱思颖.黑龙江省非物质文化遗产的新媒体传播方式研究[J].文化遗产,2013(5):30.

实技术、网络技术、P2P 无线技术、电波技术等进行展示。

虚拟现实的全景交互式控制在古镇的运用意味着一种新的旅游方式的崛起。随着虚拟现实技术在社会各个领域日益广泛的应用,以浏览功能为主的漫游方式已经不能满足人们的需求。近年来,国内一些古镇如三河古镇构建整个古镇的数字化重现和真实感漫游,以交互漫游的方式全面展示和介绍自然人文景观,有助于增强旅游景点的宣传力度,提高景点的知名度,吸引更多游客。

三河古镇特色建筑的数字化重现和真实感漫游是一套包含虚拟三河场景的交互式漫游系统。这个系统的研究受国家自然科学基金资助,也是合肥市科技局项目及合肥工业大学学生创新基金项目。系统除了包括基本的实时漫游引擎模块外,还提供了虚拟导游、漫游天气和时间段的控制、实时水面倒影、导航地图等功能。为了给所开发的漫游系统增加"可玩性",该系统甚至对雨雪等天气状态进行了模拟,能产生下雨、下雪等真实效果。为了进一步加强模拟天气的真实感,选择不同的天气时,也会播放相应的背景音乐,下雨时播放雨点落地的声音,下雪时播放一些北风怒号的声音。在三维漫游场景中,阴影所能提供的视觉暗示能有效地产生真实感,进而让人的感官更加沉浸于虚拟世界中。该系统采用动态阴影技术来生成场景的阴影特效,进而提高虚拟旅游场景中视觉效果的品质,进一步增强沉浸感。[①]

江南古镇周庄已经实现虚拟旅游产品与真实旅游体验首次联姻。"4D 周庄"展示了 AR 技术在旅游产业中的应用,游客可以看到肉眼看不到的景区景色,通过移动设备展示音频、视频、特效等多维体验,如通过手机扫描可以拼出立体的"双桥",通过影像展示双桥的故事,帮助游客获取旅游资讯,提升旅游体验。

---

① 徐伟,等.基于 Ogre 的虚拟三河古镇漫游系统[A].全国第 19 届计算机技术与应用(CACIS)学术会议论文集(上册),2008:44-46.

第八章　江南古镇文化遗产旅游与创意产业的融合

第一节　创意产业的蓬勃发展

一、文化产业与创意产业概述

目前,世界各国(或经济体)根据自己的发展阶段特点和实际需要,赋予了文化产业不同的内涵。有的叫创意产业,如英国、新加坡、印度、奥地利、泰国等;有的叫文化休闲产业,如西班牙;韩国则称之为内容产业;美国叫版权产业。在不同名称下,各国文化产业的内涵和外延也不完全相同。[①] 联合国教科文组织和关税及贸易总协定关于文化产业的共同定义在国际上引用较为普遍,其定义为:文化产业是从事具有文化属性的产品与服务的创造、生产和分销的行业。文化产品和服务在本质上具有文化属性,且通常受版权保护。文化产品和服务的首要经济价值来源于它们的文化价值,通过产生和利用知识产权,它们有创造财富和工作岗位的潜力。

文化产业与创意产业并不是完全等同的概念。并非所有的文化产业都是创意产业,创意产业只是文化产业的一个分支产业,也就是说文化产业的外延大于创意产业。如英国的文化产业分为13类,广播电视业从总体上讲属于文化产业,但其中只有一部分,或者说有创新的一部分,才属于创意产业。所谓的创意就是创新,只有创新的文化产业才能属于创意产业;没有创新的文化产业,不能称为创意产业。[②]

---

①　"世界主要经济体文化产业发展现状研究"课题组.世界主要经济体文化产业发展状况及特点［EB/OL］.(2014-12-08)［2015-07-13］. http://www.stats.gov.cn/tjzs/tjsj/tjcb/dysj/201412/t20141209_649990.html.

②　白庆祥.文化创意学[M].北京:中国经济出版社,2010:7.

创意产业的概念最早出现在 1998 年出台的《英国创意产业路径文件》中，该文件明确提出：所谓创意产业，就是指那些从个人的创造力、技能和天分中获取发展动力的企业，以及那些通过对知识产权的开发可创造潜在财富和就业机会的活动。这个概念强调创意产业的"创造力"，包括两方面内容：第一是"原创"，它是前人和其他人没有的，完全是自己首创的；第二就是"创新"，虽然是别人首先创造的，但将它进一步地改造，形成一个新的东西，是在"原创"基础上的进一步革新。创意产业具有几大特征：一是知识、文化要素密集；二是产业横向延伸很广，囊括了传统三个产业的几乎所有行业和企业的价值链高端部分，但纵向拉伸较短，即它脱离了传统产品的生产、制造和企业；三是产业关联度大，创意资本从各个行业价值链延伸出来；四是高附加值、高风险。①

创意产业就其名称本身包含了文化、创意、产业三个内容，分别代表创意产业既有区别又相互关联的三个阶段，三位一体共同构筑创意产业的内涵。创意产业的定义是以知识为元素，融合多元文化、整合相关学科、利用不同载体而构建的再造与创新的文化现象。② 它已经超越一般文化产业的含义，不仅注重文化的经济化，而且注重产业的文化化，更多地强调文化产业与第一产业、第二产业、第三产业的融合和渗透。创意产业的基本观念是通过"越界"促成不同行业、不同领域的重组与合作，是一个全新的产业概念，与文化产业和内容产业之间既有区别又有联系。③

由此可见，创意产业源于文化元素的创意和创新，是经过高科技和智力的加工产生出高附加值产品，形成的具有规模化生产和市场潜力的产业。创意产业所提供的产品和服务是与文化和艺术相关的，或者是出于娱乐的目的。它包括书籍与杂志等出版物，视觉艺术如绘画、雕塑，表演艺术如话剧、音乐会、舞蹈，录音、影视，还包括玩具、游戏和时装，等等。④ 也有人从更广的外延角度出发，把动漫画、广播影视、工艺与服装设计、计算机与软件服务、工业艺术与收藏业等相关行业归入创意产业。⑤《1998 年英国创意产业专题报告》指出，创意产业强调个人的创意、创造力、灵感等智力因素，它们是创意产业的生命线和依存点。因此，创意产业可以定义为在文化元素的原创和创新基础上产生的高附加值产品，融合多元文化、整合相关学科、

① 石杰,司志浩.创意产业概论[M].北京:海洋出版社,2008:26.
② 白庆祥.文化创意学[M].北京:中国经济出版社,2010:8.
③ 厉无畏,王慧敏.创意产业促进经济增长方式转变——机理·模式·路径[J].中国工业经济,2006(11):6.
④ 白庆祥.文化创意学[M].北京:中国经济出版社,2010:9-10.
⑤ 范小舰.美国创意产业培育与启示[J].求索,2012(7):84.

利用不同载体而构建的,具有文化属性的产品与服务的创造、生产和分销的行业。

二、创意产业在全球的发展

创意产业作为一种全新的发展模式,其对世界经济的增长具有重大的推动作用。创意产业在经济中的地位越来越重要,人类技能和创意正成为经济的关键性资源。这不意味着传统产业的消失,但知识将成为所有经济部门的动力。创意是新兴知识经济的主要驱动力,经济中的某些相关服务、研究、教育、学习和文化的"无形"活动有利于增强全球经济的发展动力。①

早在 20 世纪 90 年代初,英国就开始研究制定文化发展战略并采取措施推动创意产业的发展,这些措施主要包括:在组织管理、人才培养、资金支持等有关方面逐步加强机制建设;对文化产品的研发、制作、经销、出口等实施系统性扶持;逐步建立完整的创意产业财务支持系统,包括以奖励投资、成立风险基金、提供贷款及区域财务论坛等作为对创意产业的财务支持。

创业产业的推出为当时英国经济找到了新的增长点。2001 年英国创意产业产值约为 1125 亿英镑,占英国当年 GDP 的 5%,已超过任何制造业对 GDP 的贡献。2002 年,创意产业成为仅次于金融服务业的英国第二大产业,创意产业注册企业数约有 12.2 万家,雇用总人数达 190 万,成为英国就业人口的第一大产业。此外,英国创意产业实现出口 115 亿英镑,约占英国外贸出口总额的 4.2%。②

英国把发展文化产业作为优化产业结构、提升经济发展水平、丰富大众精神生活、提高生活质量的重要方面。第三产业在产业结构中的占比已达 80% 以上,其中文化产业又在第三产业中占有举足轻重的地位。每年约有 650 个专业艺术节在英国举行,其中爱丁堡国际艺术节是世界上最为盛大的艺术节。英国有许多拥有世界声誉的剧作家、工艺师、作曲家、电影制作人、画家、作家、歌唱家和舞蹈家,这类创造性的产业在英国的国民经济中占据重要地位。

与英国不同,美国把创意产业称为"版权产业",并将其划分为核心版权产业、部分版权产业、交叉版权产业、边缘版权产业。核心版权产业是指报刊图书出版业、影视业、戏剧创作演出业、广告业、计算机软件开发业等,是对享有版权的作品的再创作、复制、生产和传播,以创造有版权的作品或者受版权

---

① 汉斯·道维勒.创意城市为更美好、更繁荣的未来而创新[Z].2013 年 10 月联合国教科文组织创意城市北京峰会会议资料:50.

② 来自英国文化媒体与体育部。

保护的物质产品为特征。部分版权产业包括服装、纺织品与鞋类、珠宝与钱币、家用物品、陶瓷与玻璃、玩具和游戏、建筑、工程、测量等,是指所生产的具有版权的部分物质产品产业。交叉版权产业包括计算机、电视机、电子游戏设备等,是指生产或制造为了促进有版权作品的创造、生产或者使用的设备的产业。边缘版权产业包括为发行版权产品的一般批发与零售、大众运输服务、电信与互联网服务,是指为了便于受版权保护的作品或其他物品的宣传、传播、分销或销售而没有被归为核心版权产业的产业。

在全球,联合国日益重视创意产业发展。联合国教科文组织倡导"创意旅游",鼓励全球各个国家和地区,把各种文化遗产,包括艺术与手工艺品、节日与庆祝活动、考古遗址、博物馆、展览等,开发成富有创造活力的旅游项目,形成可持续发展的新经济模式。2004年10月成立的联合国"创意城市网络",其宗旨在于发挥全球创意产业对经济和社会的推动作用,促进世界各城市之间在创意产业发展、专业知识培训、知识共享和建立创意产品国际销售渠道等方面的交流合作,分为设计、文学、音乐、手工艺与民间艺术、电影、媒体艺术、美食7个主题。迄今为止,创意城市网络成员城市已达69个。2013年《联合国创意经济报告专刊——拓宽本地发展道路》指出,创意经济涵盖音像产品、设计、新媒体、表演艺术、出版和视觉艺术,它不仅是世界经济增长最迅速的产业,而且是在创造收入、增加就业和出口创汇等方面具有高度变革性的行业。

2013年5月,由联合国教科文组织发起的"文化:可持续发展的关键"国际会议发布了大会成果——《杭州宣言》。《杭州宣言》提出将文化置于可持续发展政策的核心地位。通过回顾"有活力的文化生活和城市历史环境质量是实现可持续发展城市的关键"这一论点,强调文化作为实现可持续城市发展和管理的关键作用。它建议地方政府应该:第一,保护和增强环境与其自然环境的和谐;第二,提倡尊重多元化;第三,利用文化基础设施,如博物馆和其他文化设施,作为市民对话和社会融入的空间来减少暴力事件和促进凝聚力;第四,通过推动非物质文化实践和当代创意表现的多样性,促进城市区域和公共空间的文化引导的再发展,来保护社会结构,改善经济效益和增加竞争力;第五,推动文化创意产业发展。

数十年来,世界范围内尤其是发达经济体的文化创意产业经历了高速增长,根据粗略估计,其增长速度约是服务业增速的2倍,是制造业增速的4倍。欧美发达国家的创意经济在促进经济增长、拉动就业与贸易方面做出了突出贡献,已经成为名副其实的主导产业,并且在国际文化市场中形成标志性品牌,占据了全球领导者的地位,市场势力日益增强,具体如美国的电影业和传媒业、日本的动漫产业、韩国的网络游戏业、德国的出版业、英国的音乐产业等。

从全球看,创意产业结构优化的总体方向是"内容"产业和"渠道"产业的比重将逐渐增加,并能够主导部门的发展。国际经验显示,创意产品在内容创意、制作、生产复制和营销传播等方面的附加价值分配为45％、10％、5％、40％。其中核心环节是内容创意,以其原创性的知识实现价值增值;而创意产品价值实现的关键环节则是交易传播。创意产业发展的区位选择同时存在集聚在大城市和分散在全球各地的趋势。在宏观层面上,文化创意产业在全球内组织生产,形成开放的创意全球生产网络。创意衍生品授权制造、动漫产业加工制作等价值链上附加值较低的环节全球化扩散,那些较关键的、高附加值的内容创意、研究与设计、营销推广、渠道传播等活动则较为集中。①

三、创意产业在我国的发展

互联网使全球成为地球村,文化交流成为国家交往的常态。同时,文化也已成为国与国之间竞争的"硬实力",成为一个最强大的产业形态。在我国,党的十七届五中全会提出推动文化产业成为国民经济支柱性产业的战略目标。这是迄今为止国家赋予文化产业的最高地位。党的十七届六中全会进一步强调推动文化产业跨越式发展,审议通过了《中共中央关于深化文化体制改革、推动社会主义文化大发展大繁荣若干重大问题的决定》。会议指出,当代中国进入了全面建设小康社会的关键时期和深化改革开放、加快转变经济发展方式的攻坚时期,文化越来越成为民族凝聚力和创造力的重要源泉、越来越成为综合国力竞争的重要因素、越来越成为经济社会发展的重要支撑,丰富精神文化生活越来越成为我国人民的热切愿望。在坚持以经济建设为中心的同时,自觉把文化繁荣发展作为坚持发展是硬道理、发展是党执政兴国第一要务的重要内容,作为深入贯彻落实科学发展观的一个基本要求。文化产业建设被提上文化强国的战略目标。

2004年,国家统计局在与中宣部及国务院有关部门共同研究的基础上,依据《国民经济行业分类》(GB/T4754—2002),制定了《文化及相关产业分

---

① 田蕾.世界文化创意产业结构优化的发展趋势及启示[J].经济问题探索,2013(11):55-60.

类》,并作为国家统计标准颁布实施。2004年制定的分类把文化及相关产业定义为"为社会公众提供文化、娱乐产品和服务的活动,以及与这些活动有关联的活动的集合"。制定分类时,为反映文化建设和文化体制改革的情况,提出《文化及相关产业分类》的内容可进一步组合成文化产业核心层、文化产业外围层和相关文化产业层。

2006年12月,北京市统计局、国家统计局北京调查总队就联合召开新闻发布会,公布我国内地第一个创意产业分类标准。《北京市文化创意产业分类标准》依据国民经济行业分类,并根据文化创意活动的特点,对相关类别进行了重新组合,将国民经济行业分类中的82个行业小类和6个行业中类纳入北京市创意产业范围,将创意产业分为:文化艺术,新闻、出版,广播、电视、电影,软件、网络及计算机服务,广告会展,艺术品交易,设计服务,旅游、休闲娱乐,其他辅助服务9个大类。

2009年,国务院将旅游业划为战略性产业,并做出系列部署。2011年,《中共中央关于深化文化体制改革推动社会主义文化大发展大繁荣若干重大问题的决定》指出,要将文化与旅游高度融合,相互促进。2012年国家统计局颁布了新修订的《文化及相关产业分类(2012)》标准,这次修订是在2004年制定的《文化及相关产业分类》的基础上进行的,延续了原有的分类原则和方法,调整了类别结构,增加了与文化生产活动相关的创意、新业态、软件设计服务等内容和部分行业小类,减少了少量不符合文化及相关产业定义的活动类别。文化及相关产业被分为10个大类,其范围包括:①以文化为核心内容,为直接满足人们的精神需要而进行的创作、制造、传播、展示等文化产品(包括货物和服务)的生产活动;②为实现文化产品生产所必需的辅助生产活动;③作为文化产品实物载体或制作(使用、传播、展示)工具的文化用品的生产活动(包括制造和销售);④为实现文化产品生产所需专用设备的生产活动(包括制造和销售)。

在这个标准中,"文化创意和设计服务"分类首次在《国民经济行业分类》中被提及。根据《文化及相关产业分类(2012)》的划分,文化创意和设计服务作为同一类别提出,分别包括广告服务、文化软件服务、建筑设计服务及专业设计服务(见表8-1)①。

---

① 国家统计局.文化及相关产业分类(2012)[Z].2012-07-02.

表 8-1　《文化及相关产业分类(2012)》文化创意及相关产业的类别名称和行业代码

	文化创意和设计服务类别名称	行业代码
广告服务	**广告业**	7240
文化软件服务	**软件开发** ● 多媒体、动漫游戏软件开发	6510
	数字内容服务 ● 数字动漫、游戏设计制作	6591
建筑设计服务	**工程勘察设计** ● 房屋建筑工程设计服务 ● 室内装饰设计服务 ● 风景园林工程专项设计服务	7482
专业设计服务	**专业化设计服务**	7491

2014 年 3 月 14 日,国务院正式下发《关于推进文化创意和设计服务与相关产业融合发展的若干意见》,明确指出,文化创意和设计服务具有高知识性、高增值性和低能耗、低污染等特征。推进文化创意和设计服务等新型、高端服务业发展,促进与实体经济深度融合,是培育国民经济新的增长点、提升国家文化软实力和产业竞争力的重大举措,是发展创新型经济、促进经济结构调整和发展方式转变、加快实现由"中国制造"向"中国创造"转变的内在要求,是促进产品和服务创新、催生新兴业态、带动就业、满足多样化消费需求、提高人民生活质量的重要途径。

这个政策的出台大大推进了创意产业的发展以及与旅游融合发展的进程,继而在很短时间内出台了一系列政策:3 月 17 日,国务院印发《关于加快发展对外文化贸易的意见》;3 月 20 日,文化部印发《贯彻落实国务院关于推进文化创意和设计服务与相关产业融合发展的若干意见的实施意见》。创意产业发展崭露头角,旅游产业与创意产业互动融合已是大势所趋。

第二节　文化创意古镇的发展趋势

一、遗产旅游与创意产业的融合的意义

（一）遗产旅游与创意产业的融合可以克服旅游发展的弊端

开展遗产旅游,往往难以回避遗产保护与旅游开发的矛盾。现代旅游业由于对旅游资源的不合理开发和旅游从业人员无限制的进入,一些地方旅游环境质量下降明显,资源消耗严重,地方文化特色逐渐消失。如何使文化遗产保护与旅游开发和谐共生,是现阶段协调这种机制需要深入探讨的重要思路之一。大量的事实证明,我们不能期待旅游开发本身成为保护文化遗产的有效力量,而应在文化遗产保护与旅游开发之间寻求平衡机制。[1]

创意产业开发在一个更高的理论层面上,实现了对文化遗产的保存和活化,遗产旅游与创意产业的融合可以克服旅游发展的弊端。创意产业开发所要开发的不是文化遗产的物质载体,而是文化遗产的精神内涵,它超越了物质层面而进入精神传承和精神创新的层面。因而文化产业开发包括文化旅游产品开发,不会对文化遗产物质载体造成侵害。[2] 通过遗产旅游与创意产业的融合,可以较好地解决遗产保护与旅游开发的矛盾。它既能满足当代人的需求,又不损害子孙后代的利益,有益于对自然和文化资源的永续利用。[3]

（二）旅游产业与创意产业的融合具有相互促进作用

首先,创意产业与旅游产业具有共性。创意产业与旅游产业在满足旅游者的精神文化、文化求知需求上具有共性。随着人们的需求不断由低级向高级演进,文化资源中包含的各种文化价值,对应和满足了人们对了解历史知识、民俗风情、传统价值观念和生活方式及进行休闲娱乐等方面的精神需求,使人们能够获得与自己的现实身份和生活方式迥然相异的独特体验,或者能

---

① 席岳婷,赵荣.基于创意产业的文化遗产保护与旅游开发[J].长安大学学报(社会科学版),2012(2):74.

② 华汉旅.创意产业开发对文化遗产保存有什么样的促进作用的[EB/OL].(2013-09-27)[2015-07-13].http://www.bjhhlv.com/newsdetail/5337.html.

③ 王兆峰,黄喜林.文化旅游创意产业发展的动力机制与对策研究[J].山东社会科学,2010(9):120.

够与消费者形成情感联系,甚至给他们带来身份认同和自尊。① 并且,创意产业属于知识密集型产业,可以为旅游产业的发展提供科技支撑与技术服务。而旅游产业中的文化旅游产业部分和旅游策划营销部分也属于知识密集型产业,它们边界相容,性质相同。

其次,旅游资源与文化资源具有交叉性。就文化产业而言,文化资源是文化产业的素材和源泉,是文化产业可持续发展的必要条件和基础保障。因此,文化资源的可持续利用也就成了文化产业可持续发展的内容之一。② 文化资源的主体是历史文化资源,包括物质文化资源和精神文化资源两大类别,遗产旅游资源主体也是历史文化资源,包括物质文化遗产资源和非物质文化遗产资源两大类别。历史文化资源因其蕴含的文化价值和文化意义,在给消费者带来精神享受的同时,也给生产者带来利润和收益。③

再次,旅游产业和创意产业都具备可融合性。创意产业强调原创性知识对其他产业的渗透和增值,旅游业是对各个旅游相关产业的解构后形成的体系,其存在相当大的创意渗透空间,同时创意产业本体也可以纳入到旅游的综合体内。旅游可以创意化,创意可以旅游化,无论从价值体系还是从空间布局来看,旅游产业和创意产业都具备可融合性。融合不仅是单体结合而且还是两个关系资本的整合,在更大的程度发挥协同效应。④

(三)旅游产业与创意产业融合可以发挥"1+1>2"效应

创意产业具有高附加值特征,可以为旅游产业链的延长、产业面的拓展提供产业融合的基础与条件。创意产业可以增进旅游业的精神文化内涵。创意的立足点是文化,利用文化创意实现文化和旅游的结合,充实旅游的精神文化内涵是增强旅游竞争力的有效途径,同时也是提升旅游品位的关键所在。⑤

可见,旅游与创意产业融合实质上是创意对旅游的增值过程,是创意增强旅游吸引力的过程,也是旅游从单纯依赖自然和历史人文资源转型进入主动创造文化价值的过程。融合不一定会有新生体或是新的行政管辖对象的诞生,而更可能是理念的转变、流程的改造或是展现方式的创新。⑥ 创意产业

①③　马黎明.基于历史文化资源优势的文化产业发展目标与重点[J].齐鲁学刊,2015(4):97.

②　胡惠林.我国文化产业发展战略理论文献研究综述[M].上海:上海人民出版社,2010:229.

④⑥　杨颖.从业态多样性现象透视旅游业转型发展——以旅游业与创意产业融合为例[J].旅游论坛,2008(6):382.

⑤　王兆峰,黄喜林.文化旅游创意产业发展的动力机制与对策研究[J].山东社会科学,2010(9):120.

增强了旅游业的精神文化内涵,将是我国旅游业未来发展的努力方向之一。①

（四）遗产旅游与创意产业的融合具有延长产业链的作用

遗产旅游与创意产业融合而形成产生遗产旅游创意产业链,该产业链以文化遗产的旅游资源开发、旅游产品设计、旅游品牌销售等为核心,围绕遗产旅游资源的开发与利用、保护与传承而形成。在整个产业链中,文化创意与旅游彼此相互交织、融合,成为一个综合产业链。

对于非物质文化遗产创意旅游而言,随着社会生产专业化分工与协作的深入发展,非物质文化遗产创意旅游产品的开发、设计、销售显然难以由单一的企业承担,如非物质文化遗产的保存、展示可利用计算机绘图、仿真、数据传输等技术,非物质文化遗产的传播需要借助手机媒体、网络媒体等现代新兴传媒产业。这就促进了非物质遗产旅游创意的参与主体在产业运营过程中的彼此合作。② 故此,有学者将遗产旅游认定为限定性旅游类型,即以生态平衡旅游为目的,做到旅游主体、旅游客体、旅游媒体和旅游环境协调共生下的旅游整体的系统化和最佳化。③ 特别是对于非物质文化遗产旅游,它通过深入挖掘、充分展示文化遗产所蕴含的文化内涵与精神品格实现对文化的有效传承。二者的融合还进一步促进了非物质文化遗产旅游产业的升级换代,催生出全新的产业形态,并吸引越来越多的行业向非物质文化遗产旅游创意产业靠拢,进而形成产业链并且不断衍生。④

（五）遗产旅游与创意产业的融合可以推动文化遗产的创新

这一点,突出表现在非物质文化遗产旅游与文化遗产融合上。非物质文化遗产旅游主体负载着一定的文化因子,不仅将文化传播到异地,也受到异地文化和风俗的影响。在这种跨文化的交流中,一方面非物质文化遗产所蕴含的文化内涵与精神品格将获得新的理解与发展;另一方面,非物质文化遗产所蕴含的文化内涵加入具有普世性的精神价值,超越意识形态和价值观念的障碍,更容易引起全球各地民众感情共鸣和价值认同。因此,非物质文化遗产旅游在中华民族文化的传承与发展中发挥着独特的作用,这些文化元素

① 王兆峰,黄喜林.文化旅游创意产业发展的动力机制与对策研究[J].山东社会科学,2010(9):120.

②④ 荣浩.基于文化软实力视角的非物质文化遗产旅游创意产业发展研究[J].旅游纵览(下半月),2014(1):26-27.

③ 席岳婷,赵荣.基于创意产业的文化遗产保护与旅游开发[J].长安大学学报(社会科学版),2012(2):74.

的深度融合必将赋予中华文化鲜活的生命力和强大的竞争力。①

二、"旅游＋"视野下文化创意古镇的发展

（一）创意产业在江南地区的发展

随着创意产业的发展，其在城市产业经济结构中开始呈现出主导性影响，并越来越成为城市经济结构的核心支柱。同时，创意产业还越来越呈现出一种"无边界"的发展趋势，从早期一种依赖文化资源开发的产业形态转变为凭借元创意可以融合任何产业类型并形成全新产业业态的经济类型。②

近年来，上海坚持"创意产业化，产业创意化"的理念，把创意产业作为现代服务业发展的重点，于 2008 年 6 月出台《上海市加快创意产业发展的指导意见》，对上海创意产业的发展做了全面规划。该指导意见提出，要以原创设计为核心、文化内涵为要素、相关产业链为聚合，建成以研发设计创意、建筑设计创意、文化传媒创意、咨询策划创意、时尚消费创意等为发展重点的创意产业集聚区。上海继而加入全球"创意城市网络"，被联合国教科文组织授予"设计之都"称号。中国工业设计研究院、迪士尼、东方梦工厂等世界级研发中心和重大项目已相继落户上海，自贸区文化市场开放政策正显现出桥头堡作用，这些都为上海大力发展创意产业拓展了发展空间。2014 年 4 月，上海市政府公布《中国（上海）自由贸易试验区文化市场开放项目实施细则》，规范管理外商独资演出经纪机构、外商独资娱乐场所、外资企业从事游戏游艺设备的生产和销售三项文化市场开放政策。

在江苏，具有江苏特色的文化创意正融入制造业推动着产业升级。苏州为此专门成立了苏州市文化产业发展领导小组，并出台了《关于推动苏州文化产业跨越发展的意见》《苏州市文化产业专项引导资金管理办法》和《苏州市文化产业投资指导目录》。在《关于推动苏州文化产业跨越发展的意见》中提出，要以创新为引领，以结构调整为主线，以市场为导向，以企业为主体，以集聚区为载体，以重大项目来带动，推动文化资源优势、对外开放优势和科技创新优势转化为文化产业优势，发展一批强势文化产业门类，形成一批骨干龙头企业，建设一批高水平的产业园区和基地，培育一批知名文化品牌，打造区域特色鲜明的具有较强实力和竞争力的文化产业体系。2015 年 7 月 27 日，苏州市人民政府出台了《关于进一步加快创意产业发展的若干政策意

① 荣浩.基于文化软实力视角的非物质文化遗产旅游创意产业发展研究[J].旅游纵览（下半月），2014（1）：26.

② 周蜀秦，李程骅.创意产业促进城市转型的机制与战略路径[J].江海学刊，2013（6）：88.

见》,重点发展创意设计、文化旅游、工艺美术及非物质遗产传承开发、数字内容与新媒体、影视演艺娱乐、文化会展广告等领域。该文件的出台,从多个方面提升苏州市创意产业发展水平,把苏州市打造成区域性创意产业中心,形成与相关产业全方位、深层次、宽领域的融合发展格局;培育一批具有较强市场竞争力的骨干文化创意企业,形成一批具有较强带动效益的主导产业,建立健全现代文化生产、服务和销售网络,文化产业综合实力进入全国第一方阵。

经过多年发展,浙江已成为全国创意产业发展最快的省份之一,初步形成了信息软件、动漫游戏、工业设计、广告、现代传媒、艺术品创作和交易等优势产业。在浙江,杭州较早提出了"创意产业"的概念。2007 年 2 月,杭州市第十次党代会正式采用"创意产业"概念,首次提出打造"全国创意产业中心"的目标。近年来,浙江全省各地涌现出众多具有鲜明地域特色的文化产业集聚区,主要有滨江区国家动漫产业基地、西湖区数字娱乐园、横店影视城、宁波文具产业区、嵊州民间职业剧团、义乌文化制造业、仙居工艺品加工区、东阳木雕产业园区,以及普陀山、天台山、乌镇等文化旅游区块,形成了演艺娱乐业、动漫游戏业、网络文化经营业、艺术品和工艺美术经营业、艺术创意和设计业、文化会展和文化旅游业"六大重点产业门类"。[①] 这其中,也有古镇的身影,如乌镇、西塘都发展了创意产业。

与江南地区创意产业蓬勃发展相比,除个别古镇外,江南古镇的文化创意发展步伐相对滞后,没有依照文化遗产旅游规律加强旅游深层次的文化性和体验性,一些古镇无论是品牌打造、项目开发,还是营销模式、运营模式等都已进入相对停滞时期。其实,古镇文化资源的开发,既是文化资源价值的彰显过程,也是文化资源价值的提升过程。如法国奥塞博物馆的原址为巴黎通往法国西南郊区的一个火车站,于 1986 年改建而成,之前闲置了 47 年之久。奥塞博物馆收集了许多来自不同国家的艺术品,其他许多作品来自罗浮宫。该馆展厅面积达 4.5 万平方米,收藏近代艺术品 4700 多件,是世界上收藏印象派重要画作最多的地方,建筑、雕塑、绘画、素描、摄影、电影、装饰艺术都在此得到完整的展出。通过有效的创意活动,一个闲置的火车站在失去最初的建造功能后产生了不可估量的文化、艺术及经济价值。

可见,由文化创意而生成的有效产业链,不仅提升了文化资源本身的价值,也是文化资源生命力的提升,可以延伸、拓展其附加产业,这对于文化遗

---

① 锡宾.文化产业园区发展应遵循三结合原则[J].浙江经济,2013(23):42-43.

产的保护与传承具有深远的意义。在这种背景下,江南古镇中一部分具有市场敏感性的古镇如乌镇、周庄、同里等,已经开始向文化创意古镇发展。

(二)江南古镇是遗产旅游与创意产业融合发展的绝佳场所

第一,江南古镇文化底蕴深厚,创意产业与遗产旅游的契合度较高。江南古镇都有一定的文化底蕴与文化产业发展基础,民风淳朴,环境舒适,对创意企业、创意组织、创意个人具有极大吸引力。

第二,创意产业与遗产旅游融合可以给社区居民带来更大利益。江南古镇过度的旅游发展与原住民之间的对抗与利益冲突日甚,成为古镇难以解决的问题。通过创意产业与旅游业融合,能传承当地文化,让社区居民与游客都感受到"乡土气息",二者融合产生的价值链、产业链扩展又可以创造新产业、新就业和新附加价值。

第三,创意产业与遗产旅游融合可以扩展遗产旅游产业链。江南古镇的非物质文化遗产十分丰富,但是长期以来都没有得到充分利用。江南古镇目前迫切要做的,是如何运用文化创意将非物质遗产旅游资源加工成非物质遗产旅游产品推向市场,借助当今各种类型的媒介和多元化的表达方式营造形式多样的体验氛围,加入一定的创意元素,积极主动地拓展文化遗产在新时代的生存空间和受众面,利用现代文化生产理念和先进技术成倍放大非物质文化遗产。[①]

第四,将"文化创意古镇"作为旅游产业与创意产业的载体进行开发,可以使江南古镇更具魅力。厉无畏指出,创意产业和城市旧区改造有机结合,可以避免城市文脉的中断,不仅能保留具有历史文化价值的建筑,而且通过历史与未来、传统与现代、东方与西洋、经典与流行的交叉融合,为城市增添历史与现代交融的文化景观,不仅能对城市经济发展产生巨大推动作用,而且使城市更具魅力。[②] 文化创意古镇的发展将为旅游产业、新型城镇化建设、创意产业互动融合提供一个平台,将为新型城镇及创新型城镇发展提供一条路径,为江南古镇旅游转型升级提供更好的思路。

---

① 荣浩.基于文化软实力视角的非物质文化遗产旅游创意产业发展研究[J].旅游纵览(下半月),2014(1):26.

② 厉无畏.创意产业推进城市实现创新驱动和转型发展[J].上海城市规划,2012(4):11-16.

第三节　江南古镇遗产旅游与创意产业的融合路径

一、引入同源文化

遗产旅游与创意产业的融合包括资源融合、技术融合、功能融合和界域融合。其中，资源融合是资源整合的重要表现形式，为产业融合发展提供创新产品或服务来源，可以促进资源优化配置，使产业发展具有持久生命力。从这个角度划分江南古镇遗产旅游与创意产业的融合路径，可以分为两大类：一是对自身产业要素资源挖掘形成的文化产业；二是引入同源文化迅速提升自身文化产业品牌与实力。①

同源文化指处于不同地方的具有相同根源的文化，即以移民为载体或自发传播而使文化在不同的区域里具有传播继承性，形成了区域文化之间的文化脉络，具有相同的核心价值理念或物理表象特征的文化。根据其由文化脉络在地域上形成的关系，可以分为两类：①邻近型同源文化，由于时空距离的接近，文化在传播过程中没有出现断层，在地域上具有连续性；②分离型同源文化，由于时间与空间相隔太久，文化在传播过程中发生变异，或受到其他文化的冲击而消失，出现文化区域的隔离，在地域上出现间断性，空间上出现分离。②

跨文化的传播可以跨越时空把两种不同文化加以融合。如同里和围棋本来风马牛不相及，但是富有想象力的同里古镇却把这两样东西结合起来了。新华社在 2008 年 9 月 28 日刊发的一篇文章《同里古镇与围棋的美丽邂逅》中说："围棋是源于中国的古老竞技艺术，同里是历史悠久的千年古镇，两个'古'字的完美结合，堪称'双赢'。……围棋文化与江南水乡的清丽灵秀融会贯通、交相辉映。"文章以诗意化的语言写道：

> 同里水网密布，湖泊众多，如镶嵌在江南大地上的一颗明珠。
> 其实，同里不也是一个巨大的棋盘吗？人在桥上走，船在河中行，应
> 了围棋的变化多端；粉墙黛瓦，应了围棋的黑白之道；走在大街小

① 《江苏古镇保护与旅游开发研究》课题组.江苏古镇保护与旅游发展研究[M].南京：东南大学出版社，2014：136-137.
② 马帅.空间分离型的同源文化旅游地合作开发研究[D].福州：福建师范大学，2011.

巷,游在深深庭院,处处曲径通幽,又应了围棋的四通之道。

同里就是一个将某种有共同渊源时空分离的文化结合起来的典范。自
2000 年起,同里镇开始冠名承办每年一届的"同里杯"中国围棋天元赛。此
外,同里还固定举办中韩围棋天元赛、中韩围棋新锐对抗赛、全国围棋职业段
位赛等赛事。2002 年,同里镇将第 16 届中国围棋天元赛决赛地点安排在著
名的退思园眠云亭。眠云亭就是当年花园的主人为了招待朋友下棋而专门
建造的。2002 年 3 月,常昊、黄奕中身穿唐装,端坐其上,展开黑白厮杀,开创
了围棋比赛在室外进行的先例,这场比赛也将围棋和同里当地文化有机地结
合在了一起。2003 年,中韩围棋天元赛落户同里,将中国天元古力对阵韩国
天元宋太坤的比赛安排在当地著名景点"珍珠塔"清远堂进行。① 2006 年,时
任中国棋院院长的王汝南与同里镇政府签署了为期 5 年的战略协作协议。
2014 年 4 月落成的同里天元文化苑项目是围棋文化在同里深入普及的一个
重要标志,也是同里文化旅游发展的一个重要节点。该项目占地 4.2 亩,建筑
面积达 1094 平方米,由天元楼、天弈阁、前苑、后苑四个部分组成。这里主要
举办围棋天元战、全国围棋升段赛等高级别围棋赛事,并常态化开展围棋普
及教育及各类文化传承活动。在围棋事业上,同里镇先后荣获了"中国围棋
天元赛基地""江苏省体育产业示范基地""中国天元围棋培训基地"等称号。

异质文化间的跨文化传播较易显示文化背景给传播带来的阻碍或推动
作用,而同源文化间的跨文化传播,则在表面上呈现出平滑顺畅的特性,在宏
观上显得颇为稳定,其微观层面的复杂性并不外显。但同源文化之间同样存
在着多种融合与对立的可能性,如主体文化与亚文化之间、精英文化与大众
文化之间、主流文化与非主流文化之间、母体文化与衍生文化之间,变数仍然
很多。② 以乌镇为例,乌镇举办戏剧节曾经引发过很大的质疑。

首届乌镇戏剧节于 2013 年 5 月 9 日至 19 日举办,6 个剧院与剧场,"国
际邀请""青年竞演""古镇嘉年华"三大单元,逾 120 组艺术表演团体,500 余
场精彩演出,乌镇朝着文化小镇迈出了重要一步。2014 年的乌镇戏剧节比首
届更加丰富多元,17 部国内外大戏、12 部青年竞演单元作品、12 场大师小镇
对话、5 场工作坊及将近 1500 场街头表演,让乌镇变成一个"戏剧天堂"。③

---

① 周杰,王恒志.同里与围棋:14 年持续积淀,天元文化院启用在即[EB/OL](2013-05-16)
[2015-07-13].http://sport.sina.com.cn/go/2013-05-16/11236571169.shtml.

② 樊葵.论同源文化间传播的选择性——以高丽对中国文学的受容为例[J].浙江学刊,2013
(6):130.

③ 陈燕雯.乌镇戏剧节:一年一梦——中西文化对话交流的"进步颂"[J].文化交流,2014(12):
17.

对此,有人提出,戏剧节缺乏戏剧内在生态链,目前的戏剧都是靠引进,并不持久。乌镇需要完善自己的戏剧生态链,从剧本创作、舞美、灯光、表演等,都在本地生根发芽,否则所谓戏剧节只能是场高级表演秀而已。乌镇戏剧节明显与阿维尼翁戏剧节不同,乌镇戏剧节要获得与阿维尼翁戏剧节类似的成就与效果,需要经过时间的考验与磨炼。① 业内人士甚至指出,拿着5亿元资金砸出来的所谓戏剧节只可能变成一个奢侈的业内大广告。北京演艺集团副总经理李龙吟就在微博上提出疑问:"乌镇为什么要搞戏剧节? 乌镇要成为一个戏剧镇,长年有戏看吗? 演出单位从哪儿来的? 观众从哪儿来的? 据说本届戏剧节花了5个亿,是政府投资还是企业行为? 如果是政府投资是为了什么? 如果是企业投资你怎么收回?"正是由于这条微博,众多质疑者纷纷提出了自己的疑问。②

但从另一方面看,随着地球村越来越成为现实,一个社会的新文化要素的源泉也可能是一个社会或群体向另一个社会借取文化要素并把它们融进自己的文化之中的过程。借取有时能使一个群体在发展某个过程或建立某个机构时绕过某些阶段或避免某些错误。③ 乌镇通过戏剧节,将古镇与戏剧进行沟通,将中西文化进行沟通,很好地消除了不同文化的融合障碍。在跨文化传播中,冲突与融通是共存的,同源性文化间的传播也是如此。而传播过程中的选择,就是调节冲突、达至融通的一种机制。④ 不可否认,乌镇举办戏剧节反映了全球化下的"旅游＋创意"产业的远大视野,从积极方面看,的确大大拓宽了乌镇遗产旅游的内涵。

全球化开启了一个新的时代,不仅仅是简单的时间、空间的置换,更重要的是文化、思想、意识形态的完美契合。⑤ 几届乌镇戏剧节,都产生了中西文化的碰撞、融合,擦出创意的火花,迎来遗产旅游的收获。

二、对自身产业要素资源的挖掘而形成的文化产业

文化产业开发"五阶段说"认为,文化产业开发路径是:创意—产品—流通—发送机构—观众接受。王贝等提出对于古镇文化资源产业开发过程而

① 张苗茨.乌镇戏剧节能否可持续发展[N].中国旅游报,2013-06-18.
② 陈杰.5亿元砸出的乌镇戏剧节靠谱吗[N].北京商报,2013-05-16.
③ [美]C.恩伯、M.恩伯.文化的变异——现代文化人类学通论[M].沈阳:辽宁人民出版社,1988:535.
④ 樊葵.论同源文化间传播的选择性——以高丽对中国文学的受容为例[J].浙江学刊,2013(6):136.
⑤ 白庆祥.文化创意学[M].北京:中国经济出版社,2010:110.

言,可以概括为"提炼文化—形成产品—产品市场化"三个阶段。[①] 其中,提炼文化是产业化的前提,形成产品是产业化的核心,产品市场化是产业化的最终落脚点。需要指出的是,古镇文化资源不是文化产品,更不是文化产业。实现古镇文化向文化产品的转化,既是一个物态转化过程,也是一个价值增值和质的飞跃过程。要实现这种转化和飞跃,须充分发挥市场作用,对古镇文化资源进行合理配置。

要实现文化资源合理配置,必须立足于对自身产业要素资源的挖掘。《江苏古镇保护与旅游开发研究》课题组将古镇可利用的文化资源按照创意产业、传媒产业、体育产业及会展产业进行分别归类[②](见表8-2)。

表 8-2　古镇文化产业类型及资源要素

类　别	可利用的文化资源
创意产业	古镇传统音乐、舞蹈、戏剧、民俗、绘画、建筑、民间工艺等
传媒产业	古镇民间曲艺、音乐、文学艺术等
体育产业	古镇文化民俗风情、宗教
会展产业	古镇传统民俗活动

这个归纳,将古镇传统音乐、舞蹈、戏剧、民俗、绘画、建筑、民间工艺等归入创意产业范畴,与国家统计局的《文化及相关产业分类(2012)》的划分有较大区别。显然,在《江苏古镇保护与旅游开发研究》课题组看来,创意产业是广义的,其含义与文化产业概念相同。

如新场古镇利用早已废弃的原上海针织十九厂建筑,用当代雕塑、装置等艺术形式重建了千年古镇的乡土民俗,从而形成一种文化产品。枫泾古镇则提炼大灶头文化,把文化创意与百姓日常生活紧密联系起来,推动古镇升级为文化创意小镇。为此,枫泾古镇设立了课题组,把土灶与黄酒文化相结合,以旅游消费为抓手,整合现代旅游吃住行游购娱厕与商养学闲情奇文等要素,引领新常态下上海新型文化旅游产品消费新潮流,将枫泾古镇打造成乡愁旅游示范区和样板。

---

① 王贝,张明轩,陈宏达.古镇文化资源产业化开发的机理及对策研究[J].山西高等学校社会科学学报,2015(2);102.

② 《江苏古镇保护与旅游开发研究》课题组.江苏古镇保护与旅游发展研究[M].南京;东南大学出版社,2014;136-137.

第四节　江南古镇创意产业与遗产旅游融合的方向

一、发展创意旅游与体验旅游

2014年末,中央经济工作会议首次明确了"经济发展新常态"的九大趋势性变化,其中对于"消费需求"趋势的描述是:过去呈"模仿型排浪式特征",现在"个性化、多样化消费渐成主流"。旅游消费同样形成个性化、多样化消费主流趋势。创意旅游与体验旅游就是表现之一。国发〔2014〕31号《国务院关于促进旅游业改革发展的若干意见》提出:"规范整合会展活动,发挥具有地方和民族特色的传统节庆品牌效应,组织开展群众参与性强的文化旅游活动。"可见,发展创意旅游与体验旅游,增强游览的娱乐性和参与性,应当成为江南古镇今后发展的一个主要方向。

创意旅游是指旅游地为旅游者提供具有原真性、参与体验性的旅游活动,旅游者在游览过程中学习旅游目的地的文化、艺术或技巧,拉近与当地居民的距离,进一步体验旅游目的地的文化氛围。新西兰于2003年发起了全国性组织"创意旅游新西兰";联合国教科文组织于2004年建立了创意城市网络,并于2008年9月举办了关于旅游创意的主题会议;2007年欧洲旅游与休闲教育协会出版专著《旅游、创意、发展》。业内对创意旅游概念的界定众说纷芸,详见表8-3。

旅游发展中的创意可以从两个层面来理解。第一,体验性需求。随着社会的进步,当代人在塑造各自话语权过程中拥有了更多的决定权,特别是在休闲和旅游过程中人们追寻更多的原始旅游体验。第二,创造性构建。这一过程涉及在旅游目的地中绘画、烹饪、制作手工艺品等"物的创造",而且这种"创造"融合了旅游者的主动性、智能化参与,从而构建起一个基于个体体验的"自我感知"世界。创意旅游能够为旅游者提供更加积极而持久的体验,对目的地而言,则可以打造根植于地方的体验,从而塑造和维持其竞争性和发展的可持续性。[①] 在旅游活动日趋个性化和多样化的今天,旅游者求新、求奇、求特,注重体验参与的特点日趋增强,在创意理念的引导下,将智力因素和思想的火花与原有的资源完美结合,通过重组、整合原有的静态旅游要素

---

① 赵玉宗,等.创意转向与创意旅游[J].旅游学刊,2010(3):71.

并加以模型化和动态活化来重新定位和推出,可以进一步增强原有产品、服务的体验性和吸引力,以适应不断更新的市场需求并充分彰显旅游的魅力。①

表 8-3　创意旅游概念界定②

研究者或机构	年份	定　义
Richards&Raymond	2000	游览过程中旅游者通过积极参与目的地国家或地区的文化或技巧学习,激发自身创意潜能,以体验目的地文化氛围的旅游形式
创意旅游新西兰(CTNZ)	2003	通过非正式的、亲自动手的工场参与和创意体验提供了解地方文化的真实性的一种更为可持续的旅游形式
创意城市网络	2006	可以为旅游者提供具有原真性、参与体验性的旅游活动,学习当地艺术、传统及具有当地特色的象征性文化
冯学钢等	2006	依托旅游元素的感知度、服务性和创意元素的新奇度、体验性,并在双方相互渗透的基础上,通过"创意火花"为现代服务业与先进制造业的融合搭建桥梁,从而促进旅游业的发展
厉无畏等	2007	以创意产业思维和发展模式整合旅游资源、创新旅游产品、锻造旅游产业链,以适应现代社会经济发展转型的全新旅游模式
赵玉宗等	2010	为旅游者提供更加积极而持久的体验,对目的地而言,则可以打造根植于地方的体验,从而塑造和维持其竞争性和发展的可持续性

　　从创意旅游发展情况来看,它与体验旅游密不可分。旅游产品是有形的,旅游服务是无形的,而建立在有形的旅游产品和无形的旅游服务之上的旅游体验则是更高层次的旅游消费,因为任何一次体验都会给旅游者打上深刻的烙印,甚至成为终生难忘的经历。体验式旅游,是继观光旅游后兴起的一种休闲旅游方式,是旅游者消费心理走向成熟的结果。从体验经济的理论上讲,旅游体验中,旅游场所就是一个剧院,每个工作人员和每个旅游者都是剧中的角色,工作人员的工作程序和旅游者的感受过程所承载的内容就是剧本,大家共同在旅游过程中完成一次完整的体验,也就是旅游生产和消费的混合演进程式。③ 在创意旅游活动中,产品设计应该以互动参与为前提,以情感交流为纽带,通过提供人本化、细微化、延伸化的旅游产品与服务,让消费

①　冯学钢,于秋阳.论旅游创意产业的发展前景与对策[J].旅游学刊,2006(12):13.
②　赵玉宗,等.创意转向与创意旅游[J].旅游学刊,2010(3):71;冯学钢,于秋阳.论旅游创意产业的发展前景与对策.旅游学刊,2006(12):14.
③　资涵.铜官古镇非物质文化遗产与旅游融合发展模式研究[D].长沙:中南大学,2013.

者产生欢喜、惊讶、激动、感叹等方面的情感体验,从而引发他们的情感共鸣。因此,为了强化旅游消费体验效果,创意旅游活动就必须实现旅游者互动参与,努力让他们花钱买感觉、买心情、买享乐。①

以美国新墨西哥州的圣达菲为例。圣达菲仅有 7 万居民,美国人口调查局的资料显示,其中约有 50% 是西班牙裔和拉美裔,3% 是印第安人,此外还有许多来自美国东部和中部的移民。圣达菲作为一个聚集了众多种族后裔的城市,其文化产业最突出的特色,就是在传承印第安人、西班牙人、墨西哥人、美国本土文化遗产的基础上,在本地居民广泛参与下,让丰富多彩的民间工艺、民间歌舞、创意烹饪、创意时尚、文化节庆等,升华成时尚的民俗创意。

在圣达菲创意旅游官网上,周末期间一天的活动就多达 10 多项,从上午直至晚上,安排得满满的,活动包括学习墨西哥烹饪技艺、莎莎舞中级班、弗拉门戈舞高级班、学习吹制玻璃器皿、用中国笔墨习字作画,等等。圣达菲没有公共机场、铁路车站、摩天大楼,绝大多数建筑都很低矮,颜色是朴素的土色,建筑风格兼有西班牙文化和当地印第安建筑的风格。这些传统建筑过去都是由风干的砖坯砌成的。所谓风干砖坯是指将泥和稻草糅合在一起做成块状再晒干的砖。许多新建筑,虽采用了钢筋混凝土,却用土红色涂料覆盖,故意做成风干砖坯的感觉,让人感到古老圣达菲的顽强文脉,犹如一片坚固的砂岩矗立在仙人掌丛中。圣达菲最突出的特色,就是在传承多元文化遗产的基础上,让本地居民和外来旅游者广泛参与文化创意活动。这里的许多居民既是经营文化"生意"的老板,又是勤奋的艺术家,他们出售的民俗绘画、雕塑和其他民间工艺品价格不菲,却吸引了大批国际旅游者,使得这里的创意经济越来越繁荣。

圣达菲的艺术和画廊,更是这座城市的文化之魂和骄傲。这里有 250 多家艺术馆和经销商,使它成为美国三大艺术品市场之一。这些充满活力和吸引力的文化市场,使得这座小城名声大噪。艺术已经成为这座城市日常生活的一部分。圣达菲每年都会吸引世界首屈一指的艺术活动来此举办,大约有 1/6 的居民从事艺术和与之相关的行业并以此谋生。②

从目前情形看,江南古镇正处在由观光旅游向体验旅游的发展阶段。如乌镇的宏源泰染坊就有旅游者参与制作蓝印花布的印染过程。宏源泰染坊始创于宋元年间,原址在南栅。蓝印花布是我国传统的民间工艺精品,至今蓝印花布的印染还遵循着祖辈留下的工艺,从纹样设计、花稿刻制、涂花版,到拷花、染色、晒干等,以其纯天然、无污染的特色越来越受喜爱。在宏源泰

---

① 方澜.试论创意旅游可持续发展的有效途径[J].商业经济研究,2010(19):116.
② 花建.圣达菲:沙漠小城的创意经济[N].解放军日报,2014-05-26.

染坊,可以看到传统工序的全过程演示,旅游者也可以参与印染过程,然后将自己印染的蓝印花布成品带回家。

西塘的酒吧一条街发展也是一个典型例子。西塘酒吧的发展延续了西塘酒文化的底蕴,由于旅游者的参与和互动,深受年轻人喜欢。2003年,西塘管委会原本打算做一个"夜游西塘"的项目,像仿古街一样把丝绵店、肉铺、糕饼店之类的店铺在一条街上集中展示,各项准备都弄好了,可是人气却始终旺不起来。此时,一个北京的画家因为喜欢西塘,办了个小酒吧,没想到人气却非常旺。于是,越来越多的民间人士加入到了这个行列,以至于现在西塘的酒吧街成了西塘最诱人的"夜色"。自此,西塘这种原生态的生活方式吸引了许多外地人留在这里,经营特色店铺、客栈、酒吧等,目前居住在西塘的外来人口有2万多,民居客栈420多家。自2011年起,西塘一直不断打造酒吧文化一条街,华灯初上的西塘之夜,在红灯笼的倒影中摇曳的月光、古宅、小船将夜晚装扮得更精致。穿过河道,踏过长桥,安逸的小镇多了几分喧嚣,像是忽然间柳暗花明,进入了另一个世界。满墙的涂鸦和游客留言、有趣的"广告",这几乎成了西塘酒吧不可缺少的元素,还有酒吧的屋顶和临河的窗沿下挂满各种品牌的啤酒瓶。古朴中的现代、宁静中的动感,酒吧一条街显然已经成了西塘的一个文化符号。[1] 入夜,酒吧一条街的驻唱歌手用歌声抒发着当下的心绪,古镇水道里除了晃动的红灯笼倒影,还有着几盏零星的荷花灯。那头的酒吧喧闹着,而这头的客栈却能听到木门关上的吱呀声。这些元素打造的西塘,使其成为一个让人有无限想象空间的江南古镇。[2] 总之,古镇旅游的类型存在梯层结构,在时序上呈现由低到高、由浅到深的发展趋势,而向文化性和体验性发展是古镇旅游的较高层次。

二、建立创意产业集聚区或旅游综合体

随着房地产行业与旅游业的融合,旅游综合体发展态势迅猛。20世纪90年代之后旅游房地产出现了多元化发展的态势。特别是2001年"中国旅游房地产论坛"之后,旅游地产逐渐受到旅游业经营者和房地产开发商的重视,相继出现了产权酒店、分时度假酒店、高尔夫度假村等旅游地产项目。进入21世纪后,大量传统房地产资金开始寻找新的投资领域,其中就包括旅游度假物业的开发,多家大型房地产开发企业进入旅游地产市场。北京、上海、大连、青岛、海南、深圳等地开工的旅游地产项目达几百个,以"主题公园、高尔

---

① 竺佳丽,葛昕.水乡"夜"未央:西塘安放的那些最好时光[N].浙江在线,2012-08-30.
② 尉洁婷.西塘模式之一:活着的千年古镇的"门票艺术"[N].浙江在线,2012-09-07.

夫球场、山地、温泉、养生"为主题的休闲度假住宅、别墅、酒店不断涌现,一些大型旅游地产项目在全国陆续出现。2008 年,杭州市委十届四次全会明确提出"修建 100 个城市综合体"的战略规划,首次推出了多个以旅游为主题的综合体构建,为此,"旅游综合体"应势而生。① 旅游综合体将成为地产转型的一个新方向,而综合、便利、高端的旅游综合体项目将成为各地打造的热点,旅游综合体项目的投资走向将持续走高。创意旅游综合体,是在一定规模的空间尺度范围内,基于休闲度假的主体功能,集聚多种关联功能业态,形成主题创意化、环境景区化、产品休闲化、空间集聚化、服务社区化的一种全新生活方式的载体。

　　古镇旅游发展到一定阶段,就需要扩大古镇的面积,这样才能接待更多的旅游者。这就要求古镇向周围地区扩展,建立含核心保护区、过渡区和新区在内的新镇综合体。核心区的功能是满足旅游者观光游览和文化体验的需求,过渡区的功能是满足旅游者多元化的娱乐休闲需求(如各种现代休闲活动和户外活动),新区则承担容纳古镇的人口转移及因旅游带来的常住人口的作用,为古镇核心区的可持续发展提供支持。② 如西塘与国内大型旅游企业康辉集团携手,投资 3.5 亿元,将旧厂房改造成集休闲、商业、文化于一体的旅游综合体。该项目将核心景区周边老旧厂房、店铺改造成独具特色的旅游项目,吸引旅游者分流。西塘玻璃钢厂改造成南苑商贸中心;破落的塑料厂老厂区变身为时尚的江南风情街区;西塘铸造厂、烟糖公司仓库和西塘汽水厂拆除后,重新出让地块整合新建了九德堂古玉博物馆。

　　旅游综合体也可以看作一种产业集群。文化产业集群的形成是产业开发的最终结果。文化资源的产业化开发可从动态和静态两个方面理解。从动态看,其产业化开发是一个过程,具体由两个阶段组成,即从古镇文化资源到文化产品的形成阶段、从文化产品到市场化实现的阶段。两个阶段相辅相成、互为前提。从静态看,其产业化开发是一个结果,即最终实现规模化生产,并伴随着文化产业集群的形成。③ 创意产业集聚区,实质上是中间组织的一种形态,是一种介于政府、市场、企业之间的新型社会经济组织和企业发展平台,科技产业与创意产业相互交融、和谐共存,通过提供一系列创新企业发展所需的管理支持和资源网络,来帮助处于初创阶段或刚成立的相对弱小的创新企业。集聚区内一定数量的创意人群,围绕一个或若干文化行业从事文

　　① 巅峰智业.创意旅游综合体研究报告[Z].2013:5.
　　② 邹开敏.古镇发展深度旅游的策略[N].中国旅游报,2013-09-06.
　　③ 王贝,张明轩,陈宏达.古镇文化资源产业化开发的机理及对策研究[J].山西高等学校社会科学学报,2015(2):101.

化生产活动,形成产供销产业链,产生超越单一、分散的文化企业行为的聚合效应。

关于文化产业集群最早也是最有名的案例是纽约 SOHO 艺术集聚区。这个艺术集聚区原址是大量残破不堪的空置厂房。20 世纪 60 年代末,一些艺术家和雕塑家利用这里廉价的房租,把空置的厂房变成艺术工作室,成为艺术集聚区,诞生了许多美国当代艺术大师。鼎盛时期,在这块面积不到纽约 1% 的地方,居住着纽约 30% 的艺术家。现在 SOHO 区既是艺术区,也成为充满艺术气息的商业地区,是旅游者必去的观光地,地价也随之飞涨。

传统工业集聚区在形成之时,企业通常会考虑产品与原材料的运输是否方便,集聚区多出现在交通运输便利的地方,传统工业集聚区的建立多会选择劳动力价格相对低廉的地区,在城市中则会选择地租比较便宜的城郊区域。而且由于传统产业园中的企业需要规模较大的厂房进行生产,集聚区的占地规模会非常大,这样的集聚区也只能建在土地资源相对充裕的城郊。

与传统工业集聚区不同,创意产品的生产特点与交易方式决定创意企业通常无需传统企业那样大规模的生产用地,这就使创意产业集聚区建在古镇成为可能。另一方面,文化是创意产业的主要内容,江南古镇历史文化底蕴深厚,因而具有形成创意产业集聚区的良好条件。古镇既可以成为创意生产的核心区域,也可以成为市场交易的中心。从创意产业集聚区的特点来看,创意产业集聚区由非营利机构、文化机构、艺术场所、媒体中心和生活着不同类型艺术家的生态园区组成的。它既是工作的地方,又是生活的地方;既是生产文化的地方,又是消费文化的地方。它全天开放,既有工作又有娱乐,多样性、变化性是它的基本特点。不同区域文化特色的思想在这里碰撞,然后通向世界。如此广泛的内容需要政府的积极参与和协调,将创意人员、公共代理机构、基金来源和个人有机联系起来,以开发更多的文化创意项目。[①]

周庄的创意产业集聚是在艺术型产业集聚区基础上形成的。艺术型产业集聚区往往经过旧城区改造,为旧城区注入新的文化内涵。它将高雅文化与时尚文化结合在一起,创造一种充满活力的新型城市文化,成为城市新的风景和观光地。周庄一开始以画家村、画工厂为依托,逐渐形成华东地区最大的绘画生产、展示和销售中心。在反映江南水乡文化的大型水上实景演出《四季周庄》、昆曲等戏曲展示的基础上,开发多内容、多样式的演绎衍生产品,形成具有浓郁地方特色、展示地区文化的演艺中心。周庄创意产业集聚突出发展文化旅游、工艺创意、艺术品交易、演艺娱乐、工业设计、节庆会展六

---

① 蒋三庚.创意产业集群研究[M].北京:首都经济贸易大学出版社,2010:183.

大领域,目前已经转化成为综合性创意产业集聚区。

目前周庄四条创意产业链逐步显现。一是艺术品创作、交易文化产业链。周庄在 2007 年建立了一个颇具特色的"周庄画家村",建有艺术馆、画家公寓、写生基地等公共服务平台和相关配套设施,成为集艺术创作、学术交流、培训教育、展览交易于一体的艺术村,涵盖了艺术品创作、交易文化产业链的全部关键环节。二是创意设计产业链。昆山市人民政府于 2008 年 10 月正式批准将昆山创意产业园落户周庄。周庄形成了以设计孵化中心、富贵园、江南人家、爱渡风情小镇和苏州大学应用技术学院产学研基地为集聚区的创意设计产业链。2010 年,文创园获国家文化部授予国家级文化产业示范基地称号。三是休闲文化产业链。引进高端旅游项目、精品特色酒店,大力发展农业休闲文化,扶持、引导农家乐餐饮及万家乐民宿发展,鼓励富贵园拓展基地建设,引进星期九农庄等农业综合休闲项目,开通田园风光水上游项目,逐步实现传统观光游向休闲度假游的转变。四是覆盖研发、生产、展示、销售的旅游工艺品文化产业链。引进一批国内颇具影响力的旅游工艺品设计、制作、销售公司,结合周庄文化,开发具有地域特色的旅游纪念品,开设特色旅游纪念品展示中心,布置特色旅游工艺品销售网点,推动旅游工艺品市场向特色化、多元化态势发展。

乌镇创意产业集聚,利用现有古镇旧建筑创造了创意产业发展的平台。在乌镇进一步发展规划上,乌镇的保护与开发框架除"东栅、西栅"外,还包括"中市、南栅、北栅"。"中市"打造"休闲商业区",集聚古镇夜市、国际餐饮、微奢酒店等业态;"南栅"打造成为"欢乐水肆",形成以水上市场、虚拟明清街市为特色的市井主题体验区,集聚水上集市、休闲茶馆、特色酒吧等业态;"北栅"打造"创意民俗",以艺术工坊、民俗手工作坊、动漫展演为特色,含艺术工作室、服装创意园、艺术展览馆、艺术酒店等主力业态。① 这种设计,既保护了历史文化遗产,又将遗产旅游与之相结合,是文化产业与文化遗产保护,建筑价值、历史价值、艺术价值与经济价值相结合的良好典范。2013 年,桐乡市制定出台了《桐乡市乌镇省级旅游试验区建设工作三年行动计划》,提出基于转变发展方式和旅游产业转型升级,乌镇省级旅游试验区建设将突出差异化竞争、个性化发展,致力于将整个试验区作为"一体化"景区来打造,明确把旅游深度休闲体验作为未来更长一个时期的发展方向,通过长期不懈的努力,把桐乡建设成特色凸显、品牌突出、绿色低碳、幸福和谐,以及旅游休闲理念、产品、营销、服务接轨国际的旅游集聚区。提出建设五大旅游区块,包括乌镇国

---

① 柏波.古镇突围的乌镇样本——文化旅游地产的应变之道[EB/OL].(2013-08-28)[2015-07-13].http://www.wzg.net.cn/article_show-1899-2.html.

际旅游区、平安雅达养生养老社区、石门湾中国农业大观园、长三角新兴创意产业区、濮院历史文化与时尚购物集聚区。目前,乌镇的创意产业集聚已经产生良好效应。2010年,乌镇以"历史文化遗产保护与再利用"为代表,入驻上海世博馆,成为中国创意产业的佼佼者。2013年创意产业与版权运营研讨会上,乌镇景区上榜"龙腾奖——2013年第八届中国创意产业年度大奖",荣获"2013年中国创意产业领军企业奖"。乌镇提出,要通过文化创意区的打造,使乌镇成为和法国普罗旺斯、德国梅尔斯堡等世界知名文化小镇一样的艺术天堂。

三、旅游与民俗节庆活动融合

民俗风情是指一个民族或地区的人们,在文艺、语言、信仰、服饰、饮食、居住、娱乐、节庆、礼仪、婚恋、生丧、交通及生产等方面,民间所特有并广泛流行的喜好、风尚、传统和禁忌。许多文化现象可以欣赏、学习,但是不能够直接参与、体验。民俗风情则不然,它的绝大多数内容不仅可以了解观赏,而且可以直接加入体验。人们参与体验的结果,往往会加深对民俗风情的理解,并从中获得难得的文化享受。①

江南古镇民俗旅游资源丰富,如乌镇就有香市、湖羊节、戏剧节,周庄有财神节、水乡婚礼等(见表8-4),具有发展民俗旅游的先天优势。

表 8-4　江南古镇民俗旅游资源典型

民俗旅游资源类别	江南古镇民俗旅游资源典型举例	民俗活动细节	民俗旅游资源亚类归属
物质民俗旅游资源	乌镇香市	香市为当地农民祈求蚕桑丰收的活动,茅盾先生称之为"中国农村的狂欢节"	生产民俗
	乌镇湖羊节	以当地产的皮嫩多膏的"花窠羊"烹制的红烧羊肉,是乌镇人引以为傲的第一美食。寒冬腊月,灶灶火旺,街肆溢香	消费民俗
社会民俗旅游资源	乌镇元宵走桥	元宵节晚上,人们成群结队,扶老携幼,提着花灯,在河边、桥上游走。走桥必须走过至少十座桥,忌走回头桥	岁时节日民俗
	周庄水乡婚礼	穿传统服饰拜堂成亲,喜坐快船、走三桥,挂"心心相印·如影随形"情侣吊坠,水乡佛国全福讲寺中千年银杏树下许下此生承诺	婚嫁礼俗

---

① 邓永进.民俗风情旅游[M].云南:云南大学出版社,2007:2,4-5.

续表

民俗旅游资源类别	江南古镇民俗旅游资源典型举例	民俗活动细节	民俗旅游资源亚类归属
精神民俗旅游资源	西塘七老爷庙会	每年的农历四月初三举行,属于隆重的庙会活动,在庙内演大戏,连演三天	信仰祭祀民俗
	周庄财神节	依照财神节习俗,全镇人装扮巡游,将喜气带给他人。节日期间,舞龙舞狮、挑花篮、打连厢等民俗表演十分抢眼	信仰祭祀民俗
	乌镇戏剧节	在为期约一周的时间内,将在乌镇集中上演各类剧作,不仅有大师手笔,也有新秀竞演,在非表演场所的公共区域,也能欣赏到精心编排的街头戏剧、现代表演艺术、音乐会演、曲艺杂耍等	民间艺术民俗

21 世纪以来,民俗活动开始在江南古镇的遗产旅游中扮演重要角色。周庄在 2004 年举行的"周庄国际旅游艺术节"期间,推出"过一天周庄人生活"的活动,游客在领略水乡田园风光的同时,入住民居客栈,体验明清的雕花木床、夏布蚊帐、蓝印花被,享受明清时期的江南家居情调。游客还可自己上街买菜、做饭,品"阿婆茶",亲历张厅"双推磨"、大诚堂中药铺、酒作坊、豆腐坊、米行、南货店等,体验古代周庄人的生活。这类民俗活动的开发利用,使旅游者身临其境,其旅游的观感丰富度和参与体验性大为增加。而民俗服务的程序和仪式的开发,不仅增加了民俗旅游的吸引力、丰富了活动内容,而且还营造了更为浓郁的民俗环境和气氛。①

民俗风情旅游,从类型上说,因旅游者的经济、文化水平不同和旅游意识、目的各异,大致可以分为三种类型。第一,参观观赏型。旅游者有意识,而目的仅在于走走看看各种民俗事象,且从中获得知识和享受。第二,了解领略型。旅游者有全意识,除观赏以外还要了解风俗民俗的来龙去脉,进而认识它的本质,辨别它的滋味。第三,参与体验型。旅游者有强烈意识,对风土人情这个目标,不但要观赏、了解和领略,而且要亲自加入目标人群的生活之中,真实地感受"另外一种生活方式"。② 江南古镇旅游产业的发展中,要把开展丰富多彩的旅游民俗、节庆活动,作为打造旅游精品、发展大旅游、开拓大市场的重头戏。要适时举办各种不同形式的民俗活动、节庆活动,以民俗与节庆活动这类非物质文化遗产旅游带动物质文化遗产旅游,优势互补,开拓客源市场。

---

① 田里.论民俗旅游资源及其开发[J].人文地理,1997(3):18-19.
② 邓永进.民俗风情旅游[M].昆明:云南大学出版社,2007:14-15.

民俗观赏开发与民俗商品开发目前已经发展成为一些江南古镇的定位。如昆山锦溪精心打造"中国民间博物馆之乡"，以民俗旅游资源的静态开发为主。锦溪首创国内唯一的中国古砖瓦博物馆，先后推出华东第一古董博物馆、中国陶都紫砂博物馆、中华历代钱币珍藏馆、东俊根雕艺术馆、华夏奇石馆、华夏天文馆等民间博物馆，"金石人家"篆刻艺术馆、"柿园"书法碑帖艺术陈列馆、张省美术馆和锦溪杰出人物馆。它既是供游客集中观赏各类民俗的景观，具有重要的审美价值，同时又保存着特殊的历史文化传统。

从民俗旅游资源的产品开发来看，震泽的做法是将蚕丝业嫁接文化产业，打造全产业链蚕丝文化古镇。这类商品的开发，文化意蕴丰富，制作工艺传统，地方特色鲜明，其收藏价值和纪念意义均不可低估。目前，震泽 100 多家蚕丝家纺企业已形成了年产值 10 亿多元的蚕丝产业集群。

总体来看，如依上述三种类型划分民俗风情旅游，对于江南古镇来说，参观观赏型与了解领略型较多，参与体验型不足。这其实是一个旅游发展的思路问题。在民俗风情旅游方面多安排一些参与体验型，虽然会增加成本和管理难度，但可能收到事半功倍的效果。如枫泾古镇每年举办元宵猜灯谜活动，由于游客当主角，参与性强，吸引了全国各地的人前来参加，使枫泾古镇旅游区热闹不减。

四、旅游与影视文化、演艺文化融合

表演艺术是创意产业中以文化为载体的创新艺术形式。文艺演出在带来娱乐与艺术享受的同时也不断地促进创新文化的滋长，不仅为当地民众和世界各地的旅游者开启了体验古典和现代文化、感受艺术魅力的大门，也为开拓艺术旅游市场奠定了良好的基础。[1] 近年来，旅游演艺已成为很多主题景区中重要发力元素。宋城通过"千古情"系列演出带动了整个主题公园的发展，被业内奉为运营经典。

但是近年来影视、演艺文化与旅游业融合并非一帆风顺。万达集团试水旅游业的首个驻场演出项目《海棠·秀》，在经过近三年演出之后宣布停演。业内哗然，进而引发整个行业的忧虑。万达并非个案，旅游演出市场遭遇"瓶颈"的现象越来越多。

2009 年，文化部和国家旅游局联合下发了《关于促进文化与旅游结合发展的指导意见》，并成立了文化旅游合作发展领导小组，加强对旅游与文化结合发展的领导。该文件指出，要打造高品质的旅游演艺产品，把发展旅游演

---

[1] 冯学钢，于秋阳. 论旅游创意产业的发展前景与对策[J]. 旅游学刊，2006(12)：14-15.

艺产品作为推进旅游与文化结合发展的主要措施。2014 年,国务院印发《关于促进旅游业改革发展的若干意见》,部署进一步促进旅游业改革发展,鼓励专业艺术院团与重点旅游目的地合作,打造特色鲜明、艺术水准高的专场剧目,鼓励建立特色名镇古村。

江南古镇在影视、演艺文化与旅游业融合过程中有得天独厚的优势。卜令娴研究指出,一方面,江南古镇"小桥流水人家"的水乡风貌适合演绎浪漫气息浓厚的剧情;另一方面,江南古镇原汁原味的明清民国建筑,使其成为天然摄影棚。[①] 如民国时期的电视剧既有如《像雾像雨又像风》《阴丹士林》这样的作品,把主要背景放在 20 世纪三四十年代的上海,江南小镇作为差异性地域出现的;也有整部剧全部选址在江南古镇拍摄的作品,如《美丽无声》《一江春水向东流》等。现代爱情伦理剧既有部分选址在江南古镇拍摄的《我的青春谁做主》《伤城之恋》等作品,又有几乎全部场景都在古镇拍摄的如《似水年华》这样的电视剧。另外便是古装剧,时间一般在清朝乾隆年间,如《天下粮仓》《乾隆王朝》,或者是清朝末年民国初年,如《橘子红了》《玲珑女》等。纵观这些选址江南古镇拍摄的电视剧,有三大特色:一是民国题材为主;二是言情作品居多;三是古装剧时间一般为清末。拍摄这样的作品,江南古镇可谓是得天独厚。

目前,江南古镇的旅游演艺产品分为民族风情展示型、山水实景演出型与文化遗产演绎型三类。江南古镇发展旅游演艺产品,除了因地制宜发展适宜的旅游演艺外,应尽量避免单一化。

(一)民族风情展示型

此模式主要是通过社会资本或专业演出单位招揽艺术人才组建自己的特色演艺团队,创排自己的旅游演艺品牌节目,使之成为旅游消费者完成日间游览后的另一种精神享受和文化观摩,以增加旅游产品的人文内涵和吸引力。

(二)山水实景演出型

以旅游地山水实景为依托打造实景演出产品,如《印象·刘三姐》等。其代表作是梅帅元的"山水"系列大型实景演出。实景类旅游演出的主要特点

①　卜令娴详细统计了 20 世纪 30 年代以来江南古镇的影视剧,其中仅 21 世纪在江南古镇拍摄的电视剧就多达 39 部,其中 18 部作品的故事发生在民国时期,11 部作品是现代爱情剧,另外 10 部作品的时间背景是清朝及清末民初年间。见卜令娴."诗性江南"的影像建构——1990 年以来关于江南古镇的影视研究[D].苏州:苏州大学,2013.

是将民俗文化和著名山水旅游景点紧密结合,以当地政府投入为主、多元参与合作,以超常规模化表演为特征的旅游演出。从古镇运用这个演艺模式来看,2007 年首演的《四季周庄》是我国第一部呈现江南原生态文化的水乡实景演出。

《四季周庄》依托"小桥流水人家"的经典环境,以特有的水乡表现手法,把水的灵韵、四季的轮回、历经沧桑保存下来的民俗呈现得恰到好处。[①]《四季周庄》全场演出 60 分钟,演出内容分为三个篇章——以渔歌、渔妇、渔灯、渔作表现的"水韵周庄";以春的《雨巷》、夏的《采藕》、秋的《丰收》、冬的《过年》放映的"四季周庄";以迎财神、打田财、阿婆茶、水乡婚庆展示的"民俗周庄"。从《四季周庄》的演出特点看:第一,表演形式多样化,有歌又有舞,还有大量的情景表演、民俗风情展示、杂技、吴歌、渔歌,等等;第二,演出呈全景式、情景化、开放式,演出地点为周庄江南人家水上舞台,表演是全方位的,主舞蹈(圆台)、副台(一侧长廊),以及四周场景都是演出表演区,演出与观众是近距离,甚至是零距离接触;第三,演出队伍专业和业余(农民)相结合,甚至有来自生活第一线的农民、渔民、市民,表演强调生活气息、市井气息。[②] 它具有浓郁的江南水乡风情,其地域性、民俗性、观赏性、草根性、艺术性堪称演艺精品,使旅游者真切地感受到乡情、乡文、乡俗、乡景的魅力和怀古、怀旧、怀乡的情结。

(三)文化遗产演绎型

文化遗产演绎型旅游演艺产品,由于依托积淀丰厚的物质与非物质文化遗产,资源开发潜力极大。在江南古镇的文化遗产传播中,《角里人家》可算旅游演艺里的精品。

《角里人家》属于江南古镇本土田歌的音乐剧,长 90 分钟,唱段是清一色的沪语,主要演员有的来自上海沪剧团、上海歌剧院,有的是民歌演唱者,有的出过流行乐唱片。早在 1953 年第一届全国民间音乐舞蹈会演在京举办时,青浦田歌队就一路过关斩将,先后在南京站、上海站比赛中成功晋级,作为唯一一支田歌队参加会演,声名远播。2007 年,田歌列入国家级非物质遗产保护项目名录,也在青浦焕发了新的活力。《角里人家》展示了很多古镇非物质遗产元素,摇快船、江南船拳、阿婆茶、粽子舞、走三桥,朱家角古镇的农耕文化得以展现得淋漓尽致,建立了本土的民俗拳头文化品牌。

---

① 苗佳林.四季周庄:带你穿越千年古镇,解读水乡情怀[EB/OL].(2015-11-19)[2015-12-03].http://www.china.com.cn/travel/txt/2015-11/19/content_37108509.htm.

② 贾鸿雁,等.古镇旅游产品创意转型新模式的探讨[J].河北旅游职业学院学报,2013(1):41.

在影视、演艺文化与旅游业融合过程中要尊重传统也要注重创新的理念。江南古镇并不能幸免于炙热的经济全球化与都市化进程的影响,消费意识形态正在扩张。都市化进程让江南古镇古典的诗意渐渐淡化,出现明显的商业化倾向。但是,江南古镇并没有完全国际化与都市化,它们依然保留着悠远的传统、古老的建筑,大部分居民也依然淳厚朴实。在发展影视与演艺产品的时候,如果完全忽视江南古镇的消费景观,也并不合理;而用过多光影手段去描绘古镇的消费景观,又不真实。所以,一方面,用"诗性的感性"去发扬水乡文化的一脉相承;另一方面,用"诗性的理性"去限制消费意识形态的恶性膨胀,这是导演们在拍摄关于江南古镇的影视剧时需要注意的地方。[①]当然,创新非常重要。正是具有创新意识的编创者不断为作品注入新的艺术元素和文化元素,才能使其具有长盛不衰的生命活力。

在影视、演艺文化与旅游业融合过程中要善用影视、演艺的传播效应。影视、演艺作为营销手段之一,可以大大提升古镇形象和竞争力。如《四季周庄》以现代科技手段和精巧的构思策划,鲜明地展现了周庄优秀的传统文化和浓郁的水乡民俗风情,凸显江南古镇民俗精致、博大的无穷魅力,成为展示周庄旅游形象的立体名片。[②] 影视、演艺与旅游业融合也可以创新古镇类旅游产品的表现模式,成为具有垄断性的旅游产品,从而形成超越其他古镇类旅游目的地的竞争优势。

五、旅游与餐饮文化融合

美食文化是最直接,也是最有影响力的文化展示平台,而江南美食最大的特点就是清爽、秀美。不同的江南古镇,其美食也不尽相同,正如江南古镇的千般面孔、万种风情。[③]

提到江南古镇的美食,不能不提作家梦芝的书《舌尖上的中国:古镇篇》,它以游记的形式,将一个旅行者在各个古镇品尝到的美食记录下来。[④] 从古镇历史传承的真实性、空间环境的完整性、生活状态的延续性等方面勾连古今,既讲述古镇传奇往事,又关注古镇今日发展现状,从中解读古镇特有的社会结构与文化智慧。梦芝说,行走在古镇,总有一些美景让人们流连忘返,也总有一些美味让人们舌尖迷恋。那些本土的食材,经过当地人祖祖辈辈传下

---

① 卜令娴."诗性江南"的影像建构——1990年以来关于江南古镇的影视研究[D].苏州:苏州大学,2013.

② 贾鸿雁,等.古镇旅游产品创意转型新模式的探讨[J].河北旅游职业学院学报,2013(1):41.

③ 周莹.边走边吃,美食的旅游[N].连云港日报,2015-07-20.

④ 梦芝.舌尖上的中国·古镇篇[M].北京:中国轻工业出版社,2014.

来的手艺加工制作，成为一道道独特的美味佳肴。这些食材或许你的家乡也有，或许菜名也一样，但味道却绝不相同，这是因为每一道美食都被赋予了当地的饮食文化特色，背后蕴藏着当地丰富的风土人情，离开某一道菜的原产地，是不可能吃出同样的味道的。书里提到的江南古镇的美食精华有：木渎古镇的鲃肺汤，甪直古镇的甫里蹄，千灯古镇的千灯羊肉，惠山古镇的糖芋头，西塘古镇的粉蒸肉，龙门古镇的神仙鸡，南浔古镇的双交面等。

对美食的理解，各人有各人的不同，正如每个人心里都有一个哈姆雷特。谢元提及苏南的周庄、同里、甪直三镇和浙江的南浔、乌镇、西塘三镇传统风味美食，归纳了以下几种：三昧园、闵饼、甪直萝卜干、南浔香大头菜、姑嫂饼、状元糕等。①

同里特产闵饼风味别致。闵饼又名芋头饼，是将闵草用石灰打成汁，然后和糯米粉，揉搓成皮，配以豆沙、桃仁、松仁、糖、猪油丁为馅芯，制成饼坯上笼蒸成。闵饼呈青绿色、细洁光亮、甜香可口、营养丰富。

西塘特产状元糕名闻各地。状元糕以上等白米粉和白糖为原料制作而成，具有松、脆、香、甜的特色。

周庄"万三蹄"同样闻名遐迩。其烧制工艺独具特色，是确保万三蹄在口感、肉质、塑形等方面与众不同的秘方。用料十分考究，以精选的肥瘦适中的猪后腿为原料，加入调好的配料，加水放入大号砂锅，经过一天一夜的煨煮或蒸焖。火候要历经数武数文，以文火为主，煮熟的整只万三蹄皮色酱红、外形饱满、香气四溢、肉质酥烂、肥而不腻，是周庄人过年过节、婚丧宴请中的主菜，亦是招待宾客的上乘菜肴。无论是朱元璋与沈万三的故事，还是万三蹄的烧制工艺，都为万三蹄增添了不少浓郁的文化色彩。②

江南古镇，由于历史悠久、物产丰富，创造出的美食及美食背后的传说，渐渐形成了饮食文化，也是一笔丰富的历史文化遗产。虽然江南古镇美食难以尽述，但很少见到专门的美食主题旅游。相反，近年来人们对江南古镇的饮食责难有增无减。如有人批评说，游走周庄，人移景换，但挥之不去的是"万三蹄髈"的叫卖声和避之不及的炸臭豆腐味，或是张眼满街的假古董、仿伪工艺品。③

究其原因，在于江南古镇在美食与旅游融合方面，尚无明晰的规划思路。古镇传统美食无论加工、售卖，都分散于千家万户的小作坊、小商店或个体小摊、夫妻店，卫生、质量、传统制作技艺，都很难有保障。打造代表当地特色餐

① 谢元.游江南古镇品风味美食[J].养生月刊,2015(3):282.
② 南方云.周庄"万三蹄"[J].农产品加工·综合刊,2013(12):45.
③ 纪楠.特色旅游资源开发与保护的研究——以周庄景区为例[J].科技经济市场,2013(6):84.

饮的品牌小吃与菜系,建构各种风情的美食街,举办各种美食节与博览会,是餐饮文化与旅游业的融合过程很重要的环节,如何做好这些工作,是江南古镇在打造旅游美食文化时必须考虑的问题。

六、旅游与养生文化、中医药文化的融合

健康产业具有极大的渗透力。"我们每天都用的牙膏、洗发液,白天的饮食到晚上睡觉的床垫及化妆品,日常生活的每个决定,早已透露出对保健的需求。"美国经济学家保罗·皮尔兹在《财富第五波——保健革命》中这样写道。在保罗·皮尔兹看来,健康产业不同于传统的医疗卫生业(疾病产业),是指事前对健康(没有疾病缠身)的人们所提供的产品和服务,让他们更健康、健美,并延缓老化现象或预防疾病。继土地革命、工业革命、商业革命和电脑信息网络革命之后,健康产业将成为推动全球经济发展的"财富第五波"。

在发达国家,健康产业已成为带动国民经济增长的强大动力。国际上,美国、日本、加拿大等国家均对国民健康的长期发展战略做了系统的研究,制定和实施了各自的国民健康战略,这些战略的实施,使这些国家的国民健康状况不断得到改善。统计数据显示,美国的健康产业占 GDP 比重超过 15%,加拿大、日本等国健康产业占 GDP 比重超过 10%。预计美国医疗保健产业占国内生产总值的比例将在 2019 年超过 19%。医疗旅游是健康产业十分重要的组成部分。世界旅游组织将医疗旅游定义为"以医疗护理、疾病与健康、康复与休养为主题的旅游服务"。从全球范围看,医疗旅游的发展从起初的疗养旅行活动逐步演变成包含治疗、度假、疗养、健身等多种旅游活动的医疗旅游系统。[①]

我国的健康服务业仍处于起步阶段。目前,我国健康产业的年收益仅为5500 亿元,约占 GDP 的 5%。国务院印发的《关于促进健康服务业发展的若干意见》提出,要发展健康文化和旅游,鼓励有条件的地区面向国内外市场,整合当地优势医疗资源、中医药等特色养生保健资源、绿色生态旅游资源,发展养生、体育和医疗健康旅游。

我国古代就有保健的历史,中医源远流长,而目前有 20% 的人体重超重,根源在营养不均衡和饮食不健康。随着人们对健康服务的需求不断释放,我国健康服务产业发展具备巨大的增长潜力,目前已经初步建立了上海、海南、广州等医疗旅游目的地。从医疗旅游在江南古镇的发展现状看,较多局限于疾病治疗与养生保健,产品形式不够丰富,且未能形成拳头产品与名牌产品,

---

① 张苗荧.医疗旅游将成健康服务业的重头戏[N].中国旅游报,2013-12-30.

医疗旅游的内涵与外延未得到充分拓展。

沙溪古镇位于江苏省太仓市的西北部,历史悠久,早在宋元时期已集市成镇,至明清时期,更是商市繁华、人文荟萃,成为太仓一大镇。太仓中医源远流长,元明清至民国,先后有名医192人,有著述的39人,所著医籍达56部,影响较大的医家就有元末明初的王履。他医术超群,著有《医经溯洄集》等医籍。他主张"温病不得混称伤寒",阐述了温病的机理,奠定了温病学说的基础,在当时是一大创举。明代永乐年间,沙溪郁震,以医名被征召进入京师,后来三入西域,与西域诸国的文化、医药进行了交流。其他还有林岳、萧霆、浦毓秀、陆德隅、陈涞、邵敬等数十家,各有专长,名盛一时。各科世代相传,清末至民国时期较著名的有:伍胥方氏外科、鹿河马氏外科、浏河傅氏内科、城内盛氏伤寒世医、归庄徐氏内外科、直塘凌氏针科、浮桥蒋氏妇科、东郊郑氏女科等。仅民国时期,先后有555人开业。新中国成立后,党和政府对继承和振兴中医药学,采取了一系列有力的措施,使太仓中医药事业有了较快的复兴和发展。① 现在,沙溪古镇专门建立了"娄东医派中医药博物馆",传承太仓悠久的文化积淀,宣传中医文化,让人们更好地了解太仓辉煌的历史。

一些古镇积极挖掘我国丰富的中医药文化资源,试点建设中医药文化旅游"示范基地",增加游客体验,满足高端需求。鸣鹤古镇也是一个千年古镇,位于宁波慈溪市观海卫镇南部,是慈溪市目前唯一的省级历史文化名镇。鸣鹤作为中国国药业的发祥地,被业内誉为"国药首镇"。2009年,投入近3亿元进行古宅修缮。"上海国医馆鸣鹤分馆"每天有名医坐镇;小五房安养馆、银号古典养生酒店、药材馆等相继开业,养生茶馆养生小业态已经入驻古镇。该基地把养生与古镇开发进行了有效而精密的结合,主打国药养生品牌,打造集保健、养生、休闲于一体的中医药文化养生旅游小镇。

现在,很多江南古镇都致力于挖掘古镇中医药文化传统,如同里建了中医药技术服务传承平台同和堂,在古镇,人们能享受到中草药、针灸、推拿、理疗、熏蒸、小针刀、中医体检等服务。苏州市吴江区是吴门医派的主要发源地,同里镇的中医传统原来就很好,镇上的居民相信中医和中医药,以前老镇区中药房最多的时候有四五家。现在同和堂每天的门诊量有100多号。其中药饮片收入超过总收入的1/3。② "养生旅游"和"医疗旅游"正在成为一些古镇发展遗产旅游的抓手。

---

① 太仓市科协. 太仓古镇开出中医药博物馆[EB/OL].(2015-04-09)[2015-07-13]. http://www.jskx.org.cn/art/2015/4/9/art_86_737983.html.

② 黄心. 同和堂让中医在古镇显魅力[EB/OL].(2012-11-22)[2015-10-23]. http://www.zyczyc.com/info/Content.aspx?acid=15430.

健康消费今后无疑将成为整个社会关注的重点。享受健康,实质上是旅游业发展追求的核心价值。健康旅游包括医疗旅游在满足旅游者身心健康需求的同时,拓展了旅游方式,丰富了旅游的内涵,改善了旅游地生态环境,是旅游产业发展的一个重要方向。故此,在江南古镇发展遗产旅游时,充分挖掘传统中医药文化与技术,把养生文化、中医药文化与旅游文化进行融合,将之培养成古镇旅游发展的新引擎,是一个很有意义的课题。

七、旅游与商业文化的融合

旅游业是一个由食、住、行、游、购、娱六大要素组成的综合性产业,在这六要素中,食、住、行、游四要素是旅游者在旅游消费过程中所必需而又基本稳定的消费;购、娱二要素对旅游者来说,并非每次旅游活动的必需消费,是具有较大需求弹性的消费。通过刺激旅游者的购与娱,可以提高旅游品质,促进旅游产业结构升级。国务院发布《国务院关于促进旅游业改革发展的若干意见》明确提出要扩大旅游购物消费。"实施中国旅游商品品牌建设工程,重视旅游纪念品创意设计,提升文化内涵和附加值,加强知识产权保护,培育体现地方特色的旅游商品品牌。传承和弘扬老字号品牌,加大对老字号纪念品的开发力度。整治规范旅游纪念品市场,大力发展具有地方特色的商业街区,鼓励发展特色餐饮、主题酒店。"

江南古镇商业文化底蕴深厚,有很好的条件发展具有地方特色的商业街区。如同里古镇坚持以商业资源整合为依托,努力开发旅游者所需旅游产品。全面整合古镇区民居客栈、精品酒店、餐饮店、酒吧、咖啡吧等商业资源,充分发挥商会及民居客栈协会、餐饮协会功能,在行业自律和行业发展上走出同里特色,形成良性示范作用。突出个性化、休闲化主题,衍生提炼同里元素,着力开发游客所需的旅游系列产品,为散客休闲旅游定制个性化旅游套餐,加速古镇旅游转型升级。

老字号是一个地方的人文象征,老字号的保护与传承是江南古镇发展遗产旅游一大重要内容,要根据其品牌特色、行业规律及独特优势,合理规划布点,并在政策上鼓励引导老字号发展。黎里古镇在传承和弘扬老字号品牌方面走在了其他古镇的前面。黎里古镇目前已完成了 19 个具有古镇特色产品的商标注册,对紫阳观糕点、万云台茶馆、李永兴酱鸭、问心堂药房等老字号遵循保护和发展并重原则,通过多种努力让这些老字号焕发新的活力。

发展旅游商品也是加深旅游体验的途径之一。在欧美等发达地区,旅游购物要占整个旅游消费的 40%～60%,而我国目前只有 20%左右。旅游商品或称旅游购物品,是指由旅游活动引起旅游者出于商业目的以外购买的,以旅游纪念品为核心的有形商品。它包括：旅游者旅行前在居住地购买的，准备在旅途中使用的商品，如旅游户外用品、旅游书籍、生活日用品及用于探亲访友的土特产等；旅游者在旅游途中购买的，具有旅游目的地"地方特色"的商品，称之为旅游纪念品，有旅游工艺品、土特产和旅游印刷品等；旅游者在旅游途中购买的，满足日常生活需要的日用品；国际旅游者在已经办完出境手续，即将登机、上船和乘车前往境外之前，在免税商店购买的商品。① 吕龙研究了周庄、锦溪、千灯三个古镇旅游商品的现状特征，指出旅游商品购物不足之处在于：商品创意不足，呈现大众化；餐饮特色不强，呈现雷同性；购物环境不佳，缺乏组织性；店铺沿街布局，缺乏主题性。② 吕龙揭示的这几个古镇旅游商品发展方面存在的问题，其实是江南古镇旅游商品发展中的普遍现象。旅游商品具有艺术性、纪念性和实用性的特点，在旅游商品设计开发方面要不断根据市场需求来进行创新，要融入文化遗产的概念与思路。

随着移动互联网、物联网技术、云计算的快速升级，为解决旅游购物的智慧管理与服务提供了可能。新一代科技背景下的信息传递、生产流程、消费习惯、服务模式等将发生前所未有的变革，有效地解决了旅游购物的异地管理和异地服务。智慧旅游新生态模式将优化社会资源创新组合，提升政府与景区管理效率，更好地满足旅游者的旅游体验和多元化需求，所有这些为旅游购物的智慧管理提供了借鉴。

足不出户可网购古镇特色商品是互联网时代向古镇旅游发展商品购物提出的要求。智慧旅游购物本身就是旅游资源，为旅游者提供丰富的旅游购物资源，满足旅游者的购物体验需求，并解决游客担心的质量之忧、价格之忧，这已成为现代旅游目的地最具吸引力的内容之一。

以西塘古镇的"花制作"工作室为例。它的前身名为"风雅轩"，成立于2007年9月26日，是西塘古镇上第一家原创民族风的个性小店。店主自学裁剪，用棉与麻为材料设计简单的服饰。但略显粗糙的手工、出奇的构思，却打动了众多旅游者的爱美之心，小店接到的订单源源不断。后来他们发展了设计部、生产部与十几家直营连锁店，仅古镇西塘，便有8家店铺。花制作不仅为古镇西塘的美丽风景锦上添花，更是带动了西塘旅游经济的发展，许多商家纷纷效法花制作，在西塘开了许多各具特色的服装店，从而使得西塘成为一个女性购物小天堂。花制作还以"互联网＋"的思维开了淘宝直销店、阿里巴巴批发部门，在江南古镇旅游特色商品智慧购物方面树立了典范。

---

① 苗学玲.旅游商品概念性定义与旅游纪念品的地方特色[J].旅游学刊,2004(1):29.

② 吕龙.古镇型旅游地旅游商品的特征及其驱动机制研究——以周庄、锦溪、千灯为例[J].江苏商论,2015(5):15-20.

　　在整合古镇购物资源、名优特产商、OTA、生态农业基地等优质资源，发展旅游购物平台方面，其他古镇的成功实践可提供给江南古镇很好的参照。如重庆磁器口古镇的"智慧磁器口"，该项目从 2014 年 9 月开始，分两期规划建设，一期工程包括打造"智慧磁器口"旅游资源分销平台、旅游资源直销网、"智慧磁器口"手机 APP、"智慧磁器口"一卡通系统、旅游佣金溯源系统和诚信监管系统；二期还将打造景区密集度预测、监测和智能疏导系统和旅游商品溯源防伪监管系统。该电子商务平台的上线运营，标志着磁器口古镇正式迈入"互联网＋磁器口"的智慧旅游时代。2015 年 5 月 8 日，"智慧磁器口"电子商务平台正式上线运营，"八方品""陈麻花""歌乐山辣子鸡"等 60 家特色商品商户纷纷"触网"，网上售卖磁器口的特色商品。

　　江南古镇在智慧旅游方面已经积累了丰富经验，如乌镇景区目前已全面上线游客信息管理系统、二维码电子门票、支付宝扫描购物等。乌镇政府还实施了数字化的城市管理系统、天眼视频的监控系统，但旅游商品购物与互联网融合方面相对不足。

　　这方面的发展应当成为江南古镇今后努力方向。要重视建立旅游购物平台，为旅游目的地提供智能化平台管理、供应链管理、B2C 电商网站、OTA分销渠道、实体店分销渠道等综合服务，为旅游者提供专业化的旅游商品购物解决方案。

参考文献

[1]《江苏古镇保护与旅游发展研究》课题组. 江苏古镇保护与旅游发展研究[M]. 南京：东南大学出版社，2014.

[2] [美]A. 阿尔钦. 产权：一个经典注释[M]//陈昕. 财产权利与制度变迁. 上海：上海人民出版社，1994.

[3] Boniface P，Cooper C. Worldwide destinations：the geography of travel and tourism [M]. London：Butterworth-Heinemann，2001.

[4] [美]C. 恩伯，M. 恩伯. 文化的变异——现代文化人类学通论[M]. 沈阳：辽宁人民出版社，1988.

[5] [美]Dallen J. Timothy. 文化遗产与旅游[M]. 孙业红，等译. 北京：中国旅游出版社，2014.

[6] [美]Echtner C，Ritchie J R B. The measurement of destination image：an empirical assessment[J]. Journal of Travel Research，1993，22(4)：3-13.

[7] [美]H. 登姆塞茨. 关于产权的理论[C]//[美]R. 科斯，A. 阿尔钦，D. 诺斯，等. 财产权利与制度变迁——产权学派与新制度学振译文集. 刘守英，陈剑波，等译. 上海：上海三联书店，1991.

[8] Hardin G. The tragedy of the commons[J]. Science，1968，162(13)：243-253.

[9] Hewison R. The heritageindustry：Britain in a climate. of decline[M]. London：Methuen，1987.

[10] Lichfield N. Economics in urban conservation[M]. London：Cambridge University Press，2009.

[11] Morgan N A. Tourism promotion and power：creating images，creating identities[M]. Chichester：Wiley，1998.

[12] Oliver R L. A cognitive model of the antecedents and consequences of satisfaction decision[J]. Journal of Marketing Research，1980，17(4)：460-469.

[13] Riley R，Doren C S. Movies as tourism promotion：a"pull"factor in a

"push" location[J]. Tourism Management,1992,13(3):267-274.

[14] Williamson O E. Markets and hierarchies:anti-trust impications [M]. New York:The Free Press,1975.

[15] [美]阿尔·里斯,杰克·特劳特.定位[M].北京:中国财政经济出版社,2002.

[16] [英]艾伦·法伊奥,布赖恩·加罗德,安娜·利斯克.旅游吸引物管理新的方向[M].郭英之,译.大连:东北财经大学出版社,2005.

[17] 安涛.论近代江南市镇衰落的原因[J].历史教学(高校版),2007(7):33-37.

[18] 白庆祥.文化创意学[M].北京:中国经济出版社,2010.

[19] 包伟民.江南市镇及其近代命运:1840—1949[M].北京:知识出版社,1998.

[20] 保继刚,楚义芳.旅游地理学[M].2版.北京:高等教育出版社,1999.

[21] 保继刚,苏晓波.历史城镇的旅游商业化研究[J].地理学报,2004(3):427-436.

[22] 卞显红,等.江南水乡古镇保护与旅游开发[M].北京:中国物资出版社,2011.

[23] 博物馆学论文集丛书编委会编.博物馆学论文集.西安:陕西人民出版社,2006.

[24] 卜令娴."诗性江南"的影像建构——1990年以来关于江南古镇的影视研究[D].苏州::苏州大学,2013.

[25] [法]布迪厄.文化资本与社会资本[M]//包亚明.布尔迪厄访谈录.上海:上海人民出版社,1997.

[26] 车锡伦.清及近现代吴方言区民间宣卷和宝卷概况[J].温州师范学院学报(哲学社会科学版),2003(3):46-52.

[27] 陈才,王海利,贾鸿.对旅游吸引物,旅游资源和旅游产品关系的思考[J].旅游论坛,2007(1):1-4.

[28] 陈从周.说园[M].济南:山东画报出版社,上海:同济大学出版社,2002.

[29] 陈岗.旅游吸引物符号的三种形态及其研究展望[J].旅游科学,2013,27(3):26-36.

[30] 陈国灿.论江南农村市镇的近代转型[J].浙江学刊,2004(5):95-102.

[31] 陈淑文.旅游吸引物[J].当代旅游(学术版),2010(5):98-100.

[32] 陈艳.古镇遗产研究:回顾与反思——兼论中国"名城名镇名村"保护与研究[J].东南文化,2013(5):26-33.

[33] 陈一平,张丽丹.影视资源与非物质文化遗产的保护和传承——以杭州地区为例的审视及构想[J].浙江传媒学院学报,2009(4):56-59.

[34] 陈远璋.博物馆与无形文化遗产保护的探索[C]//广西博物馆文集.(三辑.南宁:广西人民出版社,2006.

[35] 陈志华.文物建筑保护文集[C].南昌:江西教育出版社,2008.

[36] 丛桂芹.价值建构与阐释:基于传播理念的文化遗产保护[D].北京:清华大学,2013.

[37] 崔凤军.中国传统旅游目的地创新与发展[M].北京:中国旅游出版社,2002.

[38] 崔明华,李昂.历史文化城镇的保护及旅游开发[J].房地产导刊,2015(4):477.

[39] [英]戴伦·J.蒂莫西,斯蒂芬·W.博伊德.遗产旅游[M].北京:旅游教育出版社,2007.

[40] [美]戴维.斯沃茨.文化与权力:布尔迪厄的社会学[M].陶东风,译.上海:上海译文出版社,2006.

[41] [英]戴维·M.沃克.牛津法律大辞典[M].李双元,等译.北京:法律出版社,2003.

[42] 戴昕,陆林,杨兴柱,等.国外博物馆旅游研究进展及启示[J].旅游学刊,2007(3):84-89.

[43] [美]丹尼尔·杰·切特罗姆.传播媒介与美国人的思想[M].曹静生,黄艾禾,译.中国广播电视出版社,1991.

[44] [英]丹尼斯·麦奎尔,[瑞典]斯文·温德尔.大众传播模式论[M].祝建华,武伟,译.上海:上海译文出版社,1987.

[45] [美]道格拉斯·C.诺斯.经济史中的结构与变迁[M].上海:上海三联书店,1997.

[46] 邓亦兵.清代前期的市镇[J].中国社会经济史研究,1997(3):24-38.

[47] 董观志,杨凤影.旅游景区游客满意度测评体系研究[J].旅游学刊,2005(1):27-30.

[48] 窦志萍.中国古建筑游览与审美[M].昆明:云南科技出版社,2006.

[49] 樊葵.论同源文化间传播的选择性——以高丽对中国文学的受容为例[J].浙江学刊,2013(6):130.

[50] 樊树志.江南市镇传统的变革[M].上海:复旦大学出版社,2005.

[51] 樊树志.明清江南市镇探微[M].上海:复旦大学出版社,1990.

[52] 樊树志.南浔镇与湖丝贸易[J].学术月刊,1988(6):63-67.

［53］［日］反町胜夫.营销精要Ⅱ:政策与实施［M］.上海:复旦大学出版社,1999.

［54］范文艺.从商之道:变迁中的旅游小城镇商业市场［J］.浙江工商大学学报,2010(6):73-79.

［55］范小舰.美国创意产业培育与启示［J］.求索,2012(7):84-85.

［56］方澜.试论创意旅游可持续发展的有效途径［J］.商业经济研究,2010(19):115-116.

［57］方世敏,杨静.国内旅游演艺研究综述［J］.旅游论坛,2011(4):152-157.

［58］［美］菲利普·科特勒,加里·阿姆斯特朗.市场营销原理［M］.13版.楼尊,译.北京:中国人民大学出版社,2010.

［59］费孝通.江村经济——中国农民的生活［M］.北京:商务印书馆,2002.

［60］费孝通.论小城镇及其他［M］.天津:天津人民出版社,1985.

［61］冯贤亮.明清江南地区的环境变动与社会控制［M］.上海:上海人民出版社,2002.

［62］冯学钢,于秋阳.论旅游创意产业的发展前景与对策［J］.旅游学刊,2006(12):13-16.

［63］高宏存.经济全球化中的文化产权问题研究［J］.福建论坛(人文社会科学版),2010(6):114-117.

［64］管兰生.浅谈现代染缬艺术［J］.美术大观,2010(12):68-69.

［65］郭菁.文化遗产地的区域旅游合作研究——以江南六大水乡联合申遗为例［J］.旅游学研究,2007(00):72-73.

［66］郭丽青.景德镇宣传片的制作探索［J］.旅游纵览(行业版),2012(6):146.

［67］郭沛源.从资源产权和价格制度角度审视环境问题环境保护［J］.环境保护,2003(9):42-44.

［68］郭湘闽.从"离散"走向"综合"——以商业和旅游为动力的历史地段更新机制分析［J］.城市问题,2005(3):2-7.

［69］何光晔.中国旅游50年［M］.北京:中国旅游出版社,1999.

［70］何荣任.非物质文化遗产的学校教育模式［J］.今日南国(中旬刊),2010(12):42-43.

［71］贺红权,刘伟.我国旅游资源产权制度的演进趋势及启示——基于一个文化古镇背景模型的分析［J］.中国软科学,2007(12):66-72.

［72］胡翰中.乌镇"零"营销［J］.广告大观,2003(9):34.

［73］胡惠林.我国文化产业发展战略理论文献研究综述［M］.上海:上海人民

出版社,2010.

[74] 黄芳.传统民居旅游开发中居民参与问题思考[J].旅游学刊,2002(5):54.

[75] 黄建军.STP营销:市场细分、目标市场选择与产品定位[M].北京:人民中国出版社,1998.

[76] 黄鹂,李启庚,贾国庆.旅游购物体验要素对顾客价值及其满意和购买意向的影响[J].旅游学刊,2009(2):41-45.

[77] 黄睿,曹芳东,黄震方.同里旅游商业化用地空间格局演变[J].人文地理,2014(6):67-73.

[78] 嵇发根.湖丝——辑里湖丝源流考[J].农业考古,2003(3):184-192.

[79] 纪楠.特色旅游资源开发与保护的研究——以周庄景区为例[J].科技经济市场,2013(6):84-86.

[80] [美]加里·阿姆斯特朗,菲利普·科特勒.科特勒市场营销教程[M].6版.俞利军,译.北京:华夏出版社,2004.

[81] 贾鸿雁,徐红,蒋俊霞.古镇旅游产品创意转型新模式的探讨——以《四季周庄》为例[J].河北旅游职业学院学报,2013(1):20-23.

[82] 江燕.试论昆曲的继承与发展[J].苏南科技开发,2005(12):88-89.

[83] 姜申,鲁晓波.展示传播在文化遗产数字化中的交互性及其应用——以敦煌文化的当代传播为例[J].现代传播(中国传媒大学学报),2013(8):19-23.

[84] 姜涛.清代江南省分治问题——立足于《清实录》的考察[J].清史研究,2009(2):14-22.

[85] 姜蔚丽.影视手段在挖掘整理民间艺术文化遗产中的意义和作用[J].兰台世界,2009(20):54.

[86] 蒋三庚.创意产业集群研究[M].北京:首都经济贸易大学出版社,2010.

[87] [美]杰克·特劳特.重新定位[M].北京:机械工业出版社,2011.

[88] 金美玲.嘉善田歌生态现状探究[J].音乐探索,2013(2):93-95.

[89] [美]科特勒,等.市场营销导论[M].俞利军,译.北京:华夏出版社,2001.

[90] [美]科特勒.专业服务营销[M].俞利军,译.北京:中信出版社,2003.

[91] 李彬.传播学引论(增补版)[M].2版,北京:新华出版社,2003.

[92] 李伯重.多视角看江南经济史:(1250—1850)[M].上海:上海三联书店,2003.

[93] 李国祁.清代杭嘉湖宁绍五府的市镇结构及其演变初稿:1796—1911

[J].中山文化学术季刊,1981(27):313-318.

[94] 李海平.江南市镇旅游文化研究[M].杭州:浙江大学出版社,2008.

[95] 李建国.江南古镇旅游开发基础分析[J].湖州职业技术学院学报,2005
(4):68-70.

[96] 李敏.产权理论下的建筑遗产保护[C]//全球视野下的中国建筑遗
产——(四届中国建筑史学国际研讨会论文集《营造》(四辑.全球视野下
的中国建筑遗产——(四届中国建筑史学国际研讨会.中国上海,2007-
06-15

[97] 李倩,吴小根,汤澍.古镇旅游开发及其商业化现象初探[J].旅游学刊,
2006(12):52-57.

[98] 李素梅.浅谈我国古城镇旅游开发"商业休克"现象——以松潘古城旅游
业态分析为例[J].当代旅游,2013(8):20-22.

[99] 李雪峰.上海民间博物馆旅游发展思路及产品设计构想[J].生态经济,
2010 (6):111-114.

[100] 李燕琴.旅游资源学[M].北京:清华大学出版社,2007.

[101] 李盈.西塘旅游发展中的矛盾冲突与缓和——以社区内相关群体为研
究对象[D].上海:复旦大学,2010.

[102] 李永乐.非物质文化遗产与中国目的地营销[J].旅游学刊,2009(4):
5-6.

[103] 李渼.江南水乡遗产保护管理运作模式的实践与思考[M]//北京大学
旅游研究与规划中心.旅游规划与设计:古镇·小镇.北京:中国建筑工
业出版社,2012.

[104] 李珍刚,叶良海.公共治理中的资源整合与共享问题——基于困局经济
学的视角分析[J].财经论丛,2016(3):95-103.

[105] 厉无畏,王慧敏.创意产业促进经济增长方式转变——机理·模式·路
径[J].中国工业经济,2006(11):5-13.

[106] 厉无畏.创意产业推进城市实现创新驱动和转型发展[J].上海城市规
划,2012 (4):11-16.

[107] 梁广寒.传播与教育:中国传统艺术传承模式探析[J].文化遗产,2009
(3):16-25.

[108] 梁思成.蓟县独乐寺观音阁山门考[J].中国营造学社汇刊,1932(民国
二十一年),3(2):6-40.

[109] 梁雪松.遗产廊道区域旅游合作开发战略研究——以丝绸之路中国段
为例[D].西安:陕西师范大学,2007.

[110] 林毅夫.关于制度变迁的经济学理论:诱致性变迁与强制性变迁[C]// R.科斯,A.阿尔钦,D.诺斯,等.财产权利与制度变迁——产权学派与新制度学派译文集.上海:上海三联书店,上海人民出版社,1994.

[111] 刘菲.文化符号与非物质文化遗产传播研究[J].东岳论丛,2014(7):147-150.

[112] 刘吉发,岳红记,陈怀平.文化产业学[M].北京:经济管理出版社,2005.

[113] 刘庆余,弭宁,张立明.遗产旅游的概念与内涵初探[J].国土与自然资源研究,2008(1):75-76.

[114] 刘琼.中国文化遗产传播曲线变化:由被动传播到主动传播[J].艺术评论,2012(8):92-95.

[115] 刘森林.江南市镇:建筑艺术人文[M].北京:清华大学出版社,2014.

[116] 刘少才.佛罗伦萨:别样风情别样桥[J].交通与运输,2011(3):66-67.

[117] 刘石吉.明清时代江南市镇研究[M].北京:中国社会科学出版社,1987.

[118] [美]刘易斯·芒福德.城市发展史[M].宋俊岭,倪文彦,译.北京:中国建筑工业出版社,2005.

[119] 卢松,陈思屹,潘蕙.古村落旅游可持续性评估的初步研究——以世界文化遗产地宏村为例[J].旅游学刊,2010,2(1):18.

[120] 陆建伟,沈晓艳.略论江南水乡古镇旅游市场中的整合营销[J].市场周刊(商务),2004(7):30-31.

[121] 陆志刚.江南水乡历史城镇保护与发展[M].南京:东南大学出版社,2001.

[122] 吕龙.古镇型旅游地旅游商品的特征及其驱动机制研究——以周庄,锦溪,千灯为例[J].江苏商论,2015(5):15-20.

[123] 栾边.巴比扬千年大佛陨毁尘埃[J].中外文化交流,2001(4):40-41.

[124] 罗佳明.论遗产型目的地营销——以四川省乐山市为例[J].旅游学刊,2002(3):60-65.

[125] 马继贤.博物馆学通论[M].成都:四川大学出版社,1994.

[126] 马黎明.基于历史文化资源优势的文化产业发展目标与重点[J].齐鲁学刊,2015(4):96-101.

[127] 马凌.本真性理论在旅游研究中的作用[J].旅游学刊,2007(10):76-81.

[128] 马凌.社会学视角下的旅游吸引物及其建构[J].旅游学刊,2009(3):

“旅游＋”视野下江南古镇遗产旅游研究

69-74.

[129] 马帅.空间分离型的同源文化旅游地合作开发研究[D].福州:福建师范大学,2011.

[130] 茅盾.中国的一日(民国版)[M].上海:生活书店,1936(民国二十五年).

[131] [美]梅尔文·L.德弗勒埃,弗雷特·E.丹尼斯.大众传播通论[M].颜建军,王怡红,张跃宏,等译.北京:华夏出版社,1989.

[132] 梅新林.江南城市化进程与文化转型研究[M].杭州:浙江大学出版社,2005.

[133] 梦芝.舌尖上的中国·古镇篇[M].北京:中国轻工业出版社,2014.

[134] 苗学玲.旅游商品概念性定义与旅游纪念品的地方特色[J].旅游学刊,2004(1):27-31.

[135] 南方云.周庄"万三蹄"[J].农产品加工·综合刊,2013(12):

[136] 欧阳友权.新媒体的技术审美与视觉消费[J].中州学刊,2013(2):155-159.

[137] 彭长歆."活着的历史博物馆"——殖民地威廉斯堡的保护[J].新建筑,2014(3):24-29.

[138] 彭绮梦.基于移动互联网平台的无锡惠山泥人营销传播研究[D].无锡:江南大学,2014.

[139] 彭延炼.影视业对民族地区旅游业发展的影响研究——以湘西为例[J].商业研究,2009(2):141-145.

[140] 戚永哲,于凤静.大众传播与民族非物质文化遗产保护的冲突及对策研究——以岫岩满族地区非物质遗产保护为例[J].民间文化论坛,2009(3):48-52.

[141] 秦红岭.论建筑文化遗产的价值要素[J].中国名城,2013(7):20-24,28.

[142] 全汉升.中国庙市之史的考察[J].食货,1934(民国二十三年),1(2).

[143] [瑞士]让-雅克·施瓦茨.旅游市场学研究[M].北京:旅游教育出版社,1988.

[144] 任放.明清长江中游市镇经济研究[M].武汉:武汉大学出版社,2003.

[145] 任洪增.记录与传承——人类学纪录片的功用探析[J].电影评介,2012(23):1-2.

[146] 荣浩.基于文化软实力视角的非物质文化遗产旅游创意产业发展研究[J].旅游纵览(下半月),2014(1):26-27.

[147] 阮仪三,李浈,林林.江南古镇:历史建筑与历史环境的保护[M].上海:上海人民美术出版社,2010.

[148] 阮仪三,袁菲.江南水乡古镇的保护与合理发展[J].城市规划学刊,2008(5):52-59.

[149] 阮仪三.江南六镇[M].石家庄:河北教育出版社,2002.

[150] [西]萨尔瓦多·穆尼奥斯·比尼亚斯.当代保护理论[M].张鹏,译.上海:同济大学出版社,2012.

[151] 上官红,李宏恩.鸵鸟蛋制品的开发和利用[J].畜牧兽医杂志,2006(4):34.

[152] 盛泽镇地方志办公室.盛泽镇志[M].苏州:江苏古籍出版社,1991.

[153] 石杰,司志浩.创意产业概论[M].北京:海洋出版社,2008.

[154] [英]史蒂芬·佩吉,乔·康奈尔.现代旅游管理导论[M].2版.黄代梅,李兆敏,苏琳,译.北京:电子工业出版社,2009.

[155] [日]斯波义信.宋代江南经济史研究[M].苏州:江苏人民出版社,2012.

[156] 宋瑞.利益相关者视角下的古镇村旅游发展[M].北京:中国社会科学出版社,2013.

[157] 苏野.在剪纸中触摸精神[J].吴江文化,2014(2),84,88:

[158] 孙洪刚,等.江南水乡文化意境浅析[J].华中建筑,1996(2):26-30

[159] 孙洪刚.江南水乡魅力探源[J].时代建筑,1994(2):52-56.

[160] 孙晶,马淑红.影视作品对影视旅游目的地的影响分析[J].旅游纵览(下半月),2013(12):332-334.

[161] 谭白芙.文物与旅游[M].武汉:武汉大学出版社,1996.

[162] 汤自军.我国自然文化遗产产权制度研究[J].求索,2011(10):88-89.

[163] 陶伟.中国"世界遗产"的可持续旅游发展研究[M].北京:中国旅游出版社,2001.

[164] 田蕾.世界文化创意产业结构优化的发展趋势及启示[J].经济问题探索,2013(11):55-60.

[165] 田里.论民俗旅游资源及其开发[J].人文地理,1997(3):20-23.

[166] 屠剑虹.绍兴社戏[J].浙江档案,2007(11):32-33.

[167] 王贝,张明轩,陈宏达.古镇文化资源产业化开发的机理及对策研究[J].山西高等学校社会科学学报,2015(2):101-104.

[168] 王大悟,魏小安.新编旅游经济学[M].上海:上海人民出版社,1998.

[169] 王冬,郑春辉.非物质文化遗产的新媒体保护及传播方法研究——以陶

瓷工艺为例[J].传播与版权,2015(3):180-181.

[170] 王剑.江南水乡古镇历史文化遗产保护策略研究——以常熟市梅李古镇为例[J].江苏城市规划,2008(6):25-27.

[171] 王景慧.从文物保护单位到历史建筑——文物古迹保护方法的深化[J].城市规划,2011,35(1):45-47.

[172] 王琳,钟蕾.数字化在传统手工艺类非物质文化遗产保护与传播中的应用[J].艺术与设计(理论),2013(9):120-122.

[173] 王云才,李飞,陈田.江南水乡古镇城市化倾向及其可持续发展对策——以乌镇,西塘,南浔三镇为例[J].长江流域资源与环境,2007,16(6):700.

[174] 王兆峰,黄喜林.文化旅游创意产业发展的动力机制与对策研究[J].山东社会科学,2010(9):118-122.

[175] 王兆峰,杨卫书.基于产权理论的民族文化旅游产业创新研究[J].中央民族大学学报,2009(2):15-21.

[176] 威尔伯·施拉姆,威廉·波特.传播学概论[M].李启,周立方,译.北京:中央编译出版社,1983.

[177] 魏宝祥,欧阳正宇.影视旅游:旅游目的地营销推广新方式[J].旅游学刊,2007(12):32-39.

[178] 魏无心,佳佳.斯特拉斯堡听听欧洲的心跳声[J].北方航空,2004(1):44-47.

[179] 吴承照.历史城镇发展的文化经济分析——以平遥古城为例[J].同济大学学报(社会科学版),2003(3):28-32.

[180] 吴松弟.中国人口史:第三卷　辽宋金元时期[M].上海:复旦大学出版社,2000.

[181] 吴泰.宋朝史话[M].北京:北京出版社,1987.

[182] 吴焱,王欢,惠军.乌鲁木齐民俗文化旅游开发现状及对策研究[J].新疆师范大学学报(自然科学版),2005(23):228-231.

[183] 锡宾.文化产业园区发展应遵循三结合原则[J].浙江经济,2013(23):42-43.

[184] 席岳婷,赵荣.基于创意产业的文化遗产保护与旅游开发[J].长安大学学报(社会科学版),2012(2):73-74.

[185] 徐菊凤,任心慧.旅游资源与旅游吸引物:含义,关系及适用性分析[J].旅游学刊,2014(7):115-125.

[186] 徐伟,等.基于Ogre的虚拟三河古镇漫游系统[C].全国第19届计算机

技术与应用(CACIS)学术会议论文集(上册),2008.

[187] 徐文初.同里宣卷的艺术特征[J].吴江文化,2012(4):69.

[188] [美]亚伯拉罕·匹赞姆.旅游消费者行业研究.大连:东北财经大学出版社,2005.

[189] 严国泰.历史城镇旅游规划理论与实务[M].北京:中国旅游出版社,2005.

[190] 严伟,等.文化遗产旅游吸引物的意境空间研究——为文化遗产旅游者创造适宜的旅游环境[J].金陵科技学院学报(社会科学版),2008(4):1-7.

[191] 杨杰.建立生态博物馆:龙潭古镇文化遗产保护的最优模式[J].重庆科技学院学报(社会科学版),2013(1):169-170.

[192] 杨胜勇.少数民族传统文化产权[J].民族论坛,2003(11):60-61.

[193] 姚春兴.嘉兴竹枝词,棹歌体诗史料价值考述[J].图书馆研究与工作,2009(3):67-68.

[194] 叶志良,金琳.绍兴社戏中鬼戏的艺术人类学研究[J].浙江艺术职业学院学报,2008(1):19-27.

[195] 易富贤.黔中郡郡治在黔城不在沅陵[J].怀化社会科学,2010(1).

[196] 余青,吴必虎.生态博物馆:一种民族文化持续旅游发展模式[J].人文地理,2001(6):40-43.

[197] 喻学才.遗产保护新思维:信息性保护和经济性保护[J].建筑与文化,2009(6):8-11.

[198] 张朝枝,马凌,王晓晓,等.符号化的"原真"与遗产地商业化——基于乌镇、周庄的案例研究[J].旅游科学,2008(5):59-66.

[199] 张德明.绍兴社戏的当代传承及其文化功能[J].浙江艺术职业学院学报,2012(4):109-112.

[200] 张舫澜.芦墟摇快船谈薮[J].吴江文化,2014(3):83.

[201] 张鸿雁.中国城市评论(第五辑)[M].南京:南京大学出版社,2010.

[202] 张杰,庞骏.旧城遗产保护"生"与"死"的规划设计反思——于产权制度下的遗产保护规划制度的思考[J].建筑学报,2008(12):14-17.

[203] 张杰.论产权失灵下的城市建筑遗产保护困境——兼论建筑遗产保护的产权制度创新[J].建筑学报,2012(6):23-27.

[204] 张烁.从"反公地悲剧"到《困局经济学》——赫勒"反公地悲剧"理论研究的脉络[J].北大法律评论,2013(1):159-172.

[205] 张苗荧."旅游+"打造中国旅游升级版[N].中国旅游报,2015-09-14.

[206] 张松.历史城市保护学导论:文化遗产和历史环境保护的一种整体性方法[M].上海:上海科学技术出版社,2001.

[207] 张松.小·桥·流·水·人·家——江南水乡古镇的文化景观解读[J].时代建筑,2002(4):42-47.

[208] 张遂.旅游市场营销研究[M].北京:中国物价出版社,2002.

[209] 张文静.非物质文化遗产保护的传播模式初探[J].新西部,2012(Z5):107.

[210] 张仲礼.近代上海城市研究[M].上海:上海人民出版社,2004.

[211] 赵华.宣卷,一个随身携带的艰难传统[J].吴江文化,2012(2):75.

[212] 赵玉宗,等.创意转向与创意旅游[J].旅游学刊,2010(3):69-76.

[213] 甄明霞.江南水乡城镇传统和现代文化景观分析及其对传统文化的回复[J].小城镇建设,2000(12):38-39.

[214] 支云秀.展会在非物质遗产保护中的作用[C]//黄先友.中国非物质文化遗产保护黄山论坛论文集.合肥:安徽教育出版社,2013.

[215] 中国市长协会.德国城市建设与管理[M].北京:中国城市出版社,1993.

[216] 周俭,张恺.建筑、城镇、自然风景——关于城市历史文化遗产保护规划的目标、对象与措施[J].城市规划汇刊,2001(4):58-59.

[217] 周蜀秦,李程骅.创意产业促进城市转型的机制与战略路径[J].江海学刊,2013(6):84-90.

[218] 周小亮.产权,竞争,协调配置与企业绩效——兼评产权论与超产权论[J].经济评论,2000(3):27-31.

[219] 周永博,沈敏,魏向东,等.遗产旅游地意象媒介传播机制——苏州园林与江南古镇的比较研究[J].旅游学刊,2012(10):102-109.

[220] 朱丹.西栅:不喧嚣的商业气质[J].浙商,2013(6):52-53.

[221] 朱立新.中国当代的旅游演艺[J].社科纵横,2010(4):96-99.

[222] 朱明.佛罗伦萨与杭州:13世纪前后城市布局和空间的比较研究[J].中国名城,2012(3):55-62.

[223] 朱清,余韵.基于产权分析的自然遗产保护研究[J].中国人口·资源与环境,2007,17(6):91-94.

[224] 朱通华.乡镇工业与小城镇[M].北京:中国展望出版社,1985.

[225] 资涵.铜官古镇非物质文化遗产与旅游融合发展模式研究[D].长沙:中南大学,2013.

索引